Meinhard von Gerkan
Die Verantwortung des Architekten

Meinhard von Gerkan

Die Verantwortung des Architekten

Bedingungen für die gebaute Umwelt

Deutsche Verlags-Anstalt

CIP-Kurztitelaufnahme der Deutschen Bibliothek

Gerkan, Meinhard von:
Die Verantwortung des Architekten :
Bedingungen für d. gebaute Umwelt /
Meinhard von Gerkan. –
Stuttgart : Deutsche Verlags-Anstalt, 1982.
ISBN 3-421-02584-3

Lektorat: Nora von Mühlendahl
Satz und Druck: Georg Wagner, Nördlingen
Bindearbeit: Hans Klotz, Augsburg
Printed in Germany

Inhalt

Für Franziska

Die Schuldfrage

Bedingungen der Verantwortung

Die Feststellung, daß unsere gebaute Umwelt in den vergangenen Jahrzehnten zunehmend lebensfeindlicher, die Bauten häßlicher und die Städte gestaltloser geworden sind, ist mittlerweile fast eine abgedroschene Phrase. Täglich ist sie aus dem Munde von Politikern zu hören; hundertfach wird sie in Zeitungen und Zeitschriften beklagt. Alle sind sich darin einig, daß der Lebensraum, den wir uns geschaffen haben, immer gesichtsloser wird und zunehmend seine Identität verliert. Nicht nur die revoltierende Jugend, die Ultralinken und die »Grünen« beklagen diesen Umstand; auch die etablierten und sogenannten staatstragenden Parteien haben das Wort »Umwelt« zu einem politischen Schlüsselbegriff gemacht. Zahllose Publikationen liefern den Beweis dafür, daß Architektur zur Umweltzerstörung geworden ist[1].

Seit einigen Jahren wächst im Bewußtsein aller Bevölkerungsschichten eine kritische Haltung gegenüber allen Neuplanungen. Sie steigert sich teilweise zu einer unterschiedslosen Feindschaft gegenüber jeder baulichen Veränderung. Man kann fast von einer Programstimmung gegen jede neue Architektur sprechen.

Dies alles fordert die Frage nach der Verantwortlichkeit heraus, drängt zu der Suche nach den Schuldigen.

Um die allenthalben vorhandene Absicht der Besserung verwirklichen zu können, müssen wir Klarheit darüber erlangen, wer Verantwortung für die zurückliegende Entwicklung trägt, wer an dem beklagenswerten Zustand unseres verbauten Lebensraumes schuld ist. Es genügt aber nicht, die Symptome einer krankhaften Erscheinung unserer Massengesellschaft zu erkennen und anzuprangern. Um sie zu ändern, bedarf es der Bereitschaft und Fähigkeit, neue Bedingungen zu schaffen.

Dieses Buch will die verantwortlichen Bedingungen und Ursachen aufzeigen. Es sucht darüber hinaus nach Wegen und Möglichkeiten, wie für die Zukunft Voraussetzungen geschaffen werden können, die unsere gebaute Umwelt humaner und schöner werden lassen.

Die Reflexionen eines aktiven Architekten über die Bedingungen der Umweltgestaltung blieben farblos und blutleer, wenn er den Maßstab seiner Kritik und Thesen nicht auf die eigenen Erfahrungen und die eigene Arbeit beziehen würde. Deswegen habe ich mich bemüht, meine Erkenntnisse und Schlußfolgerungen mit konkreten Beispielen in Wort und Bild aus der eigenen beruflichen Aktivität zu belegen.

Die eigenen Entwürfe sind zugleich Dokumente einer subjektiven Architekturauffassung. Sie sind geistige Leistungen eines partnerschaftlichen Büros, das, trotz unterschiedlicher Auffassungen seiner Partner zu Teilfragen, im grundsätzlichen seit 17 Jahren gleichsinnig arbeitet.

Die Entwürfe sind Antworten auf die Bedingungen, denen Architektur unterliegt. Sie sind aber gleichermaßen von den Bedingungen geprägt und haben sich mit ihnen gewandelt.

Indem ich unsere Arbeitsergebnisse als Beleg für meine theoretischen Betrachtungen heranziehe, stelle ich mich nicht als Kritiker, sondern als Architekt der Kritik derjenigen, die eine andere Auffassung vertreten. Das Wagnis, Widersprüche zwischen theoretischem Anspruch und praktischer Realität zu offenbaren, gehe ich bewußt ein. Die Leser mögen dieses Wagnis als eine Art der Selbstkritik verstehen.

Die Schuld der Architekten

Zunächst gilt es, der Frage nachzuspüren, wer eigentlich die Verantwortung für die zurückliegende Entwicklung trägt. Für die meisten liegt die Antwort nahe: Es sind die Architekten und Städteplaner, also die Experten für Planung und Gestaltung der Umwelt. Natürlich werden die Leser den Verdacht hegen, daß ich als Architekt aus Solidarität mit meinem Berufsstand versuchen werde, die Architekten von aller Schuld freizusprechen.

Diesem Verdacht möchte ich gleich zu Anfang mit Entschiedenheit entgegentreten. Im Gegenteil, ich bin sogar der Überzeugung, daß die Architektenschaft insgesamt ein gehöriges Maß an Mitschuld trifft. Der Frage allerdings, wieweit den Architekten von der Gesellschaft auch die Verantwortung und Kompetenz für das, was sie geplant und gebaut haben, zugestanden wird, gilt es besondere Aufmerksamkeit zu schenken.

Aus drei Gründen trifft die Architekten eine wesentliche Mitschuld:

1. Grund: die Vorherrschaft der Unbegabten
Wie in jedem anderen Beruf, so gibt es auch unter den Architekten gleichermaßen qualifizierte wie unqualifizierte Vertreter, Könner und Dilettanten. Es wäre unsinnig, berufliche Unfähigkeit, mangelnde Begabung und fehlendes Verantwortungsbewußtsein vieler Architekten zu beschönigen oder gar in Abrede zu stellen. Bemerkenswert und besonders bedenklich jedoch ist die Tatsache, daß im Gegensatz zu anderen Berufen, etwa den Ärzten,

Bankhaus in
Meppen.
Keine Karikatur,
sondern ein
unbewältigter
Konflikt.

◁
»Bauen als
Umweltzerstörung«
(Rolf Keller).

Anwälten oder Ingenieuren, diejenigen Architekten von Auftraggebern besonders bevorzugt werden, die sich ohne eigenes Engagement den vorgefaßten Vorstellungen ihrer Bauherren kritiklos fügen.

Unstrittig ist der Architektenberuf wie jeder andere Berufsstand mit Mittelmaß reichlich durchwachsen. Welcher Verleger käme aber auf die Idee, denjenigen Autor zu bevorzugen, dessen Bücher am billigsten zu drucken sind? Welcher Patient ließe sich einfallen, demjenigen Chirurgen seine Magenoperation anzuvertrauen, der über die kostensparendste und schnellste Methode der Operation verfügt? Bei der Auswahl von Architekten ist aber der »billige Jakob« Trumpf, der den 08/15-Entwurf aus der Schublade holt und als bequemer Partner einen Zweckbau billig, schnell und renditeträchtig zu realisieren verspricht. Nur wenige Architekten verfügen über die menschliche Größe oder können es sich wirtschaftlich leisten, als Ultima ratio ihrem Auftraggeber die Mitwirkung zu verweigern, wenn ihre selbstgesetzten Berufsideale verletzt werden.

Die Verantwortungslosigkeit vieler Architekten ge-genüber stadtgestalterischen Belangen und ihre Bereitschaft, sich zu Handlangern einer maximierten Umweltausbeute zu machen, ist für die meisten Bauherren offensichtlich ein besonderer Vorzug.

Nur so erscheint es verständlich, warum hochqualifizierte Begabung, beruflicher Idealismus und Verantwortungsbereitschaft vieler Architekten ungenutzt bleiben, ja sogar bei Auftraggebern wie bei Politikern und der Öffentlichkeit in Mißkredit stehen. Deswegen ist der Frage nachzugehen, warum bei der Auswahl von Architekten nicht fachliche Qualifikation, Ideenreichtum und gestalterisches Können als Kriterium dienen, sondern Anpassungsbereitschaft, Willfährigkeit und die kompromißbereite Rolle des Erfüllungsgehilfen für den jeweiligen Auftraggeber.

Dieser Ausleseprozeß, bei dem die Fähigen, Begabten und Ideenreichen wenige oder gar keine Aufträge erhalten, die Anpassungsbereiten und Geschäftstüchtigen hingegen, die für geringes Honorar ihre bereits fertigen Entwürfe aus der Schublade ziehen, zu den Erfolgreichen gehören, ist eine der wesentlichen Ursachen für die Mißstände.

Ich mache mir bei dieser Betrachtung nicht den so oft benutzten Hinweis von Architektenverbänden zu eigen, daß nur etwa 20 bis 30 Prozent aller Bauten von Architekten in der klassischen Rolle des freischaffenden Treuhänders geplant werden, der Rest jedoch von Behörden, Baufirmen und anderen anonymen Gesellschaften. Dieser statistische Tatbestand entlastet die Mitschuld der Architekten aus zwei Gründen nicht: erstens, weil auch bei Ämtern und Baufirmen Architekten tätig sind, wenn auch in einer abhängigen und weisungsgebundenen Funktion, und zum zweiten, weil auch die 20 bis 30 Prozent von freischaffenden Architekten geplanten Bauten Anlaß zu gleicher Kritik geben.

Es bleibt also festzuhalten: Einer der Gründe für die Mitschuld der Architekten ist in dem Umstand zu sehen, daß die weniger qualifizierten Vertreter des Faches in übergroßem Maße an den Bauaufgaben der vergangenen Jahre beteiligt waren.

11

2. Grund: elitärer Hochmut

Neben der großen Zahl von Architekten, die als kritiklose Erfüllungsgehilfen arbeiten, gibt es eine kleinere Gruppe, die mit missionarischem Eifer Idealen und Zielsetzungen anhängt, welche nicht den Wünschen derjenigen entsprechen, für die sie die Bauten planen.

Viele begabte und ideenreiche Architekten ziehen sich elitär und selbstbewußt in ein akadmisch-künstlerisches Schneckenhaus zurück und entfremden sich damit von den potentiellen Auftraggebern. Gerade die besonders geistreichen Architekten gefallen sich oft in der Märtyrerrolle, schöne Ideen zu produzieren, aber von der bösen Welt der Macher verkannt zu werden.

Vor einiger Zeit traf ich einen jüngeren Kollegen, der seit einigen Jahren mit seinem Partner bei etlichen Wettbewerben erfolgreich war, weil er Entwürfe einreichte, die sich durch graphische Abstraktion und orginelle Ideen auszeichneten, dabei jedoch funktionale Belange oftmals gestalterischen Absichten unterordneten. Auf meine Frage, ob er denn inzwischen Gelegenheit habe, einen seiner ausgezeichneten Entwürfe auch baulich zu realisieren, antwortete er: »Daran haben wir gar kein so großes Interesse, weil man bei der Realisierung zu viele Kompromisse eingehen muß und die Idee verwässert wird. Uns genügt es, wenn unsere Entwürfe in Preisgerichten anerkannt und prämiiert werden. Das ist uns eine Bestätigung dafür, daß unsere Ideen richtig sind.«

Dadurch, daß man den leidvollen Weg der Kompromisse, den jeder Entwurf in der Realisierungsphase gehen muß, meidet, erwirbt man sich vielleicht den Ruf eines genialen Architekturerfinders, liefert jedoch für die gebaute Umwelt keinen Beitrag.

Vor geraumer Zeit war ich zusammen mit dem Kollegen Rob Krier in einer Jury für einen Hotelwettbewerb in Berlin tätig. Krier, der originelle Entwürfe gezeichnet, viel geschrieben und publiziert, jedoch wenig gebaut hat, bezog in der kontroversen Diskussion des Preisgerichts einen ex-

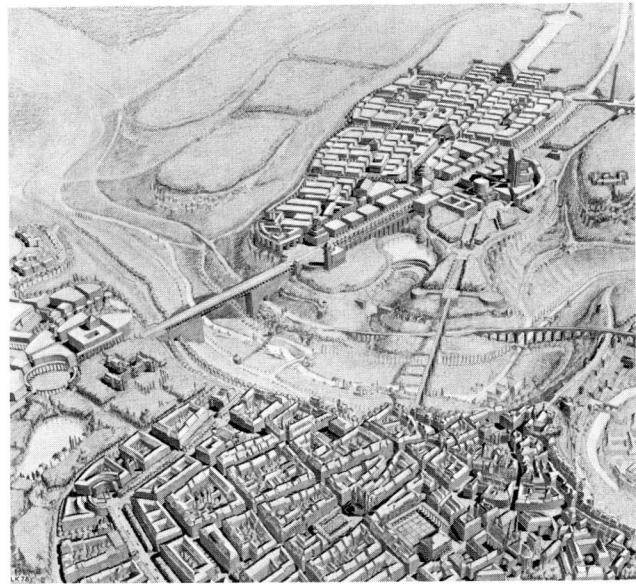

Sanierungsvorschlag für Luxemburg von Leon Krier. Ideologien können eine scheinbar heile Welt schaffen, indem sie Realitäten ignorieren.

tremen Standpunkt. Er argumentierte vehement gegen alle funktionellen Belange einer Hotelorganisation und interessierte sich lediglich für die Darstellung der Fassaden. Während er den einen Entwurf als »Macherarchitektur« abqualifizierte, meinte er beim anderen, daß der Verfasser, der eine so schöne Fassade zu zeichnen imstande sei, einen brauchbaren Hotelgrundriß allemal »hinbekäme«.

Einige Monate später traf ich Rob Krier auf der Rohbaustelle des von ihm entworfenen Wohnblocks Ritterstraße in Berlin. Seine Erläuterungen während des Besichtigungsrundganges waren fast ausschließlich sarkastische Kritik gegenüber der Uneinsichtkeit des Bauherrn, den unsinnigen Bestimmungen der Behörden und den schlechten handwerklichen Fähigkeiten der Baufirmen. Es schien, als hätten sich alle verschworen, seine guten gestalterischen und räumlichen Ideen zunichte zu machen. Welcher engagierte Architekt könnte diesen Unmut nicht nachvollziehen, da es ihm bei den eigenen Bauten genauso ergeht?

Kurz darauf besuchte ich einen Vortrag seines Bruder Leon Krier. Dieser zeigte und erläuterte einen von ihm erarbeiteten Vorschlag für den Umbau seiner Heimatstadt Luxemburg. Zunächst qualifizierte er alles, was in den letzten Jahrzehnten in Luxemburg geplant und gebaut worden ist, in Bausch und Bogen ab und machte damit alle dafür verantwortlichen Politiker, Planer und Architekten zu unfähigen Popanzen. Dann zeigte er zwar sehr schöne und romantische, jedoch reichlich idealistische und weltfremde Darstellungen geschlossener Straßenblocks, in denen die vorhandenen Hochhäuser »eingemauert« und ganze Straßenzüge klassizistisch aufgeforstet, die gesamte Struktur der Stadt dezentralistisch umorganisiert und die störenden Autos einfach ignoriert wurden. Um das alles realisieren zu können, schlug er vor, »Bauhütten« zu gründen, in denen einige tausend Bauarbeiter in klösterlicher Lebensweise einen Teil ihres Lebens dieser Regeneration Luxemburgs widmen sollten, selbstverständlich mit den idealistischen Zielsetzungen alter Bauzünfte. Mit fast missionarischem Eifer propagierte er seine heile Welt und menschheitsbeglückende Ideologie – aber, und darin sehe ich eine Schuld, eben eine Ideologie, die mit ihrem Totalitätsanspruch die Verhältnisse nach eigenem Gutdünken sortiert und alles, was nicht hineinpaßt, entweder ignoriert oder verdrängt. Diese Ideologie kann sich in unbefleckter Jungfräulichkeit darbieten, weil Leon Krier bis heute kein Projekt realisiert hat und sich, nach eigenen Aussagen, unter den derzeitigen Bedingungen auch nicht in der Lage sieht, seine »echte Architektur« zu verwirklichen. Er verwies in dem Zusammenhang auf eine Schule in Paris, die er detailliert geplant hat, die jedoch nicht gebaut wird, weil die Kostenschätzung das Budget um 250 Prozent überstiegen hat. Manch anderer Architekt könnte seine Ideale bereits verwirklichen, wenn ihm ein 20 bis 30 Prozent höheres Kostenbudget zugestanden würde. Die meisten fügen sich jedoch in den engen Rahmen, der ihnen gesteckt wird – und es kommt trotzdem hin und wieder anständige Architektur heraus.

Ich meine, daß wir Architekten uns falsch verhalten, wenn wir uns mit elitärer Überheblichkeit zu Anwälten der guten Gestaltung machen und den anderen – Bauherren, Behörden und Baufirmen – nur Uneinsichtigkeit, Unsinnigkeit und mangelnde Qualifikation anlasten. Es gehört zu unserer Pflicht, uns mit allen Widrigkeiten auseinanderzusetzen, mit unseren Argumenten zu überzeugen und dort Kompromisse einzugehen, wo sich kein anderer Weg findet.

Wenn wir Kompromisse aus unserer Sicht nicht verantworten können, müssen wir unsere Mitwirkung versagen – mit allen damit verbundenen Konsequenzen. Solange wir jedoch an der Gestaltung eines Bauwerks mitarbeiten, sollten wir uns auch zu allen Kompromissen bekennen und das Stigma der »Macherarchitekten« auf uns nehmen.

Dadurch, daß sich einige besonders begabte Architekten zu schade sind, ihre geistige Leistung der gesellschaftlichen Zerreißprobe zu unterwerfen, tragen sie indirekt Mitschuld, weil sie auf diese Weise das Betätigungsfeld den weniger befähigten Kollegen überlassen, die sich nur allzu bereitwillig und bedingungslos als Handlanger zur Verfügung stellen.

Mit besserwisserischem Hochmut können wir der Architektur keinen guten Dienst erweisen.

3. Grund: Ideale, die zu Dogmen wurden
Die Ideale der Stadtplanung und Stadtgestaltung, die in den vergangenen Jahrzehnten in den Köpfen von Architekten entstanden sind, haben gewechselt wie die Bäder bei einer Kneippkur.

Auf einem internationalen Architektenkongreß im Jahre 1933 wurde als *Charta von Athen* die Funktionstrennung von Wohnen, Arbeiten und Freizeit in den Städten propagiert.

Kein Geringerer als Le Corbusier war es, der Entwürfe verfaßte, die eine totale Flächensanierung von Paris vorsahen und anstelle der heute noch existierenden historischen Bebauung die Stadtfläche mit kreuzförmigen Hochhäusern überdeckte.

Anfang der sechziger Jahre besannen sich Jane Jacobs und in ihrem Gefolge eine ganze Armada

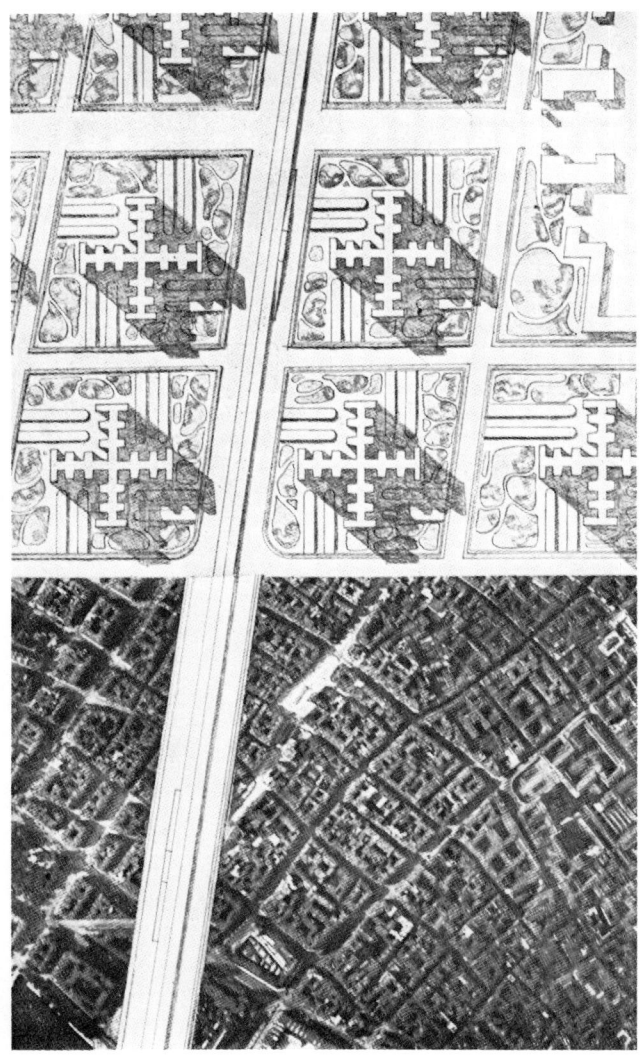

von Architekten wieder der Werte urbaner Vielfalt. Daraus resultierten die neuen Ideale einer urbanisierten Verdichtung im Städtebau.

So schnell, wie die Ideale der Städteplanung wechselten, so vehement wurden auch jeweils neue, kurzlebige Ideologien für die verschiedenen Bauformen des Wohnens und des Arbeitens von Architekten ins Leben gerufen und wieder verworfen. Viele Ideen waren allzu idealistisch, viele allzu radikal. Etliche davon sind jedoch zu Normen geworden, welche die Gestalt unserer Umwelt entscheidend geprägt haben. Handhabung und Umsetzung haben sich in der gesellschaftlichen Praxis meistens weit von den ursprünglichen Zielen entfernt und normativ verselbständigt. Nicht die Architekten als Erfinder der Ideale waren es, denen die Kompetenz für die Umsetzung zugestanden wurde, sondern das fast undurchsichtige Gestrüpp gesellschaftspolitischer Entscheidungs- und Handlungsmechanismen.

Es bleibt jedoch festzuhalten, daß – wie immer sich auch die Realität von den ursprünglichen Zielsetzungen entfernt hat – die Architekten deswegen eine Mitschuld trifft, weil sie allzu viele Ideen produziert und lautstark verkündet haben, welche sich in ihrem dogmatischen Absolutheitsanspruch im nachhinein als falsch erwiesen.

Ein Vorschlag zur ideologischen Aufforstung von Paris von Le Corbusier.

Die neu entdeckten Ideale der urbanen Verdichtung im Märkischen Viertel, Berlin.

Die Ohnmacht der Architekten

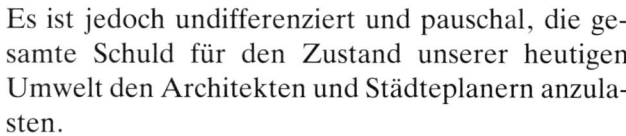

Es ist jedoch undifferenziert und pauschal, die gesamte Schuld für den Zustand unserer heutigen Umwelt den Architekten und Städteplanern anzulasten.

Die weitverbreitete Meinung, alles, was mit Stadtplanung und Bauen zu tun hat, liege im Verantwortungsbereich von Stadtplanern und Architekten, ist ein großer Irrtum. Sie ist deswegen verhängnisvoll, weil dadurch die entscheidenden Ursachen unerkannt bleiben und keine Veranlassung gesehen wird, die grundlegenden Bedingungen der Architektur zu ändern. Deswegen gilt es, vorhandene Mißverständnisse auszuräumen und die Struktur der Verantwortlichkeit in unserer Demokratie zu erkennen.

In Verkennung der wahren Entscheidungs- und Verantwortungsstruktur wird dem Architekten jede Unzulänglichkeit unserer gebauten Umwelt angelastet, sei es die Trostlosigkeit neuer Wohnsiedlungen, die zu kleine Wohnung, der fehlende Kindergarten, der Riß in der Wand, das klemmende Heizungsventil oder die häßliche Fassade. Wer jedoch die realen Hintergründe und die wirkliche Kompetenzverteilung kennt, weiß, daß für die Planung neuer Stadtsiedlungen Soziologen, Ökologen und Verkehrsplaner die wesentlichen Entscheidungen treffen, daß die Größe einer Wohnung von den »langjährigen Erfahrungen« der Wohnungsbaugesellschaften bestimmt wird, daß die Entscheidung, ob ein Kindergarten gebaut werden soll oder nicht, vom Sozial- oder Finanzministerium getroffen wird, daß der Statiker die Beständigkeit der Wand errechnet, daß für die Heizungssysteme Haustechnikingenieure tätig sind und daß nicht zuletzt für die Fassadengestaltung neuerdings Gestaltungssatzungen vorschreiben, was ästhetisch schön ist.

In Kenntnis dieses Sachverhalts könnte man eher meinen, daß der Architekt nur den Prügelknaben abgibt, der in Wirklichkeit für nichts zuständig ist. Aus diesem Grunde bevorzugt die Mehrzahl der Bauherren ohnehin Architekten, die sich in der Rolle des dienstbeflissenen Erfüllungsgehilfen gefallen und denen die »Wie-hätten-Sie-es-denn-gern?«-Haltung den besten geschäftlichen Erfolg und wohlmeinende Reputation sichert. Weil gute Architekten, obgleich sie keine Kompetenzen haben, als unbequem, schwierig und wenig anpassungsbereit gelten, ist ihr Verhältnis zu Bauherren meistens gespannt.

Die pauschale Architektenschelte ist genauso undifferenziert, wie es falsch ist, das Unrechtsystem des Hitlerstaates den Juristen zuzuschreiben oder die eingleisig auf den sozialistischen Realismus getrimmten Bildwerke im Ostblock den Künstlern

anzulasten. Die Ursachen liegen sehr viel tiefer, und die Gründe sind vielschichtiger. Wir alle, die gesamte Gesellschaft, tragen die Verantwortung für unsere gebaute Umwelt und sind schuld an ihrem Zustand.

Ich will diese Schuldfrage nicht mit der Systemimmanenz unserer Gesellschaftsordnung verschleiern, komme aber nicht umhin, das zentrale Problem in der Entpersönlichung der Verantwortung zu sehen. Diese ist aber eine Folge unserer demokratischen Spielregeln.

An die Stelle persönlicher Verantwortung ist ein kompliziertes und komplexes Netz von Bedingungen getreten. Diese Bedingungen resultieren aus der Entwicklung und Ordnung unserer Gesellschaft, ihren Ansprüchen und Zielkonflikten. Unser politisches System schafft Entscheidungsstrukturen, verteilt Kompetenzen, regelt durch Gesetze und Verordnungen, Subventionen und Steuererleichterungen. Es stellt damit weit gewichtigere Bedingungen für die Architektur her, als noch so ignorante und falsche Expertenarroganz zu bewirken vermag. Wirtschaftliche Faktoren, die technische Entwicklung neuer Baustoffe, perfektionierte Transportsysteme und Methoden der industriellen Vorfertigung beeinflussen unsere gebaute Umwelt stärker als jede Unfähigkeit und Willkür von Architekten und Planern. Zu diesen Bedingungen zählt nicht zuletzt die geringe Wertschätzung, die der Architektur in unserem Bewußtsein zuteil wird.

Diese ohnmächtige Situation der Architekten soll ihre Mitschuld weder leugnen noch beschönigen. Ich will lediglich die Relativität der wirksamen Kräfte verdeutlichen.

Es ist absurd zu meinen, die Architekten hätten aus eigener Machtvollkommenheit heraus 25 Jahre lang hemmungslos Hochhäuser gebaut und über Nacht beschlossen, nunmehr nicht höher als fünf Geschosse zu planen. Es ist ebenso abwegig zu glauben, die gesamte Architektenschaft habe über mehrere Jahrzehnte hinweg wie aus einer geheimen Verabredung heraus allen Häusern Rasterfassaden gegeben und nunmehr, durch plötzliche Erleuchtung und entsprechende Übereinkunft, entschieden, wieder Sprossenfenster, Erker und kleine Türmchen zu entwerfen. Der derzeitige Trendwandel muß andere Ursachen haben.

Das Wunschbild einer besseren Zukunft der Architektur ist viel zu einseitig auf die Fähigkeiten eines Berufsstandes fixiert. Es verkennt nicht nur die ihm zugestandenen Kompetenzen, sondern ignoriert vor allem die Tatsache, daß die Gesellschaft Architekten nicht nach ihrem Können, sondern nach ihrer Willfährigkeit auswählt. Um so notwendiger ist es, die komplexen Bedingungen der Architektur genauer zu untersuchen, die Entscheidungsmechanismen und einzelnen Einflüsse beim Entstehungsprozeß von Architektur kennenzulernen, um daraus Schlußfolgerungen ziehen zu können. Deswegen will ich mit diesem Buch versuchen, das Dickicht der vielfältigen Bedingungen des Bauens zu lichten und den undurchsichtigen Urwald des Entstehungsprozesses von Architektur zugänglich zu machen.

Sicher ist es ein waghalsiges Unterfangen, diesen Urwald zu erforschen und ihn einigermaßen realistisch in Form einer Karte aufzuzeichnen, ohne sich darin zu verirren und ohne allzu viele weiße Flecke zu behalten. Diese Karte kann, das liegt in Umfang und Komplexität der Materie, zunächst nur einen sehr groben Maßstab haben. Nur Teilbereiche können genauer dargestellt werden.

Noch viel schwerer wird es sein, den Urwald zu kultivieren, das Dickicht zu einer übersichtlichen und harmonischen Landschaft zu ordnen und darin übersichtliche Wege anzulegen. Aber nur auf diese Weise lassen sich die Bedingungen schaffen, ohne die wir nie zu einer lebenswerteren Umwelt kommen werden.

Die Gelegenheit dafür ist im Moment günstig, weil der Wandel im gesellschaftlichen Bewußtsein es ermöglicht, auch einen Wandel in den Bedingungen für Architektur herbeizuführen. Wir befinden uns mit dem heutigen Bauen an einem Wendepunkt. Es gilt, die Chance zu nutzen, um aus dieser Situation heraus den richtigen Weg für die Zukunft zu finden.

Macht ohne Verantwortung

Ordnung und Gestaltung unserer Umwelt geschehen verantwortungslos!

Ich stelle diese Behauptung nicht als provokatorische These in den Raum, sondern konstatiere damit meine berufliche Erfahrung. Verantwortungslos ist es deswegen, weil alles, was heute geplant und gebaut wird, von niemandem persönlich verantwortet wird. Wir haben uns angewöhnt, in gesellschaftskritischen Diskussionen nicht konkrete Personen zu benennen, sondern das »System«, das »Kapital«, den »Apparat« oder die »Multis«, also abstrakte und anonyme Machtinstitutionen anzuprangern. Darin spiegelt sich unser gesellschaftliches System wider, in dem Macht entpersonalisiert ist und sich zu einem eigenständigen Phänomen entwickelt hat. Auch Topmanager großer Konzerne sind Erfüllungsgehilfen und Vollzugspersonen einer bereits festgelegten Unternehmensstrategie, die wir als systembedingt bezeichnen.

Die Aufhebung persönlicher Verantwortung gilt für alle Lebensbereiche: Unsere materielle Sicherheit haben wir riesigen Organisationen übertragen – Versicherungen, Sozial- und Arbeitsämtern. Entscheidungen sind institutionalisiert, Kompetenzen atomisiert und bürokratisiert. Selbst Betteln und Stehlen haben wir entpersönlicht. Anstelle von Zigeunerkindern und Gebrechlichen auf den Straßen betteln die großen Hilfsorganisationen. Das Geschäft der Taschendiebe haben die Werbeagenturen übernommen.

Jeder Bereich zwischenmenschlicher Beziehungen ist durch Rechtsnormen geregelt, womit die Prinzipien der Gegenseitigkeit bis in die Familiensphäre gestört werden.

Wir haben versucht, die menschliche und subjektive Unzulänglichkeit durch eine objektive Unfehlbarkeit von Gesetzen und Bestimmungen zu ersetzen.

Damit haben wir die Menschen der Verantwortung für das, was sie tun, entkleidet.

Persönliche Verantwortung für die eigene Arbeit und Identifikation mit den Ergebnissen dieser Arbeit sind aber unverzichtbare Voraussetzungen für jede kulturelle Leistung. Anders kann es keine Motivation zur Freisetzung kreativer Fähigkeiten geben, und ohne Selbsterfüllung können sich keine geistigen Kräfte entfalten.

Ohne Autorität kann es nur Mediokrität geben, wie jede Politik zur Mittelmäßigkeit verdammt ist, die ihre Ziele und Wervorstellungen aus demoskopischen Umfragen statt aus dem Geist politischer Persönlichkeiten bezieht. Es gibt keine sachbezogene Autorität, die nicht durch eine Person wirkt; es gibt keine Verantwortung, die nicht von jemandem persönlich getragen wird.

Da der Begriff »Autorität« für viele negativ besetzt ist und sich deswegen diskreditiert hat, bedarf es einer Erläuterung, was damit gemeint ist: die Fachkompetenz einer Persönlichkeit, die sich auf geistige Qualifikation und die Bereitschaft zur persönlichen Verantwortung gründet.

Nicht gemeint ist Autorität im Sinne von Machtanspruch oder durch Ausnutzung von Überlegenheit infolge gesellschaftlicher Positionen oder wirtschaftliche Einflüsse.

Demokratie ohne Autorität ist ein Mißverständnis oder eine utopische Fiktion. Die totale Demokratisierung, bei der jeweils alle Betroffenen gemeinsam entscheiden, was und wie etwas getan wird, ist idealistisch und weltfremd. Trotz politischer Propagierung funktioniert diese Art von Demokratie an Schulen, Universitäten und in Architekturbüros ebensowenig wie im Operationssaal, im Flugzeugcockpit oder auf einem Segelschiff.

Die Bedingungen, unter denen Architektur heute entsteht, sind jedoch solchermaßen scheindemokratisch beschaffen. Vordergründig wird der Anschein erweckt, als könnten alle gemeinsam entscheiden. In Wahrheit vollziehen sich jedoch die Entscheidungen weder kollektiv, noch werden sie von einzelnen Persönlichkeiten (Architekten, Bauher-

ren, Politikern, Beamten) getroffen. Vielmehr liegt die Macht der Entscheidungen bei riesigen Verwaltungsapparaten, die in ihren inneren Strukturen und Zuständigkeiten undurchschaubar sind und durch eine Perfektionierung der Arbeitsteiligkeit und Spezialistengläubigkeit die Kompetenz jedes einzelnen weitgehend eingegrenzt oder ganz aufgehoben haben. In diesem allmächtigen Netz der Technokratie sind alle gefangen: nicht nur die Beamten als Funktionäre der Technokratie selbst, sondern ebenso Architekten, Bauherren und Politiker.

Die Bürokratie, die unser Baugeschehen weitgehend bestimmt, ist darauf angelegt, jede persönliche Verantwortung durch Erlasse und Verbote zu ersetzen.

Aus diesem Grunde wurden Stadtplanungen überwiegend technokratisch indoktriniert und zu einem Flickwerk aus der Scheuklappenperspektive entmündigter Spezialisten.

Auf diese Weise entstanden Normturnhallen, Typenschwimmbäder und Hochschulbauverordnungen, die städtebauliche Gefüge auf ignorante Weise zerstört haben, und das beabsichtigte Ziel der Kosteneinsparung wurde damit nicht einmal erreicht.

So entstanden Schulbaurichtlinien mit dem Ziel, vermeintliche Optimallösungen zu verallgemeinern, die aber aus den Schulen seelenlose Lernmaschinen gemacht haben.

An einem Beispiel will ich die dergestalt beschaffene technokratische Eigengesetzmäßigkeit etwas ausführlicher belegen und gleichzeitig meine These der Verantwortungslosigkeit begründen:

In einem Berliner Schulbauprogramm wurde den getrennt arbeitenden Architekten auferlegt, zwölf Schulzentren bis ins einzelne Detail nach einem vorgegebenen Typenschema zu entwerfen und als kompetenzlose Erfüllungsgehilfen wider bessere Einsicht und besseres Fachwissen unsinnige Festlegungen zu übernehmen. Die *Bauwelt* schrieb dazu in Heft 14/77: »Die Architekten können die ihnen zukommende Verantwortung für die Qualität ihrer

Arbeit nicht übernehmen – sie müssen aber damit rechnen, in der Öffentlichkeit dafür verantwortlich gemacht zu werden. Die Bürokratie ist im Begriff, eine Schlacht zu gewinnen, die Architektur bleibt auf der Strecke. Nicht nur die Architektur, auch die gegliederte Stadt.«

Mittlerweile sind diese Schulzentren fertiggestellt. Sie strotzen vor Häßlichkeit, städtebaulicher Ignoranz, Maßstabslosigkeit und Baumängeln.

Wer ist schuld daran? Wer trägt hierfür persönliche Verantwortung? Die Architekten?

Ihnen wurde jede Kompetenz per Vertrag genommen. Sie wurden nur als Zeichenknechte, Erfüllungsgehilfen und als Alibi angeheuert. Ihnen blieb neben nutzlosen Pamphleten und Artikeln in Fachzeitschriften nur die Möglichkeit, ihre Mitwirkung zu verweigern, was meines Wissens keiner getan hat.

Der Markt für Architekturleistungen ist seit jeher ein Angebotsmarkt, auf dem man durch Verweigerung als einzelner zwar seine Ehre retten und seine Existenz ruinieren, jedoch in der Sache nur wenig ausrichten kann. Anders wäre es vielleicht gewesen, wenn alle Architekten das Programm gemeinsam boykottiert hätten. Aber Solidarität ist nicht gerade eine Tugend von Künstlern und Intellektuellen.

Ich will nicht durch die lapidare Feststellung ausweichen, die Architekten trügen keine Verantwortung für diese Schulzentren, weil ihnen die Kompetenz der persönlichen Verantwortung nicht zugestanden wurde. Natürlich tragen sie insoweit Verantwortung, als sie bereit waren, den Schaden, den anzurichten sie beschäftigt wurden, nicht höher bewerteten als ihren persönlichen Nutzen aus dem Auftrag und den eigenen Schaden durch eine Brüskierung des potentesten Auftraggebers im Lande Berlin. Ihnen wurde die Einflußnahme ihrer fachlichen Autorität, die Schulen ästhetisch schöner, städtebaulich rücksichtsvoller und für die Schüler humaner zu entwerfen, durch die Macht eines Apparates genommen. Sie konnten also nicht ihre fachliche Kompetenz einsetzen, sondern allenfalls

durch Verweigerung ihre Mitverantwortung ablehnen. Ob eine solche Aktion irgend etwas verändert und auch nur den Bau einer einzigen Schule verhindert hätte, darf mit Recht bezweifelt werden. Deswegen will ich mir auch nicht anmaßen, eine derartige moralische Position der Architekten zu fordern.

Wenn ein Architekt die weitere Mitwirkung an einem Projekt verweigert, also seinen Auftrag kündigt, so stellt das für ihn die Ultima ratio dar. Normalerweise ist jedoch kaum eine Situation so beschaffen, daß ein unmittelbarer Anlaß für diesen Schritt besteht. Vielmehr vollzieht sich architektonisches Unheil nicht als ein großer Akt mit einem Paukenschlag, sondern Stück für Stück und scheibchenweise. Keines dieser Scheibchen scheint es zu rechtfertigen, gleich das ganze Treueverhältnis mit dem Bauherrn zu brechen und den Auftrag zu kündigen. Viel naheliegender ist hingegen der Versuch, das jeweilige Scheibchen Unheil zu retten, indem man Verbesserungsvorschläge macht und Überzeugungsarbeit leistet. Auf diese Weise ist schon so mancher Architekt Stück für Stück in die Mitverantwortung für ein architektonisches Unheil hineingezogen worden, ohne daß er selbst auch nur eines dieser Stücke aus eigener Kompetenz beigetragen hat. Ich will dies am Beispiel meiner persönlichen Mitverantwortung an den Berliner Schulzentren deutlich machen:

Zwar hat unser Büro für keines dieser Schulzentren einen Auftrag erhalten oder auch nur einen einzigen Plan geliefert. Ich war jedoch Vorsitzender des Preisgerichts in dem Wettbewerb, bei dem die Lösungsvorschläge der Architekten ausgewählt worden sind. Das Besondere der Aufgabenstellung dieses Wettbewerbs bestand darin, für zwölf verschiedene Standorte innerhalb der Stadt einige typisierte Baukörperelemente zu entwerfen, die dann in unterschiedlicher Kombination und Zuordnung den jeweils spezifischen Bedingungen der Grundstücke angepaßt werden sollten. Das Ziel war, eine möglichst große Serie gleicher Bauteile von Baufirmen anbieten zu lassen, um dadurch eine zeitliche und finanzielle Rationalisierung zu erreichen.

Meine erheblichen Vorbehalte, daß dadurch eine Rationalisierung zu Lasten der städtebaulichen, gestalterischen und räumlichen Komponenten betrieben würde, wurde weder vom Auslober noch von den Teilnehmern des Wettbewerbs geteilt. Sie operierten mit dem Argument, daß gerade der Wettbewerb und die sehr unterschiedlichen Lösungen verschiedener Architekten jene gestalterische, städtebauliche und räumliche Vielfalt bewirken würden, die nicht zustande käme, wenn man dieses Programm einer Baugesellschaft direkt in Auftrag gäbe. Hier, so wurde behauptet, müsse der Architektenwettbewerb seine Vorzüge gegenüber einer Direktbeauftragung zur Geltung bringen und beweisen, daß es sinnvoll ist, solche Konkurrenzen auszuschreiben. Mir wurde bedeutet, daß ich mein Preisrichteramt zurückgeben könne, wenn ich mit der Aufgabenstellung nicht einverstanden wäre. Obgleich ich von meiner Auffassung überzeugt war, habe ich das Amt nicht zurückgegeben und mich damit getäuscht beziehungsweise getröstet, daß statt meiner ein anderer Preisrichter, der ohnehin schon als Stellvertreter vorgesehen war, tätig werden würde, ohne daß man die Aufgabenstellung ändern würde. An dieser Stelle trifft mich die erste Mitschuld.

Bei einem anderen Wettbewerb, der im Jahre 1981 für das Technische Rathaus in Köln veranstaltet wurde, war ich konsequenter. Weil die Wettbewerbsbedingungen nicht akzeptabel waren und zwei von insgesamt fünf eingeladenen Architekten – die beiden ersten Preisträger eines auf dem gleichen Grundstück vorausgegangenen Wettbewerbs – ihre Teilnahme verweigerten, habe ich mein Preisrichteramt zurückgegeben. Leider konnten sich die anderen beiden freischaffenden Fachpreisrichter nicht zu diesem Schritt entschließen. Ich wurde durch einen ortsansässigen Architekten ersetzt, und der Wettbewerb wurde zwischen nur drei Architekten entschieden, die von vornherein keine unterschiedlichen Lösungen erwarten ließen. Die Verweigerung hatte mir lediglich die persönliche Mißbilligung des Stadtbaurats eingetragen, ohne an dem fragwürdigen Verfahren irgend etwas zu ändern.

Bei dem Berliner Schulzentrenwettbewerb wurden 62 Arbeiten eingereicht, die nach meiner Einschätzung den Beweis dafür lieferten, daß die Aufgabenstellung falsch gewesen war und deswegen die architektonischen Lösungen schlecht sein mußten. Diese Auffassung wurde jedoch nur von einem Teil des Preisgerichts geteilt. Im Rahmen der vorgeschriebenen Wettbewerbsregeln wählten wir die besten unter den schlechten Lösungen aus und prämiierten die vorgesehene Zahl von Entwürfen. Gleichzeitig formulierte eine Minderheit des Preisgerichts die Feststellung, das Wettbewerbsergebnis habe gezeigt, daß die Schulzentren auf diese Weise nicht realisiert werden könnten.

Über diese Formulierung im Protokoll ergab sich jedoch ein heftiger Disput innerhalb des Preisgerichts, wobei besonders die Vertreter der Bauverwaltung, die das Programm selbst formuliert hatten, geltend machten, daß es einem Preisgericht nicht zukäme, Kritik an der Aufgabenstellung zu üben, sondern daß es lediglich die eingereichten Lösungen zu beurteilen habe. Obgleich ich fest entschlossen war, im Protokoll der Jury mit Deutlichkeit zum Ausdruck zu bringen, daß auf der Basis dieses Wettbewerbs eine sinnvolle Lösung für den Bau der Schulzentren nicht zu erwarten wäre, bat mich der oberste Baubeamte Berlins, Senatsbaudirektor Müller, ganz dringend, diese Absicht fallenzulassen. Obgleich er in der Sache gleicher Auffassung war, meinte er: »Gerkan, seien sie nicht so dickköpfig; man muß nicht mit seinem Kopf unbedingt durch die Wand rennen. Wenn wir dies in das Protokoll hineinschreiben, schaden wir der Sache viel mehr, als daß wir ihr nützen können.«

Hans Müller erläuterte mir, wie schwer es gewesen war, die finanziellen Mittel für einen Architektenwettbewerb vom Abgeordnetenhaus überhaupt genehmigt zu bekommen; welch große Widerstände und Vorbehalte es bei den Politikern gegenüber

Wettbewerben gäbe und wie groß das Vorurteil, daß Architekten-Bauten grundsätzlich teurer würden, sei. Er meinte, es sei besser, wenn diese Schulen durch die Mitwirkung von Architekten gestaltet würden, statt als Schubladenprojekte von der Bauindustrie geliefert zu werden. Im übrigen würde durch eine solche Formulierung im Protokoll dem Wettbewerbswesen für die Zukunft größter Schaden zugefügt, weil jeder Politiker sich bei neuen Verfahren auf das unbefriedigende Ergebnis berufen würde. Es war eine Fülle kräftiger, überzeugender und ehrlicher Argumente.

In bezug auf die persönliche Verantwortung stellte sich damit die Frage, was für das zukünftige Bauen in Berlin wichtiger wäre. Mit einer durch die Autorität eines Preisgerichts gestützten Aussage vor dem Bau der Schulzentren in dieser Form zu warnen und dabei das Wettbewerbswesen zu gefährden, ohne das Risiko ausschalten zu können, daß die Projekte ohne Architekten direkt von Baufirmen geplant und gebaut würden? Oder einen Kompromiß einzugehen, um das kleinere Übel zu wählen und zukünftigen Wettbewerben noch eine Chance zu belassen? Aus der Situation heraus erklärte ich mich zu dem Kompromiß bereit. Die Formulierung im Protokoll erhielt folgenden abgeschwächten Wortlaut:

Empfehlung des Preisgerichts:

»Die Teilnehmer haben auf unterschiedliche Weise versucht, einen Beitrag zum Thema Rationalisierung und Standardisierung für Planung und Bau der Oberstufenzentren zu leisten. Das Preisgericht sieht nach eingehender Diskussion der Ergebnisse in dem Versuch der Typisierung von Gebäuden oder Gebäudeteilen im Hinblick auf die jeweiligen funktionellen und städtebaulichen Bedingungen des Einzelfalles erhebliche Schwierigkeiten.

Es empfiehlt daher – unter planerischer Gesamtkoordination mit der Zielsetzung weitgehender Anwendung gleicher Bauelemente für eine möglichst große Anzahl unterschiedlicher Projekte –, die verschiedenen Oberstufenzentren den jeweiligen schulischen Anforderungen und städtebaulichen Bedin-

gungen entsprechend zu planen und zu starke Zwänge einer Gebäudetypisierung zu vermeiden.«

Heute, nachdem die Schulzentren fertig sind, bedaure ich diese Kompromißbereitschaft aufs tiefste und sehe darin das zweite Scheibchen meiner persönlichen Mitschuld an diesem architektonischen Unheil.

Wer aber trägt die eigentliche Verantwortung? Der Bauherr? Diesen Bauherrn gab es als Person nicht, sondern nur als Institution, als undurchschaubaren Verwaltungsapparat mit viel Macht und ohne Autorität. Und die Bauverwaltung, als Vertretung der öffentlichen Belange, sah genauso aus: technokratische Machtfülle ohne jede persönliche Verantwortung.

Das Verhalten der Beamten war insoweit systembedingt richtig, als es ihrem Auftrag durch die Politiker entsprach, deren exekutive Organe sie sind.

Dann müssen, so möchte man meinen und hoffen, die Politiker die persönliche Verantwortung tragen. Aber auch diese Erwartung erweist sich als falsch, weil sich die Politiker mit ihren Entscheidungen auf die Aussage von Experten beriefen, auf Soziologen, Pädagogen, Betriebswirtschaftler und Bauingenieure, die ihnen die Programme und Zielplanungen geliefert hatten. Auf diese Weise wird das Feld vielschichtiger Bedingtheiten und gegenseitiger Abhängigkeiten unüberschaubar, weil sich die Experten ihrerseits auf die politischen Vorgaben und ihre eingeengten Ermessensspielräume berufen.

Eine persönliche Verantwortung für das Geschehen ist nicht auszumachen. Denn niemand entscheidet, was und wie geplant und gebaut werden soll; es wird entschieden – anonym und verantwortungslos.

Architektur als persönlich verantwortetes Handeln

– Architektur kann ohne persönliche Verantwortung der Handelnden nicht zustande kommen.
– Architektur läßt sich nicht aus Gesetzen, Bestimmungen und Erlassen zusammenschustern.
– Architektur ist auch nicht nur die Summe von optimalen Teilleistungen vieler Experten und Spezialisten.
– Architektur ist und bleibt eine geistige und schöpferische Leistung, die in ihrer Ganzheitlichkeit nicht ohne persönliche Verantwortung entstehen kann.

Es gilt jedoch, einem Mißverständnis vorzubeugen, das durch eine Verwechslung der Begriffe Verantwortung und Haftung entstehen könnte. Wenn ich Architektur als ein persönlich verantwortetes Handeln fordere, so ist damit die Verantwortung im geistigen, künstlerischen und moralischen Sinne gemeint. Daß diese Verantwortung auch die Haftung im physischen, bautechnischen und baurechtlichen Sinne einschließt, ist eine Selbstverständlichkeit. Es bedarf aber nicht einer Forderung nach mehr Haftung, weil die Haftung des Architekten hinlänglich vertraglich gesichert ist. In der heutigen Berufspraxis liegt hier eher eine Umkehrung der Verhältnisse vor, weil der Architekt für viele Dinge zur Haftung herangezogen wird, die er gar nicht verantworten kann. So haftet der Architekt zum Beispiel für Bauschäden eines Handwerkers, wenn dieser Konkurs anmeldet, oder er wird zur Mithaftung für Mängel von Baustoffen herangezogen, bei denen die vom Hersteller zugesagten Eigenschaften sich in der praktischen Anwendung später als ganz oder teilweise unrichtig erweisen.

Die von mir geforderte persönliche Verantwortung betrifft die Identifikation eines Architekten mit seinem Werk in künstlerischer und sozialer Hinsicht. In älteren Architektenverträgen findet sich im Haftungsparagraphen noch der Satz, daß das Werk des Architekten den »anerkannten Regeln der Baukunst zu entsprechen« habe. Kunst läßt sich jedoch nicht in materiellen Haftungsregelungen erfassen, weil es keine anerkannten Regeln für die Kunst gibt. Deswegen wird es wohl auch kaum möglich sein, einen Architekten durch Geldzahlungen zu bestrafen, wenn nach allgemeiner Auffassung das von ihm entworfene Gebäude häßlich ist oder sich nicht in die Umgebung einfügt. Um so wichtiger ist es, daß er als fachliche Autorität dafür die Verantwortung trägt und das Ergebnis mit seiner Person identifiziert wird.

Jede gute Architektur, die heute entsteht – zum Glück gibt es noch etliche Beispiele dafür –, kommt dadurch zustande, daß die daran Beteiligten – Architekten, Bauherren, Politiker und Baubeamte – trotz der technokratisch indoktrinierten Machtstruktur persönliche Verantwortung übernehmen, indem sie sich dieselbe mit hoher Risikobereitschaft erkämpfen.

Für uns ist fast jeder Planungs- und Realisierungsprozeß ein derartiger Kampf um die persönliche Verantwortung und die fachliche Kompetenz. In diesem Kampf haben wir etliche Siege errungen, aber auch viele Niederlagen hinnehmen müssen, überwiegend hat es jedoch Kompromisse gegeben. Wir bekennen uns aber auch mit unserer Verantwortung zu diesen Kompromissen. Von den Konflikten kann jeder Architekt aus eigener Erfahrung berichten, der sich für ein architektonisches Anliegen mit persönlicher Verantwortung voll engagiert hat.

Ein bemerkenswertes Beispiel der jüngeren deutschen Architektur, die Olympiabauten in München von den Architekten Behnisch und Partner, ist nur mit einem besonders hohen Aufwand persönlicher Verantwortungs- und Risikobereitschaft möglich geworden. Die Diffamierungen des »Olympiadaches« in der Fach- und Tagespresse und die vielen Verbesserungs- und Vereinfachungsvorschläge von Behörden und freischaffenden Kollegen waren Anfechtungen, denen ein Architekt nur dann gewachsen ist, wenn er aus voller Überzeugung und mit dem höchsten Einsatz persönlicher Verantwortung gegenüber seinem Werk vorgeht. Die Architekten haben für diese ihre Verantwortungsbereitschaft mit Sicherheit an vielen anderen Stellen dadurch »haften« müssen, daß ihnen Aufträge vorenthalten oder mißgönnt worden sind.

Die Bereitschaft, Verantwortung zu übernehmen und sich als Architekt zu seiner eigenen Arbeit zu bekennen, ist weitgehend verkümmert. Vielmehr ist es üblich geworden, daß sich Architekten von ihren Bauten distanzieren, weil sie Kompromisse eingehen mußten und ihnen Dinge auferlegt wurden, die sie selber nicht wollten.

Da Planen und Bauen immer mit Zielkonflikten belastet ist, sind Kompromisse unvermeidlich. Entscheidend ist jedoch, daß die Kompromißbereitschaft sich an der eigenen Verantwortung mißt. Als verantwortungslos würde ich das Verhalten eines Architekten bezeichnen, der sich allzu kompromißbereit verhält, sich dann aber von der eigenen Arbeit distanziert und die Schuld anderen zuweist.

Besonders erschreckend ist es, in welchem Maße die höchsten Beamten jeder persönlichen Verantwortung entkleidet sind. Als fachlich autorisierte Spitzen stehen sie einem großen Verwaltungsapparat vor, der für die Planung und Gestaltung einer Stadt zuständig ist. Keiner dieser höchsten Sachwalter des öffentlichen Interesses bei der Gestaltung einer Stadt ist aber in der Lage, seine persönlichen, fachlich fundierten Vorstellungen in eine konkrete Realität umzusetzen. Noch viel schlimmer ist, daß er nicht einmal die Kompetenz hat, Verschandelungen und Verunstaltungen in seiner Stadt zu verhindern. Der Allmacht technokratischer Verwaltungsapparate steht die Ohnmacht ihrer Vorgesetzten gegenüber.

Unsere höchsten Baubeamten in den Gemeinden und Kommunen, von denen wir eine zielorientierte und verantwortungsbewußte Steuerung von Planungs- und Bauaktivitäten erwarten, müssen als mehr oder weniger kompetenzlose Funktionäre der großen Apparate »verantwortungslos« ihren Dienst erbringen. Auch hier entscheidet nicht der Stadtbaurat – es wird entschieden.

Ich halte es für eine unabdingbare Notwendigkeit, diese Verhältnisse grundlegend zu ändern. Architektur und die Gesamtgestalt unserer Städte haben nur eine Chance, wenn es gelingt, diejenigen, die daran mitwirken, in eine persönliche Verantwortung zu stellen. Deswegen müssen die höchsten Planungsbeamten unserer Städte nach fachlicher Qualifikation ausgewählt und mit entsprechender fachlicher Kompetenz ausgestattet werden.

Eine wohlgestaltete Umwelt ohne Motivation und Selbsterfüllung ist utopisch. Es muß aber möglich werden, durch Engagement und den Anreiz beruflicher Selbsterfüllung sowie die Herausforderung zu persönlicher Verantwortung die fähigsten und begabtesten Architekten auf den Plan zu rufen, mit ihren genialen Leistungen und mit ihren Fehlleistungen zu leben, statt durch Anonymität in den Dauerzustand der Mediokrität zu verfallen.

Kultur kann nicht von entmündigten und technokratischen Erfüllungsgehilfen geschaffen werden. Auf die Frage Alexander Mitscherlichs:
»Erhält unsere Gesellschaft die Architektur, die sie verdient«? muß man wohl erwidern: Eine Gesellschaft, die geistige Autorität entmündigt und das Leben verrechtlicht, schafft Bedingungen, unter denen Architektur entsteht, die anonym, verantwortungslos und medioker ist.

Architektur, welche die Gesellschaft verdient

Gesellschaftliche und kulturelle Bedingungen

Bauen und Kunst als Antithese

Wenn wir zu ägyptischen oder aztekischen Pyramiden, griechischen Tempeln oder gotischen Kathedralen pilgern, suchen wir damit eine optische und geistige Verbindung zu den Dokumenten früherer Menschheitsepochen, da es keine eindrucksvolleren Zeugnisse menschlicher Kultur als Baudenkmäler gibt.

Wer aber nur Pyramiden, Tempel und Kathedralen als Baudenkmäler versteht, könnte einen Unterschied machen zwischen Baukunst als zeichenhaftem Ausdruck für die geistigen Strömungen der Menschheit und ihr Dasein außerhalb irdischer Notwendigkeiten und den Zweckbauten, die den weltlichen Bedürfnissen dienen, also nur Klimahüllen sind.

Diese Unterscheidung würde es rechtfertigen, unseren heutigen Wohn- und Bürobauten, Fabriken und Kaufhäusern den Anspruch streitig zu machen, daß auch sie der Baukunst zuzurechnen sind. Diese Unterscheidung würde es erlauben, für Bauten, die einem profanen Zweck dienen, andere Maßstäbe gelten zu lassen als für Bauten des geistigen Lebens und psychischer Bedürfnisse, wie Kirchen, Theater oder Museen. Geht man von dieser Trennung in »Zweckbauten« und »Kunstbauten« aus, so wären weit über 90 Prozent den Zweckbauten zuzurechnen.

Diese Unterscheidung war in den vergangenen Jahrzehnten tatsächlich tief im Bewußtsein der Allgemeinheit verankert. Jeder private oder öffentliche Bauherr war ausschließlich auf die Zweckhaftigkeit seines Bauvorhabens bedacht. Seine Ansprüche und seine Maßstäbe wurden von zweckrationalistischen Kriterien diktiert. Dementsprechend wurde Architektur im wesentlichen an drei Anforderungen gemessen:
- Funktion,
- Bautechnik,
- Wirtschaftlichkeit.

Die funktionellen Anforderungen legten fest, wie ein Gebäude zu benutzen sei, wie groß und wie hoch jeder einzelne Raum zu sein habe und wie die Räume in einem Gebäude einander zuzuordnen seien.

Die Anforderungen der Bautechnik bestimmten, wie ein Gebäude zu konstruieren sei und welche raumklimatischen Bedingungen es zu erfüllen habe.

Die Anforderung der Wirtschaftlichkeit verlangten, daß mit möglichst geringem Aufwand an Material und Arbeitskraft ein Maximum an nutzbarer Fläche und technischem Komfort zu erzielen sei.

An diesen Kriterien wurden neue Bauten vornehmlich gemessen. Alle anderen Belange wurden als zweitrangig gegenüber diesen auf Zweckhaftigkeit ausgerichteten Bedingungen betrachtet. Zu den nachgeordneten Anforderungen zählte auch das Problem der Einfügung eines Neubaus in die städtebauliche Umgebung. Deswegen entstanden so viele Solitärbauten, die egoistisch nur auf ihre eigene Zweckhaftigkeit bedacht waren und keine gegenseitige Rücksichtnahme zeigten. Hamburgs

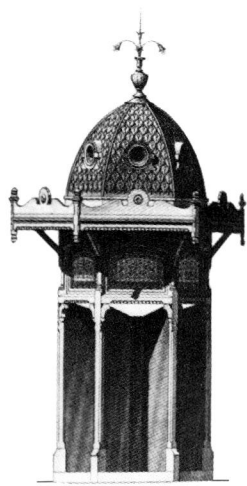

Baukunst für die physische Notdurft. Pissoir in Paris.

23

Geschäftsstadt Nord ist ein deprimierendes Zeugnis für diese einseitige Überbetonung der funktionellen, bautechnischen und ökonomischen Bedingungen der Architektur bei gleichzeitiger Vernachlässigung übergeordneter städtebaulicher Gemeinsamkeiten.

Jedes einzelne der dort versammelten mehr als 30 Bürogebäude ist als erstprämiierte Lösung aus konkurrierenden Wettbewerbsverfahren namhafter Architekten hervorgegangen. Für jedes Projekt wurde eine ganz spezifische Zweckbestimmung definiert, an der die Lösungen gemessen wurden.

Außer einer vorher festgelegten Straßenschleife, fast zufällig geschnittenen Grundstücksflächen und einigen baurechtlichen Festlegungen gab es in der City Nord keine übergeordneten städtebaulichen Gemeinsamkeiten. Trotz beachtlicher Qualität einiger dort gebauter Bürohäuser überwiegt der Eindruck heterogener Beziehungslosigkeit, ja fast chaotischer Unordnung. Weder in der stadträumlichen Zuordnung, den einzelnen Bauformen noch in den Materialien der Fassaden gibt es erkennbare Gemeinsamkeiten.

»Einen Ausstellungspark von architektonischen Wunderkakteen« nannte Dieter Oesterlen Hamburgs City Nord einmal. Der Grund liegt jedoch keineswegs – wie man vielleicht vermuten könnte – darin, daß die einzelnen hier vertretenen Konzerne sich durch ihre Bauten ein möglichst aussagefähiges Erkennungszeichen schaffen wollten. Da ich selbst bei mehreren Wettbewerbsverfahren in der City Nord sowohl als Teilnehmer wie auch als Preisrichter beteiligt war und unser Büro das Gebäude für die Shell AG geplant hat, weiß ich, daß jeder Bauherr eher auf »Understatement« bedacht war, sich nur an seinen eigenen funktionellen, bautechnischen und ökonomischen Anforderungen orientierte.

Atmosphäre, Milieu und Gestaltung waren gleichermaßen zweitrangige Bedingungen der Architektur. Fragen der Ästhetik und jeder nicht physisch nutzbare bauliche Aufwand waren geradezu tabu.

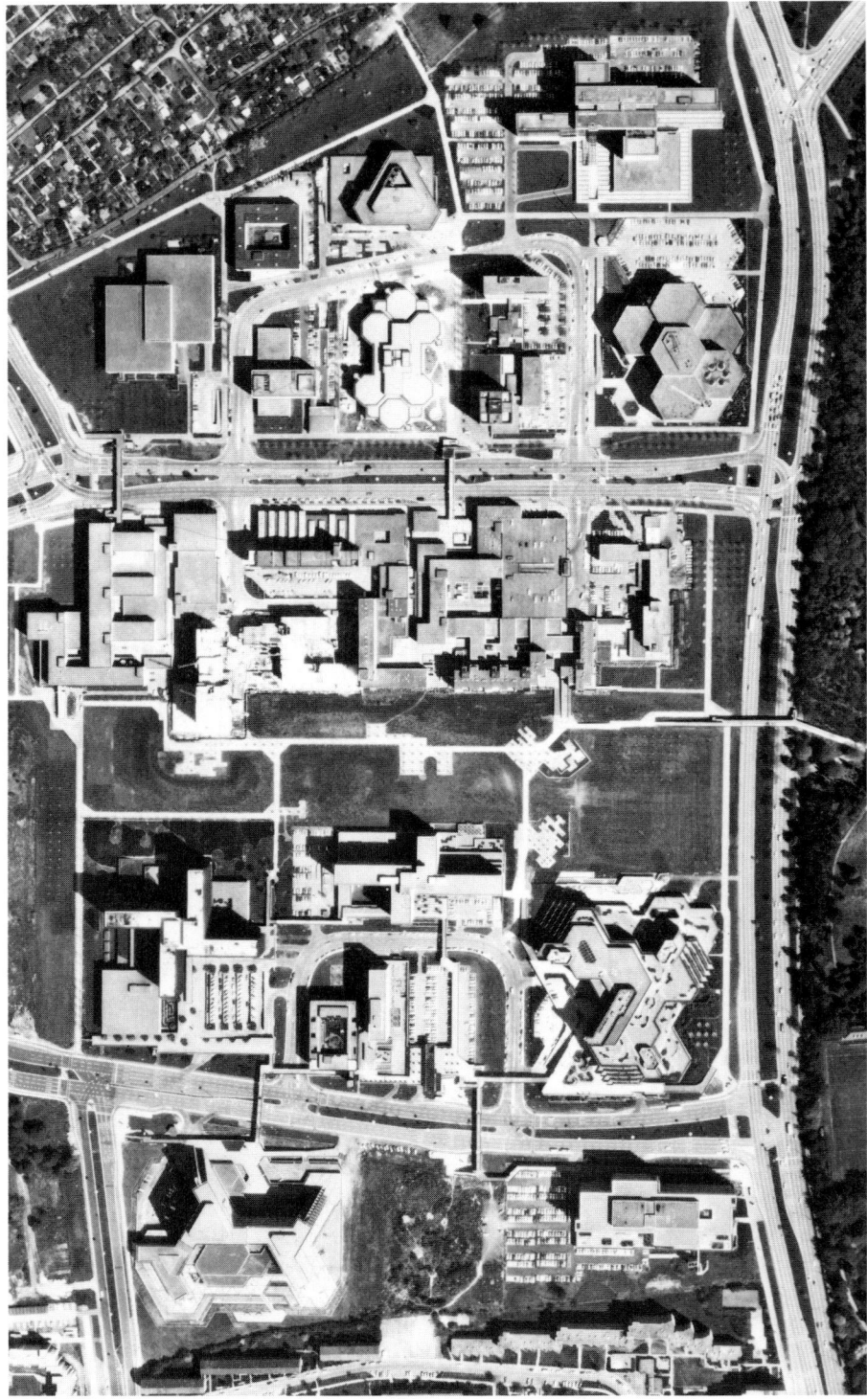

Stapelregale für Menschen (Stockholm).

◁
Geschäftsstadt Nord in Hamburg.
Das Ergebnis isolierter Maximierung von Funktion, Bautechnik und Wirtschaftlichkeit: beziehungsloses Nebeneinander von Solitärbauten.

Während der ersten zehn Jahre meiner Berufstätigkeit als Architekt, von 1965 bis 1975, wurden Begriffe wie »Baukunst« oder »Baudenkmal« von seiten der Auftraggeber meistens dazu benutzt, die unerwünschten und nach ihrer Meinung zu kostspieligen Intentionen von Architekten zu diffamieren. Baukunst war etwas, was mit den Zweckbauten, um die es jeweils ging, nichts zu tun hatte.

Die Verdrängung alles Künstlerischen aus dem Bauen hat in der 1977 neu eingeführten Gebührenordnung für Architekten ihren Niederschlag gefunden. Nicht nur der Begriff »Baukunst« wurde gestrichen, sondern auch eine wesentliche Leistung des Architekten, die in der früheren Gebührenordnung als »künstlerische Oberleitung« verankert war, ersatzlos eliminiert.

Ein Blick in die Baugeschichte und auf deren bewunderte und vielbesuchte Denkmäler, seien es die Schlösser an der Loire, die Paläste in Oberitalien oder die Burgen am Rhein, läßt erkennen, daß die Trennung in zweckgebundene und zweckfreie Kunst eine absolut willkürliche Erfindung unserer Zeit ist.

Auch die häßlichsten Wohnzeilen, die langweiligsten Bürohauskisten und die gestaltlosen Fabrikhallen aus unserer jüngsten Baugeschichte sind Dokumente der Baukunst, nur eben einer sehr schlechten und – sozusagen – entarteten Kunst. Sie sind Ausdruck unseres gesellschaftlichen und geistigen Zustandes, eines Verhältnisses zu unserer Umwelt, das nur noch die rational meßbare Befriedigung von materiellen Bedürfnissen anerkennt, also Bauten allein für die physische Notdurft errichtet und dabei jeden künstlerischen Anspruch verneint, ihn als überflüssigen Aufwand betrachtet, als Vergeudung von Arbeitskraft.

Das Verhängnis der jüngsten Baugeschichte liegt in der unheilvollen Trennung in Denkmäler und Garagen.

Die Denkmäler haben wir, soweit sie nicht auch einem Zweck dienstbar gemacht werden konnten – zum Beispiel der politischen Propaganda im Dritten Reich –, weitgehend abgeschafft. Dafür haben wir um so mehr Garagen gebaut: für Autos und für Menschen.

So wenig wie Architektur die Freiheiten der anderen Kunstgattungen Literatur, Musik, Theater oder Malerei für sich beanspruchen darf, absolut zweckfrei und nur dem Geist verpflichtet zu sein, darf sie nur als technische Klimahülle oder soziale Notdurft verstanden werden. Architektur ist, unabhängig davon, wie profan oder anspruchsvoll der Zweck ist, dem sie dient, letztlich die Gesamtheit der durch Menschenhand veränderten Umwelt und damit eine kulturelle Leistung der Menschen.

Architektur umfaßt nicht nur Gebäude. Sie beinhaltet alles, was der Mensch in seiner Umgebung herstellt und ordnet: Straßen, Plätze, Parks, Brücken und Tunnel, also jede Organisation und Gestaltung von Flächen und Räumen. Architektur wird von Faktoren bestimmt, die sowohl materieller als auch immaterieller, also geistiger und seelischer Art sind. Diese Wertstellung der Architektur als Kulturgut scheint verlorengegangen zu sein. Sie erneut im Bewußtsein zu verankern, ist eine Grundvoraussetzung, um Bauen wieder als Baukunst zu verstehen.

Keine andere kulturelle Leistung der Menschheit betrifft den einzelnen so ganzheitlich wie Architektur. Musik, Theater, Literatur und Malerei kann man sich nach freiem Ermessen aneignen und zugänglich machen, der Architektur jedoch ist jeder, auch der noch so notorische Kulturfeind, direkt ausgeliefert. Sie ist für jeden der unmittelbar gegenwärtige Lebensraum. Ihr kommt deswegen eine weitaus größere kulturelle Bedeutung im gesellschaftlichen Raum zu, als wir sie ihr in den vergangenen Jahrzehnten zugestanden haben.

Architektur als gesellschaftliches Abbild

Nicht die Architekten prägen das Bild der Architektur einer Menschheitsepoche, sondern die Gesellschaft selbst tut es. Die Architekten sind nur ihre Erfüllungs- oder Vollzugsgehilfen. Jede Architektur einer Zeitepoche war und ist der Ausdruck der jeweiligen gesellschaftlichen Verhältnisse. Die Architektur stellt, soweit sie nicht durch die Nachwelt zerstört wurde, die sichtbarsten und aufschlußreichsten Dokumente dar.

Wie die mittelalterlichen Kathedralen als Zeugnisse für die Bedeutung der christlichen Religion gewertet werden und die Schlösser als Dokumente einer feudalen Gesellschaftsordnung mit ihrem absolutistischen Machtanspruch gelten, so bilden die Bahnhöfe der letzten Jahrhundertwende den sichtbaren Ausdruck des technischen Fortschritts.

Die gesamte Menschheitsgeschichte ist in allen Epochen mehr oder minder sichtbar belegt durch ihre Hervorbringungen der Architektur. Architektur hat für die Geschichtsschreibung mindestens die gleiche Bedeutung wie die Physik für die Naturwissenschaft.

Damit stellt sich die Frage, welche Erkennungszeichen und besonderen Merkmale unsere Epoche der Nachwelt hinterlassen werden. Auf welche Weise fin-

den unsere heutigen gesellschaftlichen Verhältnisse ihren Ausdruck in der Architektur? Welche Rückschlüsse ließen sich aus den heutigen Werken der Architektur ziehen, wenn die Zerstörung unserer Umwelt zugleich als gesellschaftlicher Fortschritt und als Errungenschaft unserer Entwicklung gilt?

Wir beklagen, daß Straßen, Autobahnen und Flughäfen unsere Städte und unsere Landschaften kaputtmachen. Diese Bauten sind jedoch ein Ausdruck für die Mobilität und unser Bedürfnis nach ständiger und häufiger räumlicher Veränderung. Die meisten Menschen scheinen sich jedoch dieser inneren Wechselwirkung und Abhängigkeit, so offenkundig sie auch ist, nicht bewußt zu sein oder verdrängen sie absichtlich. Jedenfalls ist das diesbezügliche Verhalten vieler Mitbürger ausgesprochen schizophren.

Einwohner der Hamburger Elbvororte beklagen wiederholt, daß sie auf ihren täglichen Autofahrten zur und von der Innenstadt in den kilometerlangen Staus der noch zweispurigen Elbchaussee steckenbleiben. Gleichzeitig wehren sie sich vehement gegen eine Verbreiterung dieser schönsten Straße Hamburgs. Nur wenige sehen ein, daß die schlechten Verkehrsverhältnisse ein notwendiger Preis zur Erhaltung des Straßencharakters sind, den sie persönlich zahlen müssen. Sie ignorieren den Konflikt und schimpfen auf die Unfähigkeit der Fachleute, denen keine besseren Lösungen einfallen.

Fluggäste, die über den provinziellen und funktionsuntüchtigen Hamburger Flughafen Klage führen, protestieren gleichzeitig als betroffene Bürger gegen einen Flughafenneubau außerhalb der Stadtgrenzen.

Die Reaktionen sind allenthalben die gleichen:
Wir sind weder bereit, die nachteiligen Folgen unserer immer höheren Ansprüche in Kauf zu nehmen, noch willens, auf die Ansprüche zu verzichten.

Die Verbauung unseres Lebensraumes ist vornehmlich eine Befriedigung permanent steigender Ansprüche.

Der Grund für die endlose Zersiedlung der Landschaft im Umfeld der Großstädte liegt in den gestiegenen Ansprüchen an den Wohnkomfort und dem Ideal vom eigenen Häuschen mit Garten. Die Häßlichkeit der Häuser ist nicht zuletzt ein Abbild des sogenannten Durchschnittsgeschmacks. Die pauschale Anklage gegen unsere verbaute Umwelt richtet sich normalerweise undifferenziert gleichermaßen gegen die Massenhaftigkeit der Bauten wie gegen ihre gestalterische Erscheinung. Auf das Problem der architektonischen Gestaltung komme ich später ausführlicher zurück. Zur gesellschaftlich bedingten Massenhaftigkeit der Bebauung bedarf es jedoch an dieser Stelle einer erläuternden Darlegung:

Im Bereich des Wohnungsbaus haben drei Faktoren bewirkt, daß sich die Masse des Bauvolumens in einem Zeitraum von hundert Jahren (von 1880 bis 1980) auf das Sechsfache vergrößert hat. In diesem Zeitraum ist die Bevölkerung im Bereich der Bundesrepublik Deutschland von 23 Millionen auf 61

Millionen, also um das 2,65fache, angewachsen. Höherer Lebensstandard und damit gewachsene Komfortansprüche haben bewirkt, daß sich die Wohnungsfläche pro Kopf der Bevölkerung mehr als verdoppelt hat: von 14 m² auf 32 m². Die explosionsartig gestiegene Mobilität und der große Anteil an Freizeit haben zur Folge, daß zusätzliche Zweitwohnungen und Ferienhäuser entstanden sind.

Noch größer ist die Vermehrung des Bauvolumens im tertiären Sektor. Die Bauten für den Dienstleistungsbereich, speziell für privatwirtschaftliche und öffentliche Verwaltungen, haben sich im Laufe der letzten hundert Jahre sogar um das 18fache vermehrt. Dazu haben mehrere akkumulierende Faktoren beigetragen. Zum einen ist, wie bereits in der Auswirkung auf den Wohnungsbau erwähnt, die Bevölkerung um das 2,65fache gewachsen, zum zweiten ist der Anteil der Beschäftigten im Dienstleistungsbereich von 19 Prozent im Jahre 1880 auf mehr als 32 Prozent im Jahre 1980 angewachsen. Zum dritten ist die Arbeitsfläche eines Beschäftigten von ursprünglich 4 m² im Jahre 1880 auf nunmehr 16 m² im Jahre 1980, also hier um das 4fache, angestiegen. Daraus errechnet sich, daß das gesamte Bauvolumen, das heute für den Dienstleistungsbereich in unseren Städten und Gemeinden existiert, etwa 18mal so groß ist wie vor 100 Jahren.

$$\frac{61 \times 0,32 \times 16,0}{23 \times 0,19 \times 4,0} = 17,87$$

Mancher mag den einen oder anderen Entwicklungsfaktor beklagen: die Mobilität, den größeren Komfort, die Zunahme der Bevölkerung, die weitgehende Bürokratisierung unseres Lebens als Folge von gestiegenen Sicherheitsansprüchen, größerer sozialer Gerechtigkeit und mehr Gleichheit.

Daß diese Entwicklungen zu einer umwälzenden quantitativen »Verbauung« unserer Umwelt geführt haben, wird von den meisten nicht mit der nötigen Trennschärfe gesehen, statt dessen auf Stadtplaner und Architekten geschimpft. Diese können jedoch nicht verhindern, daß die Verwaltung einer Großstadt heute »technische Rathäuser« mit 2000 bis 3000 Arbeitsplätzen erfordert und Versicherungen für die Betreuung ihrer Kunden ebenfalls einige tausend Mitarbeiter in einem einzigen Gebäude beschäftigen müssen. Die quantitativen Bedingungen für unsere heutige Architektur erwachsen aus den gesellschaftlichen Veränderungen. So sind auch die Kaufhäuser – Tempel des Konsums –, die allein durch ihre Größe jede Struktur einer gewachsenen Altstadt zerstören, Ausdruck unseres Konsumfetischismus und damit direkte Zeichen unserer gesellschaftlichen Verhältnisse.

Auch im Bereich des Bildungssektors ist das bauliche Volumen gewaltig gewachsen. Wir mögen Mammutuniversitäten, wie sie in Bochum entstanden sind, als Architekturleistungen noch so sehr verdammen und die allenthalben entstandenen Lernfabriken unserer Gesamtschulen als architektonische Fehlleistungen anprangern, sie sind jedoch unmittelbarer und direkter Ausdruck des gesellschaftlichen Stellenwerts von Bildung. Dies gilt zumindest für die bauliche Masse, die erstellt werden mußte, um den bildungspolitischen Zielsetzungen die räumlichen Voraussetzungen zu schaffen.

Ein fast symbolisches Abbild unserer Gesellschaft sind Olympiabauten, die als Monumente nationalen Prestiges mit besonderen finanziellen Zugeständnissen und einem Freiraum zur baukünstlerischen Gestaltung ausgestattet werden. Diese in vierjährigem Rhythmus neu erstellten Kriegsschauplätze zur Austragung nationaler Rivalitäten haben aufgrund der hochentwickelten Nachrichtentechnik und ihrer weltweiten Verbreitung eine überragende Bedeutung als Baudenkmäler unserer heutigen Zeit erlangt.

Auch die chaotische Heterogenität und gestalterische Vielfalt von Bauformen und Baustoffen sind ein Abbild unseres gesellschaftlichen Ideals von Liberalität und Individualismus. Die pluralistische Gesellschaft mit ihren unterschiedlichen Idealen und Zielen findet damit ihre Entsprechung in einer pluralistisch gestalteten Umwelt.

Das bauliche Abbild der pluralistischen Gesellschaft.

Altstadt Bern – Abbild gleichsinniger Ideale des Mittelalters.

Die Ideale der Ornamentlosigkeit wurden zur gestalterischen Armseligkeit.

Diese steht im Gegensatz zu der an gleichen Idealen orientierten Gesellschaft des Mittelalters, die damals ihren Niederschlag in einheitlichen und geschlossenen Stadtbildern gefunden hat. Sie unterscheidet sich aber auch von dem, was in den Ostblockstaaten geschieht. Die dort auf eingeengte Ideale getrimmte und zwangsnormierte Gesellschaft findet ihr Spiegelbild in stereotyp standardisierten Bauten.

Was wir in Ost oder West jedoch gleichermaßen antreffen, sind die gestalterische Verarmung, die Ornamentlosigkeit und Schmucklosigkeit sowie die Verachtung ästhetischer Werte. Sie sind der Ausdruck der in beiden Gesellschaftssystemen dominierenden zweckrationalistischen Denkweise.

Die aus kaufmännisch und naturwissenschaftlich indoktrinierter Denkweise hervorgegangene Methode der Kosten-Nutzen-Analyse mußte die Erkenntnis liefern, daß Schönheit keinen meßbaren Nutzen hat. Dadurch wurde jeder Respekt gegenüber dem Kunstanspruch der Architektur ignoriert.

Auch die Gründerzeit orientierte sich an merkantilem Denken. Trotzdem zeigen diese Bauten, bei maximaler Bodenausnutzung und Vernachlässigung guter Belichtung und ausreichender Belüftung der Wohnräume, nach außen gestalterische Intentionen in Form verzierter Fassaden. In den vergangenen Jahrzehnten wurde diese Fassadendekoration abgelöst durch eine Verherrlichung des Nutzwertes. Diese bezog sich auf eine maximierte Funktionalität des Grundrisses.

– Ein reiches Konsumwarenangebot,
– vielfältige Dienstleistungen für jeden Komfortwunsch,
– soziale Sicherheit durch Behörden, Versicherungen und Aufsichtsämter,
– mehr Bildung, um jedem höhere Lebenswerte zu erschließen und berufliche Chancen zu sichern,
– sowie optimale medizinische Versorgung

sind in unseren Augen soziale Fortschritte. Dabei übersehen wir jedoch allzu leicht, daß materieller Wohlstand nicht gleichzusetzen ist mit psychischem

Reich ornamentierte
Fassadengestaltung
trotz maximierter
Bodenausnutzung:
Bauten der Gründer-
zeit in Hamburg.

Wohlbefinden. Wohlstand bedeutet nicht automatisch Wohlbefinden, Bruttosozialprodukt entspricht nicht unbedingt Lebensqualität. Wenn wir unsere individuelle Mobilität, welche die Verfügbarkeit eines Autos genauso erfordert wie ein leistungsfähiges Straßennetz, auf der Habenseite unseres Wohlstandes verbuchen, so sind Betonflächen, Verkehrslärm und durch Autos blockierte Plätze und Bürgersteige die zwangsläufigen Posten auf der Sollseite dieser Bilanz. Man muß sich die rein quantitativen Veränderungen der letzten 100 Jahre ins Gedächtnis rufen, wenn man der maßstäblichen Geschlossenheit und gestalterischen Harmonie frü-

herer Städte nachtrauert und museal erhaltene Relikte einzelner Innenstadtbereiche den heutigen Stadtplanern als Maßstab entgegenhält.
Der materielle Wohlstand bewirkte eine entscheidende Veränderung unserer sozialen und hygienischen Verhältnisse. Die Preisgabe dieser Errungenschaften kann nicht zur Diskussion stehen. Sehr wohl zur Diskussion stehen muß jedoch, ob nicht über das Gebot sozialer und hygienischer Notwendigkeit hinaus einem materiellen Wohlstand gefrönt wird, der mit einem viel zu hohen Preis psychischer Verarmung erkauft werden muß. Inzwischen mußten wir lernen, daß die Steigerung materiellen

Wohlstands keineswegs die soziale Sicherheit erhöht, wie es politische Programme und Reden noch heute verkünden. Wir wissen vielmehr, daß steigender Wohlstand Konflikte eher erhöht als vermindert. Diese Frage gehört zwar in den gesellschaftspolitischen und philosophischen Bereich, sie berührt jedoch an entscheidender Stelle auch alle Fragen der Umweltgestaltung.

Eine zentrale Frage, der wir uns als Architekten stellen müssen, lautet: Hat dieses ökologische Gesetz, nach dem materieller Wohlstand und psychisches Wohlbefinden in reziproker Abhängigkeit zueinander stehen, wirklich eine unabänderliche Kausalität? Ist der Verlust psychischer Qualität in unserer Umwelt eine zwingende Folge des wachsenden materiellen Wohlstands? Oder vermag planerisches Gestalten nicht doch etwas, zumindest partiell, zu ändern? Ich behaupte, daß die Möglichkeiten, die psychische Qualität des Lebensraumes durch bewußten Gestaltungswillen zu erhöhen, trotz materiellem Wachstum sogar enorm sind.

Um diese Möglichkeiten zu ergreifen, bedarf es jedoch grundlegend veränderter gesellschaftlicher Bedingungen für die Architektur. Das größte Problem liegt in dem Bewußtsein unserer Gesellschaft, die soziale Brauchbarkeit und Ästhetik als Antithesen sieht.

Vor einiger Zeit hat der damalige Bundesbauminister in einer Rede wörtlich gesagt: »Die Qualitätsansprüche der Bevölkerung haben sich verändert. Sie verlangt nach einer verbesserten äußeren Architektur.« Diese Formulierung »äußere Architektur« – gemeint ist offensichtlich Gestaltung im Gegensatz zu Zweckbestimmung – aus dem Munde des höchsten Politikers in Sachen Umweltgestaltung offenbart, welcher Stellenwert der Gestaltung im Allgemeinbewußtsein zugestanden wird. Sie zeigt, wie Architektur der Denkweise von Verkäufern und Konsumenten unterworfen wird.

Vor geraumer Zeit habe ich an der Fakultät für Bauwesen der Universität Braunschweig Einspruch gegen eine Doktorarbeit erhoben, deren Inhalt es war, den Wert der Ästhetik nach einem vorgegebenen Schema in Punkten zu messen, um dann diese Punkte mit der Funktion und den Kosten »verrechnen« zu können – ein absurder Versuch, Qualität objektiv meßbar zu machen. Mein Einspruch rief bei den Kollegen der Bauingenieurabteilung nur mitleidiges Lächeln und beim Kunstgeschichtler sogar Aggression hervor[2].

In unserer schablonisierten Denkweise der quantitativen Bewertung von Zwecken scheint es logisch und konsequent zu sein, wenn auch Gestalt und Ästhetik numerisch bewertet werden. Das Denken und Handeln in kommerzialisierten Kategorien, das auch Gestaltung zu einem quantitativ bewertbaren Wirtschaftsgut macht, degradiert die gesamte Architektur zu einer Konsumware. Von der Konsumware »gebaute Umwelt« können wir jedoch nicht das erwarten, was eigentlich der Wertschätzung als Kulturgut bedarf.

Christian Norberg-Schulz schreibt: »Architektur ist mehr als ein praktisches Werkzeug, und dieses Mehr ist wesentlich für das menschliche Leben[3].«

Wenn wir der Architektur dieses Mehr nicht zugestehen, dann wird die Voraussage von Peter Atteslander eintreten, die lautet: »Von dem, was auf uns zukommt, wenn wir es nicht verhindern, wissen wir lediglich, daß es die Unterdrückung qualitativer Aspekte menschlichen Lebens beinhaltet und unsere Umwelt bis zur Erschöpfung denaturiert[4].« Das zu verhindern, sollten wir uns in dieser Phase, da wir die Fehler der Vergangenheit erkennen und die Resultate kritisch beurteilen, alle aufgerufen fühlen.

Es ist jedoch nicht nur ein Appell an die Architekten, sondern in erster Linie ein Aufruf an unsere Gesellschaft, die ihre Architekten dazu benutzt, Zeichen und Denkmäler ihres eigenen Zeitgeistes für die Nachwelt zu schaffen.

Wechseljahre der Architektur

Bedingungen des Bewußtseinswandels

Katzenjammer der Prosperität

Seit geraumer Zeit zeichnet sich ein Wandel des Zeitgeistes ab. Die euphorische Stimmung, beflügelt durch ständiges Wachstum und orientiert am Leistungsprinzip, die einige Jahrzehnte das Bewußtsein der Allgemeinheit beherrscht hat, weicht in zunehmendem Maße einer kritischen oder resignierenden Haltung.

Die »Grenzen des Wachstums«[5], von den Wissenschaftlern des Club of Rome vorausgesagt und von den Verfechtern des alternativen Lebens als Apokalypse gepredigt, sind mittlerweile allenthalben und für jeden real spürbar geworden. Der auf die unerschöpflichen Möglichkeiten von Wissenschaft und Technik gegründete Fortschrittsglaube schlägt in einen Katzenjammer der Prosperität um. Fast über Nacht ist der Begriff Umwelt zu einer dominierenden politischen Kategorie geworden, deren Charisma die »Grünen« ihren Einzug in die Landes- und Kommunalparlamente verdanken.

Obgleich selbst die regierenden Parteien sich die Bewältigung von Umweltproblemen deklamatorisch auf ihre Fahnen geschrieben haben, ist vorerst keine veränderte Zielorientierung erkennbar, sondern bestenfalls ein resignativ reagierendes Verhalten, das durch provisorische und teilweise dilettantische Schutzmaßnahmen die Sintflut unserer technologischen Fortschrittsgläubigkeit einzudämmen versucht.

Diese Katerstimmung hat auch die bisher so eindeutig orientierten Bedingungen für die Architektur in Frage gestellt. Quantität um jeden Preis und Leistungserfüllung, die sich in der Fachsprache »Funktionalität« oder »Zweckrationalität« nannte, sind als erstrebte Zielsetzungen fragwürdig geworden.

Auch die Architektur befindet sich in einer Phase des Katzenjammers. Alles, was in den vergangenen Jahrzehnten entstand, wird kritisiert oder gar verteufelt, als hätten die zurückliegenden gesellschaftlichen Zielsetzungen überhaupt keinen Sinn und deren Verfechter keinen Geist gehabt. Hochhäuser sind zum Inbegriff des stadtgestalterischen Sündenfalls geworden.

Die Abrechnung mit unserer jüngsten Baugeschichte, die man mittlerweile fast diffamierend als die »Moderne« zu bezeichnen pflegt, gebärdet sich so radikal wie eine politische Revolution. Wie in jeder Revolution müssen Köpfe rollen, in diesem Falle die der modernen Architekten, um den postmodernen Platz zu machen. Das, was die Postmoderne einstweilen zu bieten hat, ist jedoch nicht mehr als des »Kaisers neue Kleider«. Keiner weiß so recht, wohin der Weg aus der momentanen Katerstimmung führt. Keiner will sich jedoch die Blöße geben, die Zeichen der Zeit nicht erkannt zu haben, und huldigt deswegen den Lobpreisungen einiger Architekturkritiker, die sich in ihrer Rolle als Königsmacher allzu gut gefallen.

Einige andere sind nach wie vor ihrem bisherigen Leitstern treu geblieben. Die meisten jedoch bewegen sich auf einer Gratwanderung der Polarisierung in der Architektur. So hoffnungsfroh die Chancen

Schnörkel kontra
Raster. Zwei Welten
der Ästhetik treffen
in unseren Städten
aufeinander.

aus einer Wandlung und Erneuerung, wie sie sich
zur Zeit vollzieht, auch stimmen mögen, so bedenklich ist es gleichzeitig, welcher Schaden durch die
Verunsicherung all der ohnehin Unsicheren bewirkt
wird.

Die Polarisierung der Ästhetik:
Schnörkel kontra Raster

Bis vor wenigen Jahren war die Welt der Ästhetik
noch wohlgeordnet und überschaubar. Alle, die
Form hervorbrachten und ihre Gestaltung lehrten,
also Designer und Architekten, waren dem Schönheitsideal der Nützlichkeit und Zweckgerechtigkeit
verpflichtet. Die Abstinenz gegenüber jedem formalen Dekor und Ornament war der »gute Geschmack«, ihre Erzeugnisse nannte man die »gute
Form«.

Seit einigen Jahren nun ist die Welt der Ästhetik in
Unordnung geraten, sind auch für Kenner die bis
dato eindeutigen Schönheitsideale fragwürdig und
zweifelhaft geworden. Während diejenigen, die sich
bis gestern noch mit Stilmöbeln umgaben, nun auf
den HiFi-Turm im Technolook umgestiegen sind
und ihre stuckverzierten Gründerzeithäuser mit gla-
sierten Klinkern und Aluminiumfenstern »moderni-
sieren«, sind die »Tasteleader« bereits auf der
neuen nostalgischen Modewelle wieder davonge-
fahren.

Einheit und Harmonie alter Dörfer werden heute
noch durch staatlich geförderte Modernisierungsmaßnahmen systematisch zerstört, während gleichzeitig – ebenfalls mit staatlicher Förderung –
getreue Restaurationen eben dieser Häuser als
Wohlstandsbehausungen in Großstadtvororten zu
Pseudo-Dorfanlagen museal arrondiert werden.
Gemütliche Dorfgaststuben gestaltet man im Zuge
der Versachlichungsideologie durch Plastikmöbel
und Neonlampen zu sterilen Abfütterungsanlagen
um, und die dabei ausrangierten Bugholzmöbel und
Petroleumlampen finden sogleich als Stimmungs-
träger in neuen Großstadtkneipen mit Schmuddel-

Look Verwendung. Auf diese Weise schließt sich
der Kreislauf des ständig bewegten Geschmackska-
russells unmittelbar.

»Nachdem wir fünfzig Jahre lang von der Abscheu-
lichkeit der Architektur der Gründerjahre überzeugt waren, wird sie uns nun zum Schutzobjekt der
Denkmalspflege und zum Gegenstand liebevoller
Restauration unter dem – auch ästhetisch begründeten – Motto ›Rettet unsere Städte‹«, schreibt Claus
Borgeest in seiner eindrucksvollen Abhandlung
Das sogenannte Schöne[6], in der er überzeugend und
schlüssig das Phänomen des Geschmacks und die
Wechselwirkung von Schönheitsidealen und Presti-
gewerten analysiert. Wir befinden uns in einer
Phase der polarisierten Ästhetik. Diametral entgegengesetzte Schönheitsideale bestehen nebeneinander und erheben gleichzeitig Anspruch auf den
»guten Geschmack«.

Raster und Ornamentlosigkeit haben ihre ästhetische Alleinherrschaft verloren, Schnörkel und
Dekor sind wieder salonfähig geworden. Wir befin-

Nostalgische
Kneipenkulisse
zwischen maßstab-
losen Baumassen.
Einkaufszentrum in
Hamburg.

»Form an sich« deutliche Absagen erteilt. Hierfür legen die folgenden Zitate Zeugnis ab.

»Du sollst die Form und die Konstruktionen aller Gegenstände nur im Sinne ihrer elementaren, strengsten Logik und Daseinsberechtigung erfassen.«   *Henry van de Velde*

»Der Ingenieur, beraten durch das Gesetz der Sparsamkeit und geleitet durch Berechnungen, versetzt uns in Einklang mit den Gesetzen des Universums. Er erreicht die Harmonie. Die schmückende Kunst ist tot.«   *Le Corbusier*

»Der neue Geist . . . wendet sich gegen die Herrschaft der Natur, gegen Schnörkel und übertriebene Hochkunst. Um etwas Neues bauen zu können, brauchen wir ein objektives System.«
                                                        Van Doesburg

»Größter Effekt mit geringstem Aufwand an Mitteln.«
»Form als Ziel mündet immer in Formalismus.«
                                                    Mies van der Rohe

»Alle Dinge dieser Welt sind ein Produkt der Formel Funktion mal Ökonomie.«
»Bauen ist kein ästhetischer Prozeß.«
»Architektur als Affektleistung des Künstlers ist ohne Daseinsberechtigung.«   *Hannes Meyer*

Als größter Eiferer für den ästhetischen Purismus hat Adolf Loos 1908 das Ornament als Verbrechen diffamiert: »Ornament ist vergeudete Arbeitskraft und dadurch vergeudete Gesundheit. So war es immer. Heute bedeutet es aber auch vergeudetes Material, und beides bedeutet vergeudetes Kapital[7].«

Wenngleich der Funktionalismus auch keine einheitliche Theorie darstellt, so charakterisiert er als Begriff jedoch im Sinne der Kurzformel »form follows function« das vielstrapazierte Dogma oder die billige Ausrede, welche für die gestalterische Verar-

den uns in einer der bekannten Pendelbewegungen des Geschmacks, in deren Gesetzmäßigkeit dem einen Extrem das entgegengesetzte folgt.

Die momentan überschwappenden Wellen der Nostalgie sind eine emotionale Auflehnung gegen die überbetonte Funktionalisierung der Ästhetik und die durch sie bewirkte Profanisierung von Architektur und Gebrauchsgütern in den vergangenen Jahrzehnten.

Abschaffung der »Form an sich«

Diese Versachlichung der Ästhetik vollzog sich vor 60 bis 70 Jahren ebenfalls als eine Gegenbewegung. Sie war damals eine Kampfansage gegen das Ornament und organisierte sich gegen den Eklektizismus in vielfältigen Ideologien (Werkbund, Stijl, Bauhaus).

Fast alle fortschrittlichen und namhaften Architekten haben zu Beginn unseres Jahrhunderts der

Nur bei
Gegenständen mit
eindimensionaler
Funktion folgt die
Form der Funktion.

mung unserer Umwelt in den zurückliegenden Jahrzehnten verantwortlich zu machen ist.

Die These, daß die reine und schöne Form durch optimale materielle Leistungserfüllung in den Grenzen ökonomischer Effizienz gewissermaßen von allein zustande komme, ist durch jahrzehntelange Wiederholung nicht richtiger geworden.

Das Ästhetische in der Architektur und bei jedem Gebrauchsgegenstand artikuliert sich keineswegs automatisch über die beiden Bestimmungsfaktoren Funktion und Material. Diese These hat allenfalls Gültigkeit bei Gegenständen, die eine elementare oder eindimensionale Funktion zu erfüllen haben, etwa Hammer, Zange und Säge – Werkzeugen, bei denen die Gleichstellung von »gut« und »schön« uneingeschränkt gilt. In dem Maße jedoch, wie der Gegenstand in seiner Struktur (Material, Konstruktion, Farbe etc.) und hinsichtlich seiner Bestimmung komplexer wird (Elektro- und Haushaltsgeräte, Autos, Möbel, Wohnhäuser, Städte), wird die These zu einer ideologischen Fiktion.

Die namhaftesten Verkünder haben sich selbst durch ihr Handeln Lügen gestraft. Weder gewährleisten die Bauten Mies van der Rohes den »größten Effekt mit geringstem Aufwand an Mitteln«, noch sind die Entwürfe von Le Corbusier durch ingenieurmäßige Berechnungen oder vom Gesetz der Sparsamkeit geprägt. Beide haben, wie alle anderen guten Architekten auch, der Form eine zentrale Rolle zugewiesen – im Widerspruch zu ihren theoretischen Bekenntnissen.

Unsere Umwelt ist jedoch voll von formalen Mißbildungen, die alle für sich in Anspruch nehmen, ihre Gestalt aus der jeweiligen Funktionsgerechtigkeit empfangen zu haben.

Schauen wir uns in unseren Wohnungen, Häusern, Straßen und Städten um! Ein Blick in Kataloge von Möbeln, Türklinken, Bestecken, Badezimmerarmaturen oder Hausgeräten legt beredtes Zeugnis für diese Lüge ab.

Auch die These von der Industrialisierung als automatischer Gestaltungsfaktor ist eine Fiktion. Die Regel der Sparsamkeit bewirkte lediglich eine for-

male Verarmung, ohne dadurch eine ökonomische Überlegenheit zu erreichen. Der angebliche ökonomische Marktzwang wird durch die große industrielle Produktion von Kitsch ebenso widerlegt wie durch die Tatsache, daß zur Gründerzeit ornamentierte Stuckfassadenteile sowie Treppen- und Balkongeländer in großen Serien industriell gefertigt und per Katalog verkauft wurden.

Die Maschine produziert »die Form« nicht automatisch. Im Gegenteil, die Industrialisierung bedingt erst recht Formgebung als schöpferische Leistung, weil sie der Eigengesetzmäßigkeiten handwerklicher Fertigung entbehrt und eigentlich jede – auch die unsinnige – Form ermöglicht.

Den größten Schaden hat der solchermaßen mißverstandene Funktionalismus jedoch im Bereich der Architektur angerichtet, bei Bauwerken und ganzen Städten. Ornamentlosigkeit als Architekturstil wurde von Phantasielosen und Dilettanten als Rechtfertigung ihrer einfältigen Produkte benutzt.

Die technische Entwicklung in unserem Jahrhundert hat durch die neuen Baustoffe Beton, Stahl, Aluminium und Kunststoff eine explosionsartige Vielfältigkeit der Gestaltungskomponenten und deren innere Beziehungslosigkeit bewirkt. Die Technologie hat die Voraussetzungen zu zwei Extremen geschaffen:

– einerseits zu phantasie- und geistlosen Serien in unmenschlichen Dimensionen,
– andererseits zu disziplinloser Willkür im Umgang mit den Gestaltungskomponenten.

Der Funktionalismus diente in beiden Fällen als weltanschauliches Alibi.

Es besteht kein Zweifel daran, daß das funktionalistische Dogma, welches die Form aus der Funktion abzuleiten vorschreibt, nicht nur durch seine Alibifunktion und seinen Mißbrauch in Mißkredit geraten ist, sondern sich selbst – wie jede Ideologie – besonders durch den Totalitätsanspruch unglaubwürdig gemacht hat.

Allzu groß ist aber die Versuchung, das extreme Gegenteil von dem, was wir als falsch erkannt haben, für richtig und gut zu halten und nunmehr ebenso blindlings dem neuen Ideal zu folgen.

So wie die Verdammung des Ornaments durch Adolf Loos eine polemische und kurzsichtige Diffamierung war, so ist auch die Position von Hundertwasser eine Diffamierung, wenn er das Lineal zum Symbol des Analphabetentums erklärt und einer »materiellen und geistigen Verschimmelung[8]« als Ausweg aus unserer ästhetischen Vertrocknung das Wort redet.

Zur Zeit befinden wir uns noch in der Übergangsphase, in der die beiden Antipoden, der puristische und der ornamentale Pol, etwa gleich stark im Widerstreit zueinander stehen und dadurch eine allgemeine Verwirrung hervorrufen. Die derzeitige formale Heterogenität und die immer rascher wechselnden Moden beim Bauen sind direkter Ausdruck dieser Orientierungslosigkeit.

Gleichwohl spricht alles dafür, daß wir uns von dem ästhetischen Purismus geradewegs und fast zügellos in einen ästhetischen Ornamentalismus bewegen.

Welches sind die Anzeichen? Allem voran ist es die nun schon seit Jahren rollende Nostalgiewelle, die Wiederentdeckung des Gestrigen, die Wertschätzung alles Alten und die Verteufelung des Neuen. Sie umfaßt alle Lebensbereiche und sämtliche Dinge, mit denen die Menschen sich umgeben: Kleider, Möbel, Gebrauchsgegenstände, Bilder, Häuser und ganze Städte.

Der Gammel-Look der abgewetzten Jeans, ausrangierter Armeeklamotten und mottenzerfressener Unterröcke aus Omas Rumpelkammer hat seine Entsprechung in den abgebeizten Bretterholzmöbeln, verbeulten und angestoßenen Kontorlampen, abgestemmten Dekorfliesen, verschnörkelten Poesiealben, gelbstichigen Fotos mit gezacktem Rand, vergoldeten Bilderrahmen und Zwiebelmustergeschirr.

Inzwischen hat sich auch die industrielle Produktion diesem allgemeinen Wandel des Geschmacks angepaßt und stößt Repliken aus vergangenen Stilepochen gleich massenhaft aus. Jugendstillampen, Bugholzstühle, Korbmöbel im China-Look, blumengemusterte Stoffe und Tapeten, alte Einweckgläser mit Gummiringen und Fahrräder mit Gesundheitslenkern überschwemmen Nippesläden und Kaufhäuser.

Zur gleichen Zeit, in der es die technische Entwicklung erlaubt, einen Taschencomputer mit Uhr und vorprogrammiertem Wecker im Format einer Scheckkarte unterzubringen und für drei Jahre mit einer winzigen Batterie in Betrieb zu halten, erfreuen sich ungeschlacht große, täglich aufzuziehende Blechwecker mit sichtbarer Glocke und römischen Ziffern größter Absatzerfolge. Daß sie sehr ungenau gehen, schmälert ihre Chancen ebensowenig wie ihr höherer Preis.

Es gibt für dieses Phänomen keine andere Erklärung als die in der ästhetischen Wertschätzung liegende Zuneigung zum Gestrigen, zu einer Technik, die wenigstens verschnörkelt ist und sich nicht so funktionalistisch kalt und ornamentlos darbietet.

Diese Spaltung unseres ästhetischen Bewußtseins läßt sich an einem anderen Beispiel aus dem Bereich der Architektur besonders gut verdeutlichen: Über Jahre hinweg, solange die ästhetische Weltordnung noch im Lot war, bestand ein besonderer Ehrgeiz von Bauherren darin, in ihren Häusern möglichst große, sprossenlose Panoramafenster einzubauen. Größen von 2×5 m in einem Stück waren keine Seltenheit. Die Industrie lieferte jede Größe, und die Zusatzprämie bei der Glasbruchversicherung wurde als Tribut für den hohen Prestigewert – natürlich war in der Argumentation nur vom freien und ungehinderten Ausblick die Rede – gern bezahlt. Seitdem jedoch der allgemeine Geschmackswandel eingesetzt hat, die Abkehr von Fortschritt, Funktionstüchtigkeit und den technischen Neuerungen und die Hinwendung zum Alten, Kleinteiligen und handwerklich Unzulänglichen,

Wohnbauten in Hamburg von Karl Heinz Reuter, 1936. Während historischen Bauten mit neuen Kunststoffenstern die »Augen ausgestochen« werden, finden Pseudofenstersprossen zum Aufkleben reißenden Absatz.

haben natürlich auch die Monsterscheiben ihren Statuswert verloren; im Gegenteil – sie sind zum Zeugnis schlechten Geschmacks geworden. Statt dessen gelten die vor 50 Jahren gebauten kleinteiligen, durch schmale Sprossen aufgeteilten Fenster als schön – und selbstverständlich, um der rationalen Argumentation treu zu bleiben, auch als viel praktischer.

Die Industrie bietet für diese Trendwende kurzfristig ein probates Mittel an: Fenstersprossen aus Kunststoff zum Aufkleben, mit denen man in Eigenhilfe den Aquarium-Look des Neckermann-Bungalows in einen dörflichen Butzenscheibeneffekt verwandeln kann. Daß man diese Attrappe auf den zweischeibigen Verbundfenstern bereits von weitem erkennen kann, stört nur ästhetische Perfektionisten.

Selbst bei Neubauten erzielt diese Erfindung reißenden Absatz, weil sie den Konflikt löst, der sich aus der ästhetischen Wertschätzung der Sprossenfenster einerseits und den günstigen Wärmedämm-

werten von Zweischeiben-Verbundglas andererseits ergibt.

Gegenwärtig werden ganze Bungalowsiedlungen mit Pseudosprossen umgerüstet, während zur gleichen Zeit – und darin liegt die Schizophrenie unseres ästhetischen Bewußtseins – aus bauhistorisch wertvollen Bauten der zwanziger Jahre im Zuge von Modernisierungsmaßnahmen vorhandene Sprossenfenster herausgebrochen und durch ungegliederte großformatige Scheiben ersetzt werden. Manfred Sack beklagt in »Die Zeit« die Verschandelung von Fritz Schumachers Bauten:

»Sprossenfenster werden radikal durch großflächige Kunststoff-Fenster ersetzt, die dann wie ausgestochene Augen in leblos gewordenen Gesichtern sitzen; Türen mit Stilmerkmalen werden gegen grauenhafte ›moderne‹ ausgetauscht; lebendige Backsteinfassaden verschwinden hinter bonbonrosa Platten aus Kunststoffpappe.«

Dieses Beispiel der Sprossenfenster ist jedoch kein skurriler Sonderfall, sondern symptomatisch für die derzeitigen Ästhetikmaßstäbe der Architektur.

Zahlenmäßig überwiegen noch die geist- und gesichtslosen Rasterbauten, stupide Additionen von schlecht proportionierten Elementen, beziehungsloses Nebeneinander von unmaßstäblichen Kisten und chaotisch zusammengewürfelten Baumaterialien.

Sie zerstören nach wie vor unsere Städte und unsere Landschaften, entstehen jedoch fast ohne Beteiligung engagierter Architekten.

Daneben gibt es aber eine immer breiter werdende Strömung in der Architektur, die dem gewandelten Geschmack folgt und auf unterschiedliche Weise wieder das Ornament und die Dekoration sucht.

Ich will hier nicht ausführlich auf die verschiedenen Tendenzen und Strömungen eingehen. Summarisch läßt sich jedoch feststellen, daß auf sehr unterschiedlichen Wegen das Ornament wieder in die Ästhetik der Architektur eingezogen ist und daß Dekoration und schmückende Zutaten nicht mehr tabu sind:

Port Grimaud in Südfrankreich. Architekt: François Spoerry. Idyllische Lagunenstadt aus der Retorte: Rundbögen, die nicht tragen, Säulen, die nicht stützen, Balkenköpfe ohne Balken als bauliche Inszenierung einer Scheinwelt.

– Sei es der allerorts sprießende und per Gestaltungssatzung verordnete neue Heimatstil, der unter der anspruchsvollen Bezeichnung »Regionalismus« alte landes- und ortsspezifische Bauweisen zu neuem Leben erweckt, wie unzeitgemäß diese auch für heutige Nutzungen, die neuen Baustoffe und veränderte Herstellungstechniken sein mögen. Diese nur äußerliche Nachahmung vergangener Bauformen hat ihre Analogie in der Produktion von Stilmöbeln, die aus gepreßten Holzspanplatten maschinell hergestellt werden und den Schein durch aufgeklebtes Furnier mit künstlichen Wurmfraßlöchern vortäuschen.

– Sei es die Erscheinung eines Pseudofunktionalismus, der Konstruktion und technische Installation als dekorative Mittel auch dort sichtbar einsetzt, wo sie weder notwendig noch sinnvoll sind.

– Oder sei es die große Palette der Verfremdungsarchitekturen mit den gestörten Elementarformen, den Collagen und Zitaten, den symbolischen Metaphern, den Anspielungen und Ironisierungen, den phantasievollen und intellektuellen Formenspielereien, den »dekorierten Schuppen« Venturis, den Effektschockern der Gruppe SITE oder den ideologiebeladenen Achsen, Symmetrien und geheimnisvollen Zirkelschlägen, mögen sie als postmodern oder als supermanieristisch klassifiziert werden.

– Sei es die Verkleidungsarchitektur, welche die unliebsamen Kaufhauskolosse mit Fachwerkkulissen kaschiert oder als Ensemble von Bürgerhäusern mit Spitzdächern, Gauben und Balkonen dekoriert.

– Sei es der wieder aufblühende Eklektizismus, dem die Entlehnung jeder Form, ob antik, gotisch, archaisch, volkstümlich oder arabesk, recht ist und bei dem sich die Architektur von allen konstituierenden Faktoren isoliert, den materiellen wie den geistigen.

Centre Pompidou
in Paris.
Architekten:
Renzo Piano und
Richard Rogers.
Dekoration mit
Konstruktion und
Technik.

Kaufhaus Best in
Houston/Texas
von der Architekten-
gruppe SITE.
Schock-Effekt als
werbewirksame
Dekoration.

Kaufhaus mit
davorgeklebter
Fachwerktapete.

Erster Preis beim
Wettbewerb für ein
Wohnhaus am
Lützowplatz, Berlin.
Neoeklektizismus des
Jahres 1981,
Architekten:
H. und S. Gergs.

Form ist wieder gefragt

Über mehrere Jahrzehnte hinweg war es vornehmlich das Anliegen engagierter Architekten, sich für die formalen Belange der Architektur einzusetzen.

Architekturform war nicht gefragt!

Das Schwergewicht bei Architektenwettbewerben lag beim Grundriß. Fassaden wurden mit wenigen schematischen Strichen nur angedeutet, Baukörpergliederungen bestenfalls im Modell abstrakt dargestellt. Auch in den Diskussionen der Preisrichter standen Funktion und Wirtschaftlichkeit im Vordergrund. Die Fachpreisrichter bedienten sich gegenüber den Sachpreisrichtern verklausulierter funktioneller und ökonomischer Argumente, um einen Entwurf, den sie formal gut fanden, für eine Plazierung an vorderster Stelle durchzubringen.

Diese Situation hat sich in jüngster Zeit grundlegend gewandelt. Form ist wieder gefragt! Preise für gute Architektur schießen wie Pilze aus dem Boden. In architekturtheoretischen Diskussionen, die Mode geworden sind, stehen formale und ästhetische Belange absolut im Vordergrund gegenüber allen anderen Aspekten der Architektur. In Architektenwettbewerben wird die Erwartung guter formaler Gestaltung besonders betont. In den Wettbewerbsentwürfen wird auf die zeichnerische Darstellung von Fassaden und Baukörpergliederungen viel Mühe verwandt, demgegenüber sind Grundrisse nur noch schematische Darstellungen. Häufig wird die Schönheit der Architekturzeichnung zum reinen Selbstzweck, die sich in graphischer Selbstgefälligkeit verliert. Dabei gerät oftmals aus dem Blickfeld, daß die Zeichnung lediglich ein Medium ist, um die Vorstellung von Architektur zu vermitteln.

In den Preisgerichten nimmt die Diskussion über die gestalterische Qualität der Entwürfe immer breiteren Raum ein, auch von seiten der Sachpreisrichter.

Man wäre geneigt, diese Anzeichen als Sternstunde der Architektur zu deuten, würden einen nicht erhebliche Zweifel befallen ob dieses abrupten Be-

wußtseinswandels. Allzusehr drängt sich die Befürchtung auf, daß wir von einem Extrem direkt in das entgegengesetzte stolpern, den Purismus der Ästhetik eintauschen gegen einen überschwenglichen und undisziplinierten Ornamentalismus oder Neoeklektizismus, von der Ideologie des Rasters überwechseln in die Ideologie des Ornaments.

Zeiten des Wandels und der Veränderung sind besonders empfänglich für neue Dogmen. Das gestalterische Dogma von gestern, welches das Ornament verteufelte und sich einem formalen Automatismus der radikalen Sachlichkeit verschrieb, mußte in die Irre führen. Es ist jedoch abzusehen, daß die sentimentalen Pamphlete, welche die gerade Linie als »gottlose und unmoralische Hilfsmittel von Deppen«[8] bezeichnen oder die Erlösung durch Verfremdung, verklausulierter Metaphern und Historisierung verheißen, gleichermaßen irreleitende Zielsetzungen sind.

In der gegenwärtigen Polarisierung der Ästhetik wimmelt es geradezu von neuen Ideologien, die sich alle einer mehr oder minder großen Anhängerschaft erfreuen. In einem Punkt scheinen sie sich alle einig zu sein: in der Verdammung der Ideologie von gestern, genannt »moderne Architektur«, so wie sich vor einem halben Jahrhundert Werkbund, Stijl und Bauhaus einig waren in der Verdammung des Eklektizismus. Es bedarf keiner hellseherischen Fähigkeiten, um vorauszusagen, daß sich auch die neuen Ideologien in ihrer eigenen Dogmatik verfangen und lediglich einen entgegengesetzten Pendelschlag der Verirrungen markieren werden.

Die wiederentdeckten Qualitäten alter Einkaufspassagen in neuer Formensprache: Calwer Straße in Stuttgart (Seite 40). Architekten: Kammerer und Belz. Gänsemarktpassage in Hamburg. Architekten: Graaf und Schweger.

Es war schon immer erfolgreicher, neue Heilslehren zu verkünden, als vor ihren Gefahren und Verirrungen zu warnen. Ich spreche mich trotzdem mit Entschiedenheit gegen jede Ideologisierung der Architektur aus. Um die Chancen des Wandels zu nutzen, ist eine radikale Befreiung der Ästhetik von allen Dogmen vonnöten. Sonst laufen wir Gefahr, vom Regen des Funktionalismus in die Traufe des Formalismus zu fallen.

Architektur umfaßt gleichermaßen das Zweckgebundene und das Zweckfreie.

Erst die Integration beider Komponenten verschafft der Form den angemessenen Platz in der baulichen Gestaltung, der allzu lange leer geblieben ist und einen fortschreitenden Sinnlichkeitsentzug unserer Umwelt bewirkt hat. Wir sind dabei, diesen Platz zum alles beherrschenden Thron zu machen, die formale Askese in eine manieristische Übertreibung umschlagen zu lassen.

Weder willkürliche Erfindungen neuer Formen noch entlehnte formale Elemente zur äußeren Dekoration aber können der Form ihren berechtigten Platz in der Baukunst zurückerobern.

Da die momentane Wandlung in der breiten Öffentlichkeit wohlwollende Resonanz findet, eröffnen sich wertvolle Chancen für eine Erneuerung der Architektur – gleichermaßen aber auch Risiken, diese potentiellen Möglichkeiten eines neuen Bewußtseins für die Umwelt erneut zu verspielen.

Galerie im Hanse-
Viertel in Hamburg.
Architekten:
von Gerkan, Marg
und Partner.

Der Preis des Bauens

Ökonomische Bedingungen

Baukostenprobleme sind so alt wie die Baugeschichte selbst. Mittelalterliche Bauchroniken belegen, daß das Bauen schon damals als zu teuer empfunden wurde.

Komponenten der Preisbildung

Baukosten und Baupreise

Bei Baupreisen und Baukosten herrscht selbst unter Fachleuten sprachliche Verwirrung.

Zwischen Baukosten und Baupreisen besteht ein Unterschied:

Baukosten entstehen durch die Beschaffung des Materials und für den Arbeitslohn eines Bauwerks.

Baupreise können je nach Markt- und Beschäftigungslage der Bauwirtschaft entweder erheblich höher liegen als die Baukosten; dann verdienen die Bauunternehmer entsprechend gut. Sie können aber auch sogar unter den Baukosten liegen, nämlich dann, wenn sich Bauunternehmer in hartem Konkurrenzkampf gegenseitig unterbieten, um wenigstens so viel Aufträge zu erhalten, daß sie ihr Stammpersonal beschäftigen und ihre Baumaschinen einsetzen können.

Baukosten und Baupreise entwickeln sich keineswegs synchron, sondern weisen oftmals beträchtliche Abweichungen auf. Bei Angebotseinholungen haben wir in einigen Fällen für dieselbe Bauleistung von verschiedenen Unternehmern Angebote erhalten, die um nahezu 200 Prozent voneinander abwichen. Wir haben es aber auch erlebt, daß Angebote eingingen, die um 30 Prozent niedriger lagen als die ursprüngliche Kalkulation (beim Europäischen Patentamt München: Kalkulation der Rohbaukosten im Jahre 1972: 45 Mio. DM; niedrigstes Angebot im Jahre 1975: 36 Mio. DM).

Für die Baupreise ist der »Markt« eine wesentliche Komponente. In Zeiten der Hochkonjunktur stößt die verstärkte Nachfrage auf begrenzte Kapazitäten der Bauwirtschaft und erlaubt dieser, entsprechende Gewinnmargen zu fordern. Meistens bedarf es gar nicht der berüchtigten und selten nachzuweisenden Preisabsprachen unter konkurrierenden Baufirmen, um in der Hochkonjunktur hohe Gewinnzuschläge durchzusetzen. Dies regelt bereits die Auslastung der Firmen.

In Zeiten der Rezession hingegen werden die vorhandenen Kapazitäten der Baufirmen nicht ausgenutzt, wodurch es zu einer echten Konkurrenzsituation kommt. Bauherren, die Anfang 1982 Angebote für die Rohbauarbeiten ihrer Projekte einholten, erzielten durch die Kampfpreise der Baufirmen Preisabschläge von ca. 40 Prozent gegenüber dem Preisstand von Mitte 1981. In vielen Fällen, wie in den Jahren 1977/78, reagieren die Baufirmen durch eine Reduktion ihrer Kapazität, besonders durch den Abbau des qualifizierten Bauhandwerkerpersonals. Trifft dann in der darauffolgenden Konjunkturphase die steigende Nachfrage auf die inzwischen verringerte Kapazität, erhöhen sich die Baupreise besonders kräftig.

Kaum ein anderer Sektor unserer Volkswirtschaft ist von den zyklischen Bewegungen so gravierend betroffen wie das Baugewerbe. Deswegen sind auch die Schwankungen der Baupreise besonders stark.

Jedem Bauherrn ist nur zu raten, sich antizyklisch zu verhalten. Trotz dieser volkswirtschaftlichen Binsenweisheit tun das jedoch die wenigsten privaten und gewerblichen Bauherren. Besonders die öffentlichen Auftraggeber pflegen ihre Bauinvestition immer dann in Gang zu setzen, wenn ohnehin gleichzeitig auch im privaten und gewerblichen Sektor rege Nachfrage nach Bauleistungen herrscht. Bereits zweimal, 1969 und 1977, habe ich als Architekt beobachten können, daß die öffentlichen Bauherren mit Beginn einer neuen Hochkonjunkturphase die Planung von Neubauvorhaben geradezu massenhaft in Szene setzten. Mit blauäugiger Naivität budgetieren sie ihre Projekte auf der Preisbasis der vergangenen wirtschaftlichen Talsohle, benötigen danach jedoch ein bis zwei Jahre für die Planung, Entscheidung und Genehmigung, um sich dann auf dem Kulminationspunkt der Konjunktur die Baupreise anbieten zu lassen. Preisunterschiede von über 100 Prozent zwischen ursprünglicher Schätzung und eingeholten Angeboten sind dabei keine Seltenheit. Diese Ignoranz gegenüber unseren marktwirtschaftlichen Grundregeln läßt zahlreiche ehrgeizige Baupläne wieder im Aktenschrank verschwinden.

Aus der nur 17jährigen Geschichte unseres Büros könnten wir ein ganzes Arsenal mit Planungen für Projekte beschicken, die auf diese Weise zu Opfern marktwirtschaftlichen Fehlverhaltens geworden sind.

In der Zeit von Ende 1979 bis zur Jahresmitte 1981 hatten wir mit unserem Büro eine glückliche Erfolgskette bei Architekturwettbewerben. Dreizehn erste Preise hätten uns Planungsaufgaben in einer Größenordnung von eineinhalb Milliarden DM Bausumme gebracht, wenn nicht zehn der Projekte zurückgestellt oder kurz nach Wettbewerbsentscheidung wieder liquidiert worden wären.

Hierin zeigt sich von seiten der Wettbewerbsauslober eine doppelte Verantwortungslosigkeit:

Erstens sind die Kosten für den Wettbewerb herausgeworfenes Geld und deswegen volkswirtschaftlich verantwortungslos.

Zweitens erbringen die teilnehmenden Architekten geistige Leistungen, die ein Vielfaches dieser Kosten wert sind, im Vertrauen auf ein Auftragsversprechen, welches leichtfertig gebrochen wird oder überhaupt nicht ernst gemeint war.

Eine der Hauptursachen für dieses Dilemma im Wettbewerbswesen ist die Fehleinschätzung des Baupreismarktes. Statt die Phase überhitzter Baupreise zu nutzen und die Planung bis zur Baureife voranzutreiben, um im nächsten Konjunkturtal Bauaufträge gezielt vergeben zu können, verstreicht die Zeit meistens ungenutzt, und das Trauerspiel wiederholt sich in einigen Jahren erneut.

Immobilienpreise

Der Gesamtpreis einer Wohnung, eines Einfamilienhauses oder Bürogebäudes, also einer Immobilie, beinhaltet jedoch eine weitere Preiskomponente: den Handelswert von Grund und Boden. Die Preise für Bauland sind in der Bundesrepublik Deutschland seit 1950 fast kontinuierlich gestiegen, zeitweise besonders stark, nur in kurzen Phasen stagnierten sie oder waren gar rückläufig. Grundsätzlich lagen diese Preissteigerungen jedoch fast immer höher als die Steigerungen der Lebenshaltungskosten und der Einkommen. Diese überproportionalen Steigerungsraten haben mehrere Gründe:

Zum einen ist Bauland nur zu Lasten unbebauter Landschaft vermehrbar, deswegen knapp.

Zum zweiten ist der Bedarf an Bauland permanent gestiegen, weil sich das gebaute Volumen pro Kopf der Bevölkerung in einem Zeitraum von 30 Jahren nahezu verdoppelt hat, auch wenn die Bevölkerungszahl selbst fast konstant geblieben ist. Hinzu kommt, daß der Wert von Grund und Boden als

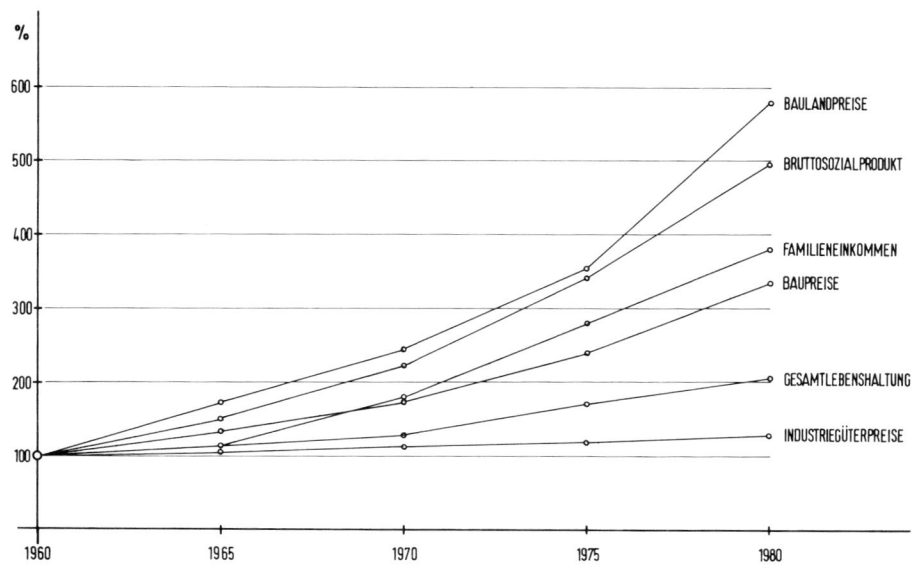

%

600
500
400
300
200
100

BAULANDPREISE
BRUTTOSOZIALPRODUKT
FAMILIENEINKOMMEN
BAUPREISE
GESAMTLEBENSHALTUNG
INDUSTRIEGÜTERPREISE

1960   1965   1970   1975   1980

Entwicklung von Preisen und Einkommen 1960–1980.

besonders beständig angesehen wird und sich deswegen durch Spekulation der inflationäre Wertverlust des Geldes automatisch in höheren Bodenpreisen auswirkt oder meistens sogar überkompensiert wird.

Vergleicht man die Entwicklung des Bruttosozialprodukts, der Lebenshaltungskosten und der Einkommen in den letzten 30 Jahren mit der Entwicklung der Bau- und Bodenpreise, so stellt man fest, daß die Bodenpreise gegenüber allen anderen Entwicklungen überproportional gestiegen sind, die Baupreise sich jedoch nahezu parallel zu den übrigen Kennwerten der Wirtschaft entwickelt haben.

Auffallend ist der Unterschied der Steigerungen bei den Baukosten auf der einen und den Industriegütern auf der anderen Seite. Während fast alle Industrieprodukte in Relation zur Kaufkraft des Geldes de facto billiger geworden sind, ist Bauen in der gleichen Zeit teurer geworden. Es ist aber gegenüber den Einkommen sogar um 10 Prozent zurückgeblieben. Somit ist es zwar richtig, daß Bauen immer teurer wird, jedoch bei weitem nicht in dem Maße, wie allgemein vermutet wird.

Zu dieser Meinung trägt eine weitere unpräzise Einschätzung bei: Allzuleicht werden die Kosten eines Einfamilienwohnhauses der achtziger Jahre mit denen um 1950 verglichen. Bei dieser Betrachtung vergißt man jedoch gemeinhin, daß die Ansprüche heute sowohl quantitativ als auch qualitativ gestiegen sind.

Kosten der Quantität

Daß ein größeres Haus teurer ist als ein kleines, ist eine banale Feststellung. Sie ist jedoch offensichtlich nicht trivial genug, um einen häufigen Irrtum zu verhindern. Dieser besteht darin, daß bei Kostenvergleichen zwischen früher und heute unterschiedliche Quantitäten verglichen werden. Wenn wir feststellen, daß im Jahre 1980 ein Krankenhausbett 260 000,– DM gegenüber 50 000,– DM im Jahre 1960 kostet, ein Büroarbeitsplatz 30 000,– DM gegenüber 12 000,– DM im Jahre 1960 oder eine Dreizimmerwohnung 138 000,– DM gegenüber 41 000,– DM, so stellen wir damit Vergleiche zwischen ungleichen Größen her. Einer der Faktoren, welche die beträchtliche Kostensteigerung bewirkt haben, resultiert aus der Tatsache, daß wir zur Befriedigung des gleichen Bedarfs heute gegenüber früher mehr Quantität beanspruchen. Heute entfallen auf ein Krankenbett 70 m² Krankenhausfläche gegenüber 52 m² vor 20 Jahren, ein Büroarbeitsplatz beansprucht heute 16 m² gegenüber 11 m² im Jahre 1960. Während 1960 etwa 4 Prozent der Schulabgänger studierten, beträgt der Anteil in den vergleichbaren Jahrgängen 1981 mehr als 16 Prozent, also das Vierfache. 1960 hatten neu erstellte Wohnungen eine durchschnittliche Größe von 68 m² und im allgemeinen etwa 3,9 Zimmer. Heute beträgt die durchschnittliche Wohnungsgröße bei Neubauten 102 m², und die Zahl der Zimmer ist auf 4,9 angestiegen.

Aber nicht jede dieser quantitativen Vergrößerungen ist auch sinnvoll. Große Teile der gewachsenen Flächenansprüche im Schul-, Universitäts- und

45

Krankenhausbau entstanden aus einer scheuklappenartigen Maximierung und Addition von Einzelwünschen und einer übertriebenen Spezialisierung von Räumen und Raumgruppen für jeweils nur einen ganz spezifischen Benutzungszweck.

Wenn man über Einsparungsmöglichkeiten beim Bauen nachdenkt, sollten Überlegungen zur Reduktion der quantitativen Anforderungen und für mögliche Mehrfachnutzung der Räume im Vordergrund stehen.

Kosten des Baustandards

Man kann jedes Gebäude mit einfachen und preiswerten Materialien bauen, es nur mit der nötigsten technischen Ausrüstung versehen und auf jeden repräsentativen Anspruch verzichten. Man kann das gleiche Gebäude aber auch aus besonders aufwendigen, erlesenen und seltenen Werkstoffen erstellen und alle nur denkbaren technischen Raffinessen installieren. Diese Unterschiede im Baustandard, die sich aus vielen Teilstandards zusammensetzen – dem Standard der Werkstoffe, dem technischen Standard, dem Standard der Dauerhaftigkeit, der Schönheit, der Pflegeleichtigkeit, der Sicherheit, des Komforts usw. –, können in den Gebäudekosten Unterschiede von über 100 Prozent zur Folge haben.

Ich spreche an dieser Stelle mit Absicht nicht von architektonischer Qualität, sondern vom baulichen Standard, weil ein hoher Standard nicht zwangsläufig eine hohe Qualität bedeutet. Viele Beispiele sind bekannt, bei denen trotz eines hohen Baustandards eine schlechte architektonische Qualität geschaffen wurde oder umgekehrt eine hohe architektonische Qualität zustande kam, obgleich der Standard äußerst bescheiden war.

Analysiert man die Bauten der letzten 30 Jahre nach ihrem Baustandard, so ergibt sich, daß einige Standards gesunken sind und andere sich beträchtlich erhöht haben.

Den größten Standardverlust beim Bauen weisen

alle diejenigen Teile auf, die handwerkliches Können erfordern. Alle Bauleistungen, die nicht nach vorgegebenem Schema einfach heruntergemetert werden können, sondern Fingerspitzengefühl, Einfühlungsvermögen, Kreativität und – so unzeitgemäß es sich anhören mag – Liebe zur eigenen Arbeit erfordern, sind in den vergangenen Jahrzehnten einem enormen Qualitätsverfall erlegen. Einige Disziplinen des Bauhandwerks haben sich mittlerweile total verändert oder sind fast ganz ausgestorben. Gute Stukkateure findet man heute kaum noch. Für anspruchsvolle Maurerarbeiten mußten wir Maurer aus Polen importieren. Zimmerleute, die Holz noch zimmermannsmäßig zu verarbeiten imstande sind, findet man ebenso selten.

Auch der Standard der Werkstoffe ist im allgemeinen niedriger geworden. Massivholz wird heute beim Bauen fast nicht mehr verwendet. An seine Stelle sind furnierte oder kunststoffbeschichtete Preßplatten getreten. Fast alle natürlichen Werkstoffe sind durch künstliche, also solche, die indu-

Kirche in Schaftlach. Architekt: Hans-Busso von Busse. Trotz einfachster Materialien hohe architektonische Qualität.

striell vorgefertigt und in großer Serie hergestellt werden können, ersetzt worden.

Alle anderen Standards hingegen – der Pflegeleichtigkeit, der Hygiene, des Komforts, der Sicherheit und der Technik – haben sich erhöht und damit zugleich eine Steigerung der Baukosten bewirkt. Besonders der Standard der technischen Ausstattung unserer Gebäude hat sich enorm gesteigert. So ist die durchschnittliche Zahl der Stromanschlüsse in einer Wohnung heute etwa dreimal so hoch wie vor 30 Jahren, und es werden fast sechsmal soviel Meter Elektrokabel verlegt. Die Trennung von Bad und WC ist heute fast ebenso selbstverständlich wie eine zentrale Warmwasserversorgung mit Mischbatterien an jeder Zapfstelle im Hause. Für die Wärmeversorgung ist eine automatische Zentralheizung bereits zum Normalstandard geworden. Hinzu kommen alle möglichen sonstigen Komfort- und Sicherheitseinrichtungen wie Einbruchswarnsysteme, Gegensprechanlagen, Personenaufzüge und dergleichen mehr.

Dabei ist der Wohnungsbau in der Steigerung seines technischen Standards vergleichsweise bescheiden, gemessen an den technischen Standardveränderungen bei Bürobauten, Schulen, Krankenhäusern, Universitäten, Theatern, Bibliotheken und dergleichen. Hierzu gehören Vollklimatisierung, automatische Feuerlöscheinrichtungen, zentrale Staubsauganlagen und Müllentsorgungssysteme, doppelte Fußböden mit freier Installationsmöglichkeit an jeder Stelle des Hauses, demontable und versetzbare Trennwände, Schiebe- und Faltwände zur Veränderung von Raumgrößen, automatische Verdunkelungsanlagen, selbststeuernde Sonnenschutzanlagen, über Selenzellen gesteuerte Fahrtreppen und Toilettenspülungen, ferngesteuerte Türöffner, Beobachtungs- und Kontrollsysteme mit Videogeräten und Programmrechnern, elektronisch gesteuerte Informationssysteme bis hin zu all den Spezialausrüstungen und Einrichtungen, welche die verschiedenen Nutzungen der Gebäude vereinfachen und den Komfort erhöhen sollen. Im Bereich dieses technischen Baustandards haben die Angebote der Industrie und die rasante technologische Entwicklung so manchen Bauherrn dazu verführt, sich über das Maß des Notwendigen und Sinnvollen hinaus ein technisches Spielzeug zuzulegen, das in der Anschaffung teuer war, hohe Betriebskosten verursacht und oft nur einen geringen Nutzen bringt. Viele unserer Gebäude, besonders öffentliche, sind technisch total überversorgt mit Einrichtungen, die entweder gar nicht genutzt werden oder deren Benutzung Energie- und Personalkosten verursacht, ohne daß sie einen sinnvollen Zweck erfüllen.

Ein besonders eindrucksvolles Anschauungsbeispiel hierfür bietet das Internationale Kongreßzentrum in Berlin: In einem Konferenzraum, in dem etwa 80 Personen Platz finden und in dem man sich ohne Schwierigkeit direkt und ohne elektronische Verstärkung verständigen kann, ist jeder einzelne Sitzplatz mit Mikrophon, Kopfhörer und Signaltaste ausgerüstet. Der ganze Raum ist mit Lautsprechern reichlich bestückt, die durch eine elektronische Steuerungsanlage »richtungsgetreues Hören« ermöglichen – ein Raum, der mit seinem gesamten technischen Instrumentarium dem Besucher suggeriert, daß der Mensch ein höchst überflüssiges und unnützes Requisit in dieser Umgebung ist. Dieser Bau demonstriert, in welch selbstgefällige und zugleich ohnmächtige Abhängigkeit von der Technik sich der Mensch begeben kann. Hier ist die Technik zum Selbstzweck geworden, weswegen das Bauwerk auch dann mehrere Millionen Mark Betriebskosten pro Jahr verursacht, wenn es überhaupt nicht benutzt wird.

Ausgelöst durch die Explosion der Energiekosten, zeichnet sich seit einiger Zeit jedoch eine Umkehr ab. Da die Klimaanlagen ausgesprochene Energiefresser sind, sowohl im Winter für die Heizung als auch besonders für die Kühlung im Sommer, fordert heute bereits jeder Bauherr eines größeren Bürokomplexes, für den noch vor kurzem eine Klimaanlage zum Mindeststandard gehörte, daß der Neubau auf natürliche Weise belüftet werden muß und keine Klimatisierung vorgesehen werden darf.

Es ist zu hoffen, daß eine ähnliche »Rückbesinnung« auch in den anderen Bereichen des technischen Baustandards stattfindet, weil auf diese Weise das Bauen nicht nur entscheidend verbilligt werden, sondern in vielen Bereichen auch wieder »menschlicher« werden kann.

Einen beträchtlichen Kostenfaktor beim Bauen stellt der ständig steigende Standard der Sicherheitsanforderungen dar. Dieses Feld, das von Baupolizisten, Industrienormausschüssen, Feuerwehrhauptmännern und Verwaltungsjuristen bestellt wird, ist ein besonders heißes Eisen. Mit der Devise »safety first« läßt sich auf demagogische Weise jede – auch unsinnige – Forderung durchsetzen. Die Einheitsfront der Sicherheitsfanatiker, Paragraphenreiter, Absicherungskünstler und Industrielobbyisten, die ihre neuen Produkte verkaufen wollen, macht sich die Tatsache zunutze, daß man über Sicherheit nicht diskutieren kann, sondern daß sie als Grundvoraussetzung gilt.

Ich bin weit davon entfernt, an der Sicherheit für Menschen, die ein Gebäude benutzen, auch nur geringfügige Abstriche machen zu wollen. Diskutiert und revidiert werden müssen jedoch Forderungen, die gar keine zusätzliche Sicherheit mehr bedeuten, sondern sich lediglich aus dem automatischen Prozeß deutscher Übergründlichkeit und Rechthaberei ergeben und auch dort angewandt werden, wo ganz andere Voraussetzungen vorliegen, als sie vom Gesetzgeber angenommen wurden.

Wenn die Standsicherheit eines Gebäudes durch statische Berechnung auf einem vorgeschriebenen Sicherheitsniveau nachgewiesen wird, so muß man darüber diskutieren können, ob aufgrund zusätzlicher Forderungen insgesamt ein hundertfünfzig- oder zweihundertfünfzigprozentiges Sicherheitsniveau erforderlich ist. Oft wird nur zur Durchsetzung überholter Bauordnungen ein solch überdimensioniertes Sicherheitsniveau aufoktroyiert.

Ich halte es für überhebliche Arroganz, wenn Normausschüsse aus Verwaltungsjuristen und Vertretern der Industrielobby beschließen, daß zweihundert-

fünfzig Prozent Sicherheit gefordert werden müssen, und jeden für einen verantwortungslosen Hasardeur erklären, der auch einhundertfünfzig Prozent für ausreichend hält.

Es gibt keinen einleuchtenden Grund dafür, warum Baupolizisten, Feuerwehrleute, Verwaltungsjuristen und Vertreter der Bauindustrie, die schließlich Stahl und Beton verkaufen wollen, nicht dafür eintreten sollten, die Sicherheitszuschläge für die Standfestigkeit von Gebäuden ständig zu erhöhen. Im gleichen Maße erhöhen sich jedoch dadurch auch die Baukosten, ohne daß jemand davon einen Nutzen hat und die Sicherheit spürbar erhöht würde.

Natürlich werden die Sicherheitsfanatiker auf meine Feststellung sofort demagogisch reagieren und auf den Einsturz der Kongreßhalle in Berlin und etliche Bauten in Südamerika hinweisen, wo es keine entsprechenden Sicherheitsanforderungen gibt. Diese Erwiderung ist deswegen demagogisch und falsch, weil es sich bei diesen Katastrophenfällen darum handelt, daß Sicherheitsforderungen mißachtet wurden, und nicht darum, daß die Sicherheitsbestimmungen unzureichend waren. Eine Theorie, die davon ausgeht, daß Sicherheitsforderungen nie ganz eingehalten würden und deswegen Zuschläge von 200 bis 300 Prozent gemacht werden müßten, damit im Falle der Nichtbeachtung wenigstens die 100 Prozent gewährleistet bleiben, ist volkswirtschaftlich unverantwortlich, weil sie Geld kostet, ohne einen Schutz vor menschlicher Unzulänglichkeit oder absichtlichem Fehlverhalten zu bieten.

Die zusätzlichen Baukosten, die durch übertriebene oder unsinnige Sicherheitsforderungen entstehen, gehen in die Millionen oder sogar Milliarden. Dabei gibt es viele Maßnahmen, die man getrost als Schildbürgerstreiche bezeichnen kann.

Beim Flughafen in Berlin-Tegel sind nach meinen vorsichtigen Schätzungen mindestens fünf Millionen Mark für übertriebene oder unsinnige Sicherheitsforderungen aufgewandt worden: für automatische Feuerlöscheinrichtungen in Bereichen, in denen absolut nichts brennen kann; für selbstfahrende und automatisch über Rauchfühler gesteuerte Schiebetore, die ganze Gebäudeteile voneinander trennen, obgleich zu beiden Seiten dieser fahrbaren Trennwand direkte Fluchtwege ins Freie vorhanden sind; für die westwallartige Betonumkleidung von Stahlstützen als Schutz gegen das Anrammen von Schwerlastern, obgleich in diesen Gebäuden nie Lastfahrzeuge verkehren können.

Kosten der Produktion

Seit wir die »Errungenschaften« der Industrialisierung kennen, ist auch über die Rationalisierung beim Bauen nachgedacht und diskutiert worden. Immer wieder wird der Vergleich mit der Konsumgüterherstellung, etwa von Autos oder Elektrogeräten, bemüht, um zu beweisen, daß es durch Standardisierung und große Serien möglich ist, selbst komplizierteste technische Produkte sowohl in ihrer Qualität zu steigern als auch im Preis zu verbilligen. Verglichen mit der Herstellung eines Automobils, das, innerhalb weniger Stunden aus Einzelteilen zusammenmontiert, in fahrbereitem Zustand das Produktionsband verläßt, mutet der Betrieb auf einer Baustelle in der Tat ausgesprochen archaisch an. Die verschiedenen handwerklichen Disziplinen haben trotz hohen Koordinierungsaufwands erhebliche Reibungsverluste in ihrer Produktivität und behindern sich gegenseitig mehr, als daß sie sich unterstützen. Selbst bei Generalunternehmern, die alle Bauleistungen aus einer Hand erbringen, sind die Probleme grundsätzlich gleich gelagert.

Die Hoffnungen und Erwartungen, einen wesentlichen ökonomischen Vorteil aus einer industrialisierten Herstellungsmethode der Bauten zu erzielen, werden so lange Illusion bleiben, wie die Architektur grundsätzlich anderen Anforderungen unterliegt, als es die Konsumgüter tun.

Was Konsumgüter, sei es ein Stuhl, ein Plattenspieler oder ein Automobil, von Architektur unterscheidet, ist ihre Eindimensionalität in der Zweckbestimmung. Selbst bei noch so komplizierter und hochentwickelter Technik ist jedes einzelne Konsumgut hinsichtlich seiner Bestimmung von geringer Komplexität. Ein Stuhl dient dem Zweck des Sitzens, ein Plattenspieler zur akustischen Wiedergabe von Schallplatten und ein Auto dem Transport von Menschen und Gütern, mögen die technische Qualität, das Design und der Statuswert jedes einzelnen Objekts auch noch so unterschiedlich sein. Diese Eindimensionalität der Zweckbestimmung ermöglicht es, jedes Konsumgut in mehr oder minder großer Serie als standardisiertes Produkt herzustellen.

Im Gegensatz dazu ist Architektur von unvergleichlich viel größerer Komplexität und Mehrdimensionalität in der Zweckbestimmung. Selbst bei einer vermeintlich so einfach strukturierten Bauaufgabe wie der für das Wohnen ist es nicht richtiger: Nicht nur sind die äußeren Anforderungen durch Grundstückszuschnitt, Baugrundverhältnisse, städtebauliche Umgebung und klimatische Bedingungen in jedem einzelnen Falle anders beschaffen. Auch die inneren Anforderungen, die aus der Größe der Familie, deren Lebensgewohnheiten und sozialem Stand sowie den individuellen Vorlieben und Abneigungen resultieren, ergeben einen Bedingungskatalog höchster Komplexität. Darüber hinaus kann man eine Wohnung, im Gegensatz zu jedem denkbaren Konsumgut, nicht einfach wegwerfen, ungenutzt wegstellen oder ignorieren. Eine Wohnung ist zugleich und vor allem Lebensraum, der neben den funktionellen und technischen Anforderungen auch psychologischen, sozialen und öffentlichen Belangen Rechnung zu tragen hat.

Im Gegensatz zu Konsumgütern, selbst so teuren wie Autos, die wir in der Regel nach fünf, spätestens jedoch zehn Jahren wegwerfen, weil sie technisch veraltet und verbraucht sind, wird eine Wohnung aus technischen und ökonomischen Gründen weit länger benutzt. Aus diesem Grunde muß sie der Anforderung nach veränderten und sich

ändernden Nutzungsarten gerecht werden und sich diesen anpassen können. Bauten, die allzu einseitig auf aktuell gültige Nutzungsbedürfnisse zugeschnitten sind, veralten schneller, als sie tatsächlich physisch abgenutzt sind.

Noch eindeutiger als für den Wohnungsbau gelten diese Feststellungen für alle anderen Bauaufgaben. Kein anderes Produkt der Menschheit weist ein ähnliches Maß an Komplexität auf wie die Architektur. Deswegen wird Architektur nie den gleichen Anforderungen unterworfen werden können wie irgendein Konsumgut. Deswegen werden die ökonomischen Vorteile der Standardisierung und Serienproduktion der Architektur auch in Zukunft versagt bleiben. Alle Versuche, spezifische Bauaufgaben typologisch standardisiert in Serien zu produzieren, haben dazu geführt, aus der Architektur seelenlose und »eindimensionale« Funktionsbehälter zu machen. Das gilt für die beweglichen Behausungscontainer in Amerika, »mobile homes« genannt, gleichermaßen wie für die Großtafelbau-

weise in den sozialistischen Ländern, aber auch für die standardisierten, normierten und »funktionsgerechten« Normturnhallen, Typenschwimmbäder und Bürohauscontainer. Diese Bauten von der Stange sind deswegen billiger als konventionell geplante und gebaute Bäder, Turnhallen und Bürohäuser, weil sie sich auf die Eindimensionalität ihrer jeweiligen Funktion beschränken und alle übrigen Anforderungen, die Architektur zu erfüllen hat, ignorieren. Weder nehmen sie auf die psychischen Bedürfnisse noch auf die städtebauliche Umgebung Rücksicht, noch vermögen sie gestalterischen Ansprüchen zu genügen.

Diese von der Bauindustrie nach der Maxime ökonomischer Minimierung entwickelten Standard- und Typenbauten zieren sich mit dem fortschrittlichen Attribut des industriellen Bauens, sind jedoch nichts anderes als ignorante Primitivlösungen, deren gemeinsames Merkmal architektonische und gestalterische Charakterlosigkeit ist.

Nicht viel anders verhält es sich mit den sogenann-

Mobile Homes in Long Beach, USA. Monofunktionale Wohnbehälter aus der Serienproduktion.

Großtafelbauweise in Ost-Berlin. Nicht die Wohnbedürfnisse bestimmen das Milieu, sondern die großen Zahlen gleicher Bauelemente.

Schwimmhalle von der Stange in Köln. Die abweisende Kiste könnte ebensogut auch eine Trafostation sein.

Schwimmhalle im
Sportforum Kiel.
Architekten:
Nickels, von Gerkan
und Marg.
Die transparente
Glaswand bezieht den
Außenraum ein. Die
bewegte Faltung des
Daches ist Ausdruck
für Sport und Spiel.
Die gestaffelte Höhe
folgt den Nutzungs-
anforderungen des
10 Meter hohen
Sprungturms.
Ein ähnlicher Entwurf
der gleichen
Architekten für das
Bad in Köln erhielt in
einem öffentlichen
Wettbewerb den
ersten Preis. Die
Stadt Köln baute die
billigere Typen-Kiste.

ten Fertighäusern, die man per Katalog zwar zu einem Festpreis bestellen kann, aber hinterher sehr viel teurer bezahlen muß, weil viele Sonderwünsche und »besondere Erschwernisse« zu Mehrkosten gegenüber dem Katalogpreis geführt haben: ein Beweis dafür, daß es den standardisierten Normalfall in der Architektur eben nicht gibt. Diese Fertighäuser sind keineswegs nach industrieller Methodik gefertigte Großserien, sondern bestenfalls standardisierte Handwerksleistungen. Der nur scheinbar niedrige Preis ist mit besonderer architektonischer Einfallslosigkeit gepaart. Dieser Nachteil wird durch entsprechend großen Aufwand in der Werbung ausgeglichen.

Nennenswerte Kostensenkungen sind bestenfalls dadurch möglich, daß die Halbfabrikate im Bauwesen durch eine umfassende Normierung in der Maßordnung zu einem kompatiblen offenen System des Bauens gebracht werden. Die Vorfertigung von Bauteilen, das heißt die Trennung ihrer Herstellung in einer Fabrik von dem Ort der endgültigen Mon-

tage, hat besonders im Bereich des Rohbaus bereits beträchtliche Fortschritte gemacht. Angesichts des unübersichtlichen und unkoordinierten Angebots der Bauindustrie bleibt jedoch noch ein großer Spielraum für weitere Fortentwicklung mit entsprechenden Kosteneinsparungsmöglichkeiten.

Den erstrebten Idealzustand, der von technologischen Perfektionisten oftmals erdacht und idealistisch vorhergesagt worden ist – ein umfassendes und offenes System von mehreren Zehntausenden unterschiedlicher Bauelemente, die über eine einheitliche Normierung der Maße alle miteinander und gegeneinander austauschbar und kombinierbar sind –, wird es jedoch vermutlich in absehbarer Zeit nicht geben.

Bis heute ist der Ziegelstein das umfassendste und zugleich vielseitigste industrielle Serienprodukt im Baugewerbe geblieben.

51

Der Preis architektonischer Qualität

Ich mache bewußt einen Unterschied zwischen »Baustandard« und »architektonischer Qualität«, weil diese vom Standard unabhängig ist.

Sie umfaßt die gestalterische Erscheinung, die ästhetische Ausgewogenheit und Harmonie der Baumassen und Fassadengliederung gleichermaßen wie die Einfügung in die städtebauliche oder in die landschaftliche Umgebung. Sie betrifft aber auch, und zwar entscheidend, die Qualität der Nutzbarkeit nicht nur in rein quantitativ organisatorischer Hinsicht, sondern ebenso im sozialen und milieumäßigen Sinne, die Nützlichkeit eines Gebäudes sowohl für die realen Funktionsabläufe als auch für das psychische Wohlbefinden der Benutzer. Dazu gehören Gliederung und Proportionierung der Räume, Lichtführung, Ausblick und Einblick, Erlebnisvielfalt und Identifikationsmöglichkeit.

Natürlich ist diese architektonische Qualität auch eine Kostenkomponente, zum Beispiel dann, wenn ein großer, massiver Baukörper in kleine Bauteile zergliedert und aufgelockert wird, um ihn der kleinmaßstäblichen Umgebung anzupassen. Diese und andere gestaltende Maßnahmen der Baukörper, Räume, Fassaden und Proportionen kosten natürlich mehr Geld als eine Primitivlösung. Wieweit solchen zusätzlichen Kosten auch eine adäquate Steigerung der architektonischen Qualität gegenübersteht, muß in jedem Einzelfall gut abgewogen werden. Es gibt viele Fälle, in denen die gestalterische Willkür des Architekten Mehrkosten verursacht hat, die nicht zu einer Steigerung der architektonischen Qualität geführt haben, sondern bestenfalls eine Befriedigung seines »künstlerischen Anspruchs« waren. In den vergangenen 30 Jahren sind jedoch bevorzugt Primitivlösungen gebaut worden.

Architektonische Qualität hängt aber nur teilweise von dem dafür notwendigen finanziellen Aufwand ab, zum überwiegenden Teil ist sie eine Frage des geistigen Aufwands, der Kreativität und der beruflichen Qualifikation des Architekten. Um so unbe-

Haupthalle Flughafen
Berlin-Tegel.
Architekten:
von Gerkan, Marg
und Partner.
Eine flache
Betondecke wäre
billiger gewesen als
das Glasdach.
Es dient der Absicht,
eine lichtdurchflutete,
freundliche
Atmosphäre in der
»Abfertigungs«-Halle
zu erzeugen.

Teppichhaussiedlung
in Helsingör/Dänemark.
Architekt:
Jörn Utzon.
Trotz einfacher
Mittel wurde durch
die geistige Leistung
höchste
architektonische
Qualität erzielt.

greiflicher ist es, daß so viele Bauherren für ihre Projekte immer wieder minderqualifizierte und weniger kreative Architekten suchen, die mit dem geringsten geistigen Aufwand ihre bereits fertigen Pläne aus der Schublade nur ein wenig umfrisieren. Natürlich können sie das mit einem Nachlaß auf ihr durch Gebührenordnung festgesetztes Honorar tun. Die meisten Bauherren erkennen jedoch offensichtlich den Selbstbetrug nicht, dem sie erliegen, wenn sie zehn oder zwanzig Prozent des Architektenhonorars einsparen, was weniger als ein Prozent der gesamten Bausumme ist, und dafür unqualifizierte Durchschnittsware erhalten, die sie oftmals obendrein auch noch teurer bezahlen müssen.

Der Nutzen echter architektonischer Qualität, der in besserer Funktionalität, in besserer Gestaltung, mehr Atmosphäre, harmonischer und maßstäblicher Einfügung in die Umgebung, richtiger Wahl der Materialien und einer charakteristischen Ausprägung besteht, ist darüber hinaus so hoch einzuschätzen, daß die dafür möglicherweise notwendigen Mehrkosten, soweit sie nicht zusätzlich bereitgestellt werden können, durch Einsparungen entweder bei der Quantität des Bauwerks oder bei dessen technischem Standard in aller Regel mit Leichtigkeit wieder kompensiert werden können.

Das Prinzip der Knappheit

»Wir könnten boshafterweise auch sagen, daß bisher mit wenigen Ausnahmen nach dem Prinzip der Knappheit geplant worden ist. Als knapp wurden allerdings stets die finanziellen Mittel betrachtet. Unter dem Druck der Wohnungsnot mochte auch die Zeit, die zur Verfügung stand, knapp bemessen scheinen. Dieses Knappheitsprinzip aber sollte sich nicht nach materiellen Mitteln richten, denn absolut irreversibel knapp wird der Raum und wird die Qualität menschlichen Lebens – dies zumindest in den meisten europäischen Industrieländern. Wenn der erreichbare Raum, der bestimmten Lebensbe-

dingungen entspricht, knapp wird, dann müßte er optimal genutzt werden, wobei alle anderen Faktoren sich dieser Raumknappheit unterzuordnen hätten.

Eine optimale Verwendung des Raumes wird sich aber nie auf wirtschaftliche Optimierung beschränken können; sie muß höchstmöglichen, also gesellschaftlichen Nutzen im weitesten Sinne zum Ziel haben. Dazu wird es nötig sein, daß Entscheidungen nicht als Folge von finanziellen oder politischen Notwendigkeiten getroffen werden, sondern immer nur als Stellungnahme zu verschiedenen deutlich erfaßbaren Alternativen.

Diese Alternativen sind grundsätzlich nicht technologischer, sondern sozialer Natur. Nur durch die Schaffung von gesellschaftlichen Alternativen können wir den Zwängen einer eigengesetzlichen technologischen Entwicklung entrinnen. Bis heute aber sind Infrastrukturplanungen meistens allein nach technologischen Prinzipien ausgerichtet.«

Diese Einsichten, die Atteslander bereits 1971 in einem Buch veröffentlicht hat[4], haben nichts daran geändert, daß auch heute noch beim Bauen nach dem Prinzip einer künstlich erzeugten Knappheit verfahren wird.

Da jeder Bauherr, auch Bürgermeister und Ministerpräsident, mehr bauen möchte, als er bezahlen kann, wird durch dieses Wunschdenken eine künstliche Knappheit der finanziellen Mittel erzeugt, die sich in entsprechenden Budgetfestlegungen für einzelne Projekte niederschlägt. Diese wissentlich zu niedrig bemessenen Budgets für die einzelnen Projekte sind nichts anderes als Verdrängungen aus politischem Wunschdenken heraus. Die zwangsläufig folgenden Überschreitungen der heruntermanipulierten Budgets lastet man der Bauwirtschaft und dem Architekten an. Immer wieder erliegen jedoch private und öffentliche Bauherren dem gleichen Fehler, der künstlich und selbsterzeugten Knappheit finanzieller Mittel absolute und oberste Priorität einzuräumen. Dieses Knappheitsprinzip der materiellen Mittel geht leider immer wieder zu Lasten der architektonischen Qualität. Jede ausschließlich wirtschaftliche Optimierung erliegt der Versuchung, alle ökonomisch nicht meßbaren Faktoren zu verdrängen.

Prinzipien der finanziellen Knappheit diktieren die Gestaltung unserer Umwelt allerorts. Ihnen müssen wir entgegentreten, denn das einzige, was in unserer Wohlstandsgesellschaft knapp ist, ist nicht das Geld, sondern unser Lebensraum, den wir durch die künstlich erzeugte Knappheit der Finanzen systematisch zerstören.

Ist Bauen zu teuer?

Da Immobilien sich im Vergleich zu anderen Vermögensanlagen trotz geringer Rendite seit Jahrzehnten nicht nur als wertbeständig, sondern sogar als gewinnträchtig erwiesen haben, ist Bauen trotz ständig steigender Preise bisher die preiswerteste Geldausgabe gewesen.

Der allgemeine Eindruck, daß Bauen zu teuer sei, beruht auf mehreren Irrtümern:

1. Es wird nicht unterschieden zwischen Baukosten und Immobilienpreisen. Die Immobilienpreise von heute werden mit denen von gestern verglichen. Ein wesentlicher Anteil der Steigerungen beruht jedoch auf dem Wertzuwachs. Der Wert eines Immobilienbestands aus dem Jahre 1913 hat sich in weniger als 70 Jahren, bis 1980, auf das 20fache erhöht, also um 2000 Prozent. Dies entspricht, bezogen auf den Wert im Jahre 1913, einem jährlichen Wertzuwachs von etwa 30 Prozent. Jede Baumaßnahme, die heute realisiert wird, beinhaltet potentiell eine ähnliche Wertentwicklung für die Zukunft, wofür natürlich eine entsprechend langfristige Perspektive Voraussetzung ist.

2. Bei einer pauschalen Vergleichsbetrachtung von Baupreisen für ein Wohnhaus, eine Schule, ein Krankenhaus oder Bürogebäude wird gemeinhin übersehen, daß zur Befriedigung heutiger Ansprüche mehr bauliches Volumen für eine Familie, einen Schüler, ein Krankenhausbett oder einen Büroplatz beansprucht wird als vor Jahrzehnten.

3. Das gleiche gilt für den Baustandard. Bauten, die wir heute erstellen, sind hinsichtlich ihres technischen, sicherheitsmäßigen, hygienischen und Komfortstandards mit Gebäuden, die vor zehn oder zwanzig Jahren erstellt wurden, nicht vergleichbar.

4. Die Entwicklung der Baukosten wird mit der Kostenentwicklung für andere Güter, etwa landwirtschaftliche Produkte oder industriell gefertigte Konsumgüter, verglichen. Dank ständig neuer Technologien und gesteigerter Rationalisierung haben sich jedoch diese Güter im Vergleich zur Kaufkraft der Einkommensentwicklung verbilligt. Bei den Baukosten ist diese Verbilligung deswegen nicht erfolgt, weil sich das Bauen einer umfassenden Rationalisierung aus verschiedenen Gründen entzieht und im wesentlichen durch menschliche Arbeit geleistet werden muß. Deswegen verläuft die Entwicklung der Baukosten annähernd parallel zur Entwicklung der Lohnkosten.

So gesehen, ist Bauen nicht zu teuer.

Unerschwingliche Kapitalmieten

Trotzdem sind die Mietpreise im Verhältnis zur Einkommensstruktur disproportional überhöht. Bei einer durchschnittlichen Kostenmiete von über DM 20,– pro m² Wohnfläche und Monat errechnet sich für eine 90 m² große Dreizimmerwohnung eine Monatsmiete von über DM 1800,–. Das sind 60 Prozent des durchschnittlichen Familieneinkommens in der Bundesrepublik: ein unerschwinglicher Mietpreis. Deswegen wird ein ganzes Instrumentarium von öffentlichen Finanzhilfen, Steuervergünstigungen, Wohnungsbauprämien und Mietzuschüssen aufgeboten, um diese groteske Verzerrung in unserem Wirtschaftssystem teilweise auszugleichen.

Wäre, so muß man sich fragen, ohne diese staatlichen Hilfsmaßnahmen das Wohnen heute ein Luxus, den wir uns nicht mehr leisten können? Ist das Bauen so teuer geworden, daß wir unsere elementaren Wohnbedürfnisse damit nicht mehr befriedigen können?

Ich will mich nicht in wirtschaftstheoretische Betrachtungen verlieren, meine jedoch, zu dem offenkundigen Widerspruch, daß das Wohnen einerseits nicht zu teuer ist, die Mietpreise andererseits jedoch unerschwinglich sind, werden einige aufklärende Betrachtungen notwendig:

Die hohen Mieten werden zu Unrecht unmittelbar mit den Baukosten in Verbindung gebracht. Man spricht fälschlicherweise von Kostenmieten, sollte sie jedoch richtiger Kapitalmieten nennen. Nicht die Baukosten sind der ausschlaggebende Faktor für die Miethöhe, sondern die Kapitalkosten, das heißt die Verzinsung des Kapitals. Die notwendige Höhe des Kapitals wird zwar zum großen Teil von den Baukosten bestimmt, aber zu einem beträchtlichen Teil, zwischen 20 und 50 Prozent, von den Grundstückspreisen. Grundstückspreise sind jedoch keine Kosten für eine produktive Leistung, sondern akkumulierter Gewinn des jeweiligen Grundeigentümers, welchen er unserem marktwirtschaftlichen System zu verdanken hat.

In wieviel stärkerem Maße der Kapitalzins im Gegensatz zu den tatsächlichen Baukosten die Mietpreishöhe beeinflußt, verdeutlicht folgendes Beispiel: Ausgehend davon, daß ca. 30 Prozent der Miete auf den Kapitalwert des Grundstücks entfallen, bewirkt der Unterschied von 8 zu 7 Prozent Kapitalzinsen im Durchschnitt, daß die Baukosten um 20 Prozent höher liegen könnten, ohne dadurch die Miete rechnerisch zu erhöhen. Mit anderen Worten: Eine Wohnung, deren Baukosten DM 200 000,– betragen, hat bei 8 Prozent Kapitalzins die gleiche Kostenmiete wie eine Wohnung, die DM 240 000,– bei 7 Prozent Kapitalzins kostet. Stellt man die gleiche Berechnung mit einem Zinsunterschied zwischen 5 und 4 Prozent an, so ergibt sich für die Baukosten ein Äquivalent von ca. 35 Prozent. Das heißt: Wenn für die Mietpreisberechnung statt eines Zinssatzes von 5 nur 4 Prozent zugrunde gelegt werden, können die Baukosten

einer Wohung statt DM 200 000,– DM 270 000,– betragen, ohne daß sich an der Miethöhe etwas ändert.

Berechnungsbeispiel 1

Baukosten	Grundstücks-anteil	Gesamtkosten der Wohnung	Zins	Miete DM
200 000,–	+ 85 000,–	= 285 000,–	× 0,08	= 22 800,–
240 000,–	+ 85 000,–	= 325 000,–	× 0,07	= 22 750,–

Berechnungsbeispiel 2

Baukosten	Grundstücks-anteil	Gesamtkosten der Wohnung	Zins	Miete DM
200 000,–	+ 85 000,–	= 285 000,–	× 0,05	= 14 250,–
270 000,–	+ 85 000,–	= 355 000,–	× 0,04	= 14 200,–

Zwei weitere Aspekte müssen jedoch in diese Mietpreisbetrachtung einbezogen werden: Bei einer durchschnittlichen Inflationsrate von 5 Prozent pro Jahr und in der Annahme, daß das Familieneinkommen nur diesen Kaufkraftverlust ausgleicht und nicht darüber hinaus steigt, reduziert sich, prozentual auf das Einkommen bezogen, die Mietpreisbelastung innerhalb von 14 Jahren auf die Hälfte. In der gleichen Zeit hat sich jedoch bei einer durchschnittlichen Wertsteigerung von nur 4 Prozent per annum der Wert des Objekts fast verdoppelt.

Aus dieser Erkenntnis, die durch die wirtschaftliche Entwicklung in den vergangenen Jahrzehnten belegt ist, läßt sich der Schluß ziehen, daß sich die Mieten um nahezu drei Viertel reduzieren ließen, wenn der jeweilige Grundeigentümer den ihm zufallenden Wertzuwachs gegen die Miete aufrechnen würde (Berechnungsbeispiel 3 siehe folgende Seite).

Daß sich ein mietfreies Wohnen unter Ausnutzung der Wertsteigerungen auf dem Immobilienmarkt realisieren läßt, belegt folgendes Beispiel: Einfamilienhäuser, die wir im Zuge der Bauausstellung

Berechnungsbeispiel 3

1980

Angenommenes Familieneinkommen
p. a.   50 000,–
Preis der Wohnung   300 000,–
Jahresmiete bei einem Zinsfuß von 7%   21 000,–

Prozentuale Mietpreisbelastung zum Familieneinkommen:

21 000,– von 50 000,– = 42%

1994

Bei jährlicher Steigerung des Familieneinkommens von 5% beträgt dieses 99 000,–.

Prozentuale Mietpreisbelastung zum Familieneinkommen:

21 00,– von 99 000,– = 21,2%

Wertsteigerung der Wohnung jährlich   ca. 4%
Wert der Wohnung   520 000,–
Wertzuwachs   220 000,–

Der Mieter zahlt in 14 Jahren insgesamt

14 × 21 000,– = 294 000,–.

Der Wertzuwachs beträgt 75% der gesamten Miete.

Hamburg Bau im Jahre 1978 gebaut haben und die für Gesamtpreise zwischen DM 350 000,– und DM 380 000,– verkauft wurden, sind Anfang 1981, zweieinhalb Jahre nach dem Ersterwerb, von ihren Besitzern für DM 450 000,– bis DM 480 000,–, also mit einem Gewinn von nahezu 30 Prozent, weiterverkauft worden.

Ein anderes, fast unglaubhaftes, aber bestimmt nicht außergewöhnliches Beispiel zeigt noch drastischer, daß Immobilienpreise und Wohnungsmieten kaum etwas mit Baukosten, viel mehr jedoch mit unserem so hochgepriesenen freien Markt zu tun haben: Vier komfortable Miethäuser in Hamburg-Eppendorf mit insgesamt 40 Wohnungen von je 270 bis 300 m² Wohnfläche sind 1970 von einem Makler für insgesamt 750 000 DM gekauft worden. Rechnet man die angefallenen Erwerbsnebenkosten sehr großzügig mit 30 Prozent hinzu, so hat den Makler jede Wohnung etwa DM 25 000,– gekostet. Zum Zeitpunkt des Erwerbs kostete eine einzelne Wohnung DM 9000,– Jahresmiete, was einem Wucherzinssatz von 36 Prozent entspricht. Durch mehrfache Mieterhöhungen hat sich diese Jahresmiete bis 1981 auf ca. DM 26 000,– erhöht. Diese entspräche der abenteuerlichen Rendite von 104 Prozent jährlich. Selbst wenn man angefallene Instandsetzungsaufwendungen, Verwaltungs- und Betriebskosten gegenrechnet, verbleibt ein Kapitalertrag, der ohne Übertreibung als astronomisch bezeichnet werden darf. In elf Jahren hat der Eigentümer etwa das Zehnfache seines Kapitaleinsatzes als Miete erlöst. 1981 bietet er nun den Mietern jede Wohnung zu Preisen von 600 000,– bis 750 000,– zum Erwerb als Eigentum an, also für das Dreißigfache des Einstandspreises. Wenn das Geschäft abgeschlossen wird, hat er aus einer Million DM in elf Jahren 40 Millionen als sogenannte »Kostenmiete« herausgeholt.

Ich habe diese beispielhaften Betrachtungen nicht angestellt, um neue Theorien zur Mietpreisbildung zu entwickeln oder gar unser Wirtschaftssystem auf den Kopf zu stellen. Ich wollte lediglich durch Belege für den eklatanten Mißbrauch unserer Marktgesetzmäßigkeiten die Relativität deutlich machen, in der Baukosten und Mietpreise gesehen werden müssen. Die Unzulänglichkeiten einer angemessenen Versorgung der Bevölkerung mit Wohnraum können nicht durch Rationalisierungsmaßnahmen und durch niedrigere Baukosten bewältigt werden. Von daher kann selbst bei größten Anstrengungen nur ein geringer Beitrag zur Lösung des Problems geleistet werden. Der entscheidende Teil des Problems muß durch wirtschaftliche und politische Maßnahmen gelöst werden.

Verschwendung durch Sparen

Diese Erkenntnis soll jedoch nicht als Vorwand dienen, der Frage aus dem Wege zu gehen, ob es nicht trotzdem möglich ist, billiger zu bauen.

Die Möglichkeiten der Rationalisierung durch Einsparung an Arbeitszeit sind begrenzt. Der Versuch, ganze Häuser als Serienprodukte vom Fließband zu produzieren, ist ein Weg in die falsche Richtung, weil er nur scheinbar zu Kosteneinsparungen führt.

Trotzdem ließe sich der Anteil unseres Bruttosozialprodukts, der für das Bauen aufgewandt wird, reduzieren – nicht indem Primitivlösungen von der Stange geliefert werden, sondern dadurch, daß weniger, aber sinnvoller gebaut wird und daß kostspielige und unsinnige Standards der Technik, der Sicherheit und des Komforts auf ein sinnvolles Maß reduziert werden.

Wir bauen zu viel und zu schlecht. Statt dessen sollten wir weniger bauen, aber dafür besser.

Vor nicht allzu langer Zeit wurden in Hamburg Hunderte von Millionen für den Krankenhausbau aufgewendet. Mittlerweile ist das Überangebot an Krankenhausbetten zu einem politisch brisanten Thema geworden. In Berlin wurde ein Dutzend großer Schulzentren als ungeschlachte Lernmaschinen in die Stadt plaziert. Noch ehe sie fertig waren, wurde bereits darüber diskutiert, was mit dem leerstehenden Schulraum in wenigen Jahren anzufangen sei.

Durch steuerliche Abschreibungen angeheizte Investitionsgelüste haben in Berlin den Steglitzer Kreisel, in Schleswig den Wikinger-Turm und an Hunderten anderer Orte ungezählte andere Investitionsruinen hinterlassen. Die Regeln, nach der diese Projekte entstehen, sind absurd: Durch steuerliche Abschreibungsmöglichkeiten ermuntert der Staat Immobilienjobber, »Grundstücke aufzureißen« und Projekte auszudenken, für die der Bedarf erst künstlich erzeugt werden muß. Mit hohen Gewinnversprechungen werden betuchte Steuerzahler zur Mitbeteiligung überredet, wodurch dem Staat Steuergelder entzogen werden. Da alle an diesen Projekten möglichst schnell und viel Geld verdienen wollen, ist das Prinzip der finanziellen Knappheit oberstes Gebot: ein Maximum an Baumasse mit einem Minimum an Aufwand. Ar-

chitektonische Qualität oder gar städtebauliche Gestaltung ist nicht gefragt, nur möglichst viel Baumasse, die billig sein muß.

Bei vielen dieser Projekte gingen die Spekulationen nicht auf. Der erhoffte Bedarf ließ sich nicht künstlich erzeugen, die Anleger verloren ihr eingesetztes Kapital und die Steuervergünstigung obendrein. Andere Projekte stehen als betonierte Bettenburgen in den Feriengebieten, als Konsummaschinen an den Stadträndern oder als Bürohaustürme in den Innenstädten. Allen gemeinsam ist, daß sie mehr oder minder billig gebaut worden sind. Diese Billigkeit ist jedoch aus gesellschaftlicher Sicht Verschwendung.

Verschwendung sind auch all die halbherzigen Sparmaßnahmen und baulichen Flickschustereien, die bei Industriebauten gleichermaßen anzutreffen sind wie bei Universitätsprojekten oder dem besonders repräsentativen Beispiel unserer Bundeshauptstadt Bonn.

Aus Anlaß einer beabsichtigten Gutachtenplanung für die Universität Göttingen unternahm ich mit den leitenden Herren des Hochbauamtes einen Rundgang durch das Universitätsgelände. Die Hunderte von Millionen, die in diese Universität nach dem Prinzip der Knappheit investiert worden sind, erweisen sich bei einer Gesamtbetrachtung zum größten Teil als Fehlinvestitionen. Die Methode von der Hand direkt in den Mund, die immer ein Loch nach dem anderen stopft, ein Provisorium durch das andere flickt, eine halbherzige Maßnahme nach der anderen inszeniert, kann trotz größter Billigkeit jeder einzelnen Aktion gesamtwirtschaftlich nur als Verschwendung betrachtet werden. Hier wie anderswo hätte man billiger bauen können, wenn man sinnvoller geplant hätte. Knauserige Sparsamkeit und Kurzsichtigkeit erweisen sich im nachhinein als Verschwendung.

Ein weiteres Potential, beträchtlich billiger zu bauen, steckt in den teilweise total überzogenen Standardanforderungen. Durch permanent verschärfte Baugesetze, überarbeitete und strenger gefaßte DIN-Normen, Ausführungsbestimmungen und technische Richtlinien wird dem Bauen ein Ballast unsinniger Kosten aufgebürdet, der in Deutschland mittlerweile jedes Maß an Vernunft überstiegen hat.

Wenn man nach sinnvollen Prinzipien verführe, bestünde gar keine Veranlassung, Abstriche an der architektonischen Qualität zu machen. Das Prinzip der Knappheit zu Lasten architektonischer Qualität ist die größte Verantwortungslosigkeit beim Bauen und die kurzsichtigste Verschwendung von Volksvermögen, weil schlechte Architektur nicht nur die Umwelt beeinträchtigt, sondern durch ihre kürzere Lebensdauer auch effektiv teurer ist.

Bauen in der Demokratie

Politische Bedingungen

Folgen des periodischen Parlamentarismus

Der Vierjahrestakt

Zwischen Bauen und Politik besteht eine doppelte Affinität. Zum einen ist die durchschnittliche Herstellungszeit eines Bauwerks mit etwa vier Jahren genauso lang wie die Amtszeit eines Politikers im Zyklus der Wahlperioden. Zum anderen werden Bauten als Symbole des politischen Erfolges bewertet. Daraus ergibt sich für den Politiker eine persönliche Motivation für öffentliche Bauvorhaben. Er kann noch als Amtsträger die Anerkennung und Würdigung erbrachter Leistungen entgegennehmen.

Die Identifikation des Bürgermeisters mit seinem Rathaus ist deswegen so bedeutungsvoll, weil sie ein Korrektiv der ansonsten total anonymen Bauherrschaft für öffentliche Bauvorhaben darstellt. Allerdings ist dieses persönliche Interesse politischer Amtsträger leider meistens nur in kleinen Gemeinden anzutreffen. Den Regierenden Bürgermeister von Berlin habe ich während der Entstehungszeit des neuen Flughafens in Tegel lediglich zur Grundsteinlegung, beim Richtfest und dann zur Schlüsselübergabe getroffen. Auch die Teilnahme des zuständigen Bausenators beschränkte sich auf diese offiziellen Anlässe, bei denen Presse, Rundfunk und Fernsehen anwesend waren.

Ansonsten hat der Vierjahrestakt für die Architektur eher nachteilige Auswirkungen. Einzelne Politiker sehen sich, ebenso wie die politischen Parteien, im regelmäßigen Turnus von vier Jahren zum Erfolg verdammt und suchen nach Möglichkeiten, diesem Erfolg sichtbaren Ausdruck zu verleihen. Deshalb finden Grundsteinlegungen und Gebäudeeinweihungen vornehmlich unmittelbar vor Wahlterminen statt, natürlich unter persönlicher Mitwirkung der Spitzenpolitiker. Dieser Vierjahrestakt ist jedoch für eine sinnvolle Stadt- oder Projektplanung viel zu knapp bemessen. Das hat mehrere unheilvolle Folgen.

Das Opportunitätsprinzip

Da politische Zielsetzungen nur in geringem Umfang aus übergeordneten Programmen entwickelt werden, zum großen Teil vielmehr im Sinne einer Gefälligkeitsdemokratie dem jeweiligen Trend der Wählerstimmen angepaßt werden, ergeben sich für die Stadt- und Projektplanungen Ziele und Inhalte nach dem Prinzip des Wahlkampfopportunismus.

Diese Maßnahmen werden mit einer Hektik betrieben, die dem notwendigen Zeitbedarf für eine wohlabgewogene Planung nicht angemessen ist. Oftmals werden große Schul-, Universitäts- und Freizeitprojekte im Hauruck-Verfahren einflußreichen Bauträgergesellschaften übertragen, ohne daß dafür ausgereifte oder gar alternative Planungen vorliegen. Diese Bauträgergesellschaften gewährleisten lediglich, daß die großen Quantitäten rechtzeitig abgewickelt werden. Die Qualität der Architektur kommt dabei zwangsläufig ins Hintertreffen.

Im Rahmen von Investitionsprogrammen des Bundes zur Ankurbelung der Bauwirtschaft wurden öffentliche Mittel an Kommunen im »Windhund«-Verfahren vergeben. Diejenige Gemeinde, die am schnellsten in der Lage war, eine Tiefgarage oder ein Hallenschwimmbad aus der Hüfte zu schießen, bekam den Zuschlag. Dabei sind Bauten entstanden, über deren Sinn oder Unsinn sich die verantwortlichen Politiker erst Gedanken gemacht haben, nachdem sie fertig waren. Hier wurden öffentliche Mittel nicht für vorhandene Ziele eingesetzt, sondern Ziele nach zufällig vorhandenen Mitteln bestimmt.

Stop and Go

Viele Bauvorhaben, die mit Hektik und überhastet vorangetrieben werden, fallen dem nächsten politischen Prioritätswechsel zum Opfer. Die Planung öffentlicher Bauvorhaben läuft in einem ständigen »Stop and Go« ab. Keines der über fünfzig in unserem Büro geplanten öffentlichen Bauvorhaben hat einen kontinuierlichen Werdegang im Planungsablauf gehabt. Entweder gab es eine geradezu unverantwortliche zeitliche Pression, so daß jede sinnvolle Personaldisposition über den Haufen geworfen wurde und die Planungsleistungen nur in Wochenend- und Nachtarbeit termingerecht erbracht werden konnten, oder die Planungskontinuität wurde durch monate-, oft jahrelange Verzögerungen politischer Entscheidungen unterbrochen und oftmals gänzlich aufgegeben.

In der Regel treten bei einem öffentlichen Bauvorhaben beide Erscheinungen im Wechsel auf: Phasen der hektischen Bearbeitung unter Zeitdruck wechseln mit lang anhaltenden Unterbrechungen, ohne klar voraussehbare Terminierung hinsichtlich des weiteren Ablaufs. Dieses »Stop and Go« muß zwangsläufig zu Lasten der Planungsqualität gehen, weil jede ausgewogene und gute Lösung eine ent-

sprechende Bearbeitungs- und Reifezeit beansprucht und Projekte, die mehr als vier Jahre im Zeichenschrank geruht haben, meistens nicht von den gleichen Mitarbeitern weiterbearbeitet werden können, die in der ersten Phase das Know-how gesammelt und sich mit ihrer Arbeit identifiziert haben.

Prioritätenkarussell

Abgesehen von den qualitätsschädigenden Wirkungen durch die Diskontinuität der Planungsabläufe einzelner Projekte, ist die permanente Instabilität der Prioritäten besonders verheerend. Vor einigen Jahren noch gab es Programme für Mammutuniversitäten, Mammutschulen, Mammutkliniken, für Schnellstraßenprojekte und Stadtautobahnen. Mit Milliardeninvestitionen wurden entsprechende Projekte realisiert. Noch während der Entstehungszeit dieser Bauten wurden die Zielsetzungen nicht nur in Frage gestellt, sondern aufs heftigste bekämpft, nicht etwa von politischen Gegnern, sondern von den gleichen politischen Parteien, die diese Programme ins Leben gerufen haben. Begonnene Teilabschnitte von Stadtautobahnen und Schnellstraßen enden an Hausbrandwänden, die ersten Bauabschnitte von Universitäts-, Krankenhaus- und Schulprojekten verunstalten als Torsos das städtebauliche Umfeld oder die umgebende Landschaft.

Heute sind die Zielsetzungen öffentlicher Planung auf Revitalisierung alter Städte orientiert, auf Stadtreparatur, Verdrängung des Autoverkehrs aus den Innenstädten, Stadthausprogramme und Modernisierungsmaßnahmen an Altbauten. Diese neue Stoßrichtung ist jedoch nicht das Ergebnis aktiven politischen Agierens, sondern eher passives Reagieren auf das veränderte Bewußtsein der Bevölkerung, um deren Stimmen es bei der nächsten Wahl geht.

Man mag dieses Reagieren der Politik auf die öffentliche Meinung als ein positives Merkmal der

Der erste Teil eines Universitätshochhauses in Braunschweig als bleibender Torso: ein Opfer des politischen Prioritätenwechsels.

parlamentarischen Demokratie werten, bezogen auf Stadtplanung und Architektur sind diese Reaktionen jedoch deswegen verheerend, weil die betonierten Experimente in unseren Städten Milliardenbeträge der Volkswirtschaft verschlungen haben und darüber hinaus der Nachwelt als physische Realität und Zinslast überliefert werden.

Stadtplanung und die bauliche Gestaltung unserer Umwelt müssen wegen der Komplexität und Langwierigkeit der planerischen Probleme und wegen der Dauerhaftigkeit ihrer Resultate in anderen zeitlichen und inhaltlichen Dimensionen gedacht und erarbeitet werden, als es die hektischen Pendelausschläge und Prioritätsveränderungen im Vierjahrestakt unserer demokratischen Wahlperioden erlauben.

Qualitätsverdrängung

So wie die Knappheit der Zeit durch die Spielregeln der Wahldemokratie künstlich erzeugt wird, ist auch die Knappheit der finanziellen Mittel nur fiktiv.

Da die Wunschliste öffentlicher Bauvorhaben viel größer ist als das zur Verfügung stehende Finanzbudget im Haushalt, ist es fast zur Regel geworden, neue Projekte mit Dumpingpreisen durch die ersten Hürden der parlamentarischen Genehmigungsinstanzen zu schleusen. Nur durch diese Manipulation ist es überhaupt möglich, Projekte in den Haushalt einzubringen und damit den Start zu veranlassen.

Bei dem Kongreßzentrum in Berlin beträgt der Unterschied zwischen der erstgenannten Zahl und der tatsächlich abgerechneten Summe mehr als 800 Mio. DM. Eine Folge dieses Vorgehens ist das ewige Wehklagen über Haushaltsnachforderungen und Budgetüberschreitungen, für die dann die übertriebenen Wünsche der Nutzer oder die mangelnde kaufmännische Fähigkeit der Architekten schuldig gesprochen wird. In Wahrheit handelt es sich jedoch um eine die Öffentlichkeit täuschende Schuldabwälzung.

Verheerender wirkt sich dieses Vorgehen auf die Qualität der Architektur aus. Durch die Diskrepanz politischer Versprechungen und die beschränkten Möglichkeiten der öffentlichen Haushalte wird die Knappheit der finanziellen Mittel für jedes einzelne Projekt künstlich erzeugt. Der einfachste Ausweg aus diesem Dilemma sind Primitivlösungen. Dieses Rezept konnte so lange immer wieder praktiziert werden, wie der politische Erfolg ausschließlich an der Anzahl gebauter Wohnungen, Schwimmbäder, Schulen, Kindergärten und Krankenhäuser gemessen wurde und die Qualität der Bauwerke von nachgeordneter Bedeutung blieb. Auf diese Weise sind in Berlin ein Dutzend Schulzentren und mehr als ein halbes Dutzend Schwimmbäder im Hauruckverfahren realisiert worden. Als politische Erfolge sind sie jedoch bestenfalls von statistischem Wert –

für die Benutzer und die Stadtgestaltung ignorante Fehlplanungen.

Aber auch für Projekte, die über Alternativplanungen von einer Jury ausgewählt und von den siegreichen Architekten entworfen werden, stellt das Prinzip der künstlich erzeugten Finanzknappheit eine qualitätsbedrohende Gefahr dar.

Im Jahre 1979 erhielten wir bei einem Wettbewerb für ein Freizeitbad in Berlin-Spandau den ersten Preis. Alle Wettbewerbsteilnehmer mußten sich verpflichten, im Falle ihrer Beauftragung in weniger als zwei Monaten nach Wettbewerbsentscheidung eine genehmigungsfähige Planung vorzulegen. Die übliche Bearbeitungszeit hierfür beträgt sechs bis acht Monate. Die knappe Frist wurde damit begründet, daß der Baubeginn noch vor der nächsten Kommunalwahl erfolgen sollte. Im Haushalt waren für diese Baumaßnahme 30 Mio. DM veranschlagt, eine Summe, die kein Fachmann ernst nahm, weil jeder wußte, daß ein Bauprogramm dieser Größenordnung mindestens 50 Mio. DM erfordert. Nach Wettbewerbsentscheidung trieben wir die Entwurfsplanung gemäß unserer Zusage mit Hochdruck voran, aber schon auf halbem Wege wurde sie vom Auftraggeber unterbrochen, weil ein zweites Freizeitbad in Berlin-Kreuzberg, das einen geringen zeitlichen Vorlauf hatte und ebenfalls mit 30 Mio. im Haushalt vorgesehen war, mittlerweile mit der realistischen Größenordnung von über 50 Mio. DM präsentiert worden war. Wir wurden veranlaßt, das Projekt weitgehend zu vereinfachen. Selbstverständlich durften die Vereinfachung und die Reduzierung nur im Bereich der gestalterischen Qualität vorgenommen werden. Drei Jahre, nachdem die baureife Planung fertiggestellt sein sollte, also Anfang 1982, befand sich das Projekt in Ermangelung einer eindeutigen Entscheidung seitens des Finanzsenators nach wie vor in der Schwebe. Nur eins ist klar: wenn es weitergeht, dann mit höchstem Zeitdruck und abermals zu knappen Finanzen, da mittlerweile die Kosten wieder gestiegen sein werden.

Dieses Verhalten ist deswegen kurzsichtig und un-

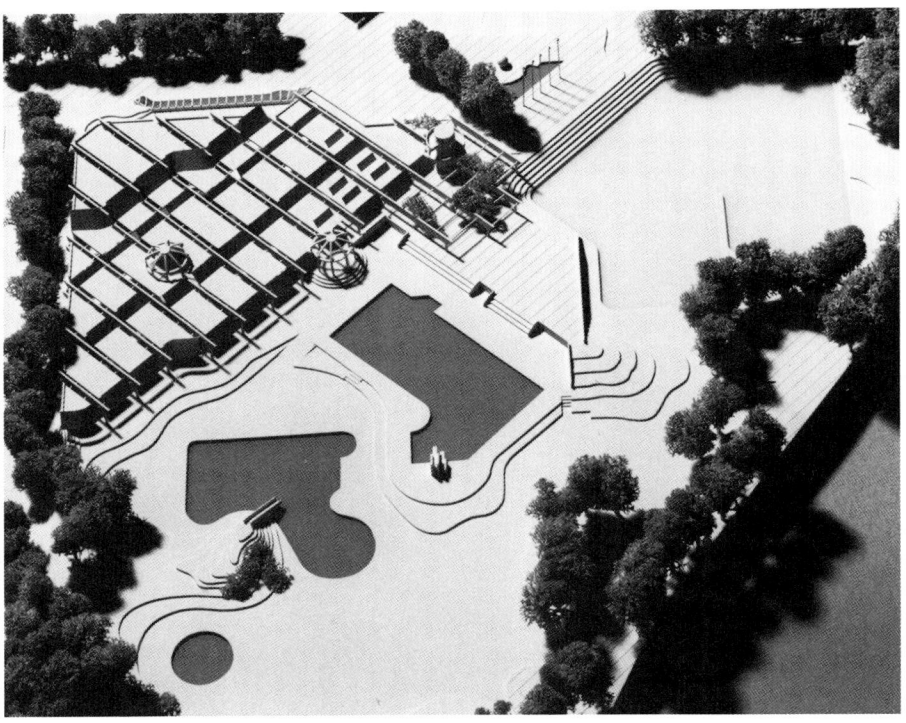

verantwortlich, weil das einzige wirklich irreversibel Knappe der Lebensraum ist, den wir auf diese Weise verbauen. Nicht die Quantität ist entscheidend – ob statt fünf nur vier Schwimmbäder gebaut werden. Entscheidend ist die Qualität dessen, was gebaut wird, da es ein dauerhafter Bestandteil unseres Lebensraumes wird und die gestalterische, räumliche und milieumäßige Qualität ausschlaggebend ist für das psychische Wohlbefinden und damit zu einem wesentlichen Sozialfaktor wird.

Der Passus, den der ehemalige Bürgermeister von Hamburg, Hans-Ulrich Klose, in einem Vortrag unter dem Titel »Die Unregierbarkeit der Städte« gehalten hat, hört sich hoffnungsvoll an: »Heute kommt es nicht mehr darauf an, zusätzliche Quantitäten zu schaffen, sondern es kommt darauf an, sehr langsam und sehr vorsichtig, aber zielgerichtet umzuschalten auf bessere Qualitäten – was leicht gesagt, aber schwer getan ist.«

Entwurf für ein Freizeitzentrum in Berlin-Spandau. Architekten: von Gerkan, Marg und Partner. Nach zweieinhalbjähriger Planung im »Stop and Go« unter dem Druck künstlich erzeugter Finanzknappheit war nahezu 1 Mio. DM als Planungsaufwand vergeudet, weil sich das Prioritätenkarussell anderer Projekten zugewendet hatte.

Das Ganze und seine Teile

Fraktionierte Planung

Wenn von den politischen Bedingungen für Architektur die Rede ist, so muß auch auf die staatliche Planung eingegangen werden. Auch wenn das Phänomen der fraktionierten Planung durch die Bürokratisierung hoheitlicher Planungsstrukturen bewirkt wird, so obliegt es den Politikern, hier die richtige Weichenstellung vorzunehmen.

Vor einigen Jahren erklärte der damalige Bundesbauminister Karl Ravens »koordiniertes Planungshandeln der Verwaltung« als eine Priorität sozialliberaler Politik, offensichtlich wohl in Erkenntnis des Planungsdesasters bei der Lösung von Umweltproblemen.

Wer nur etwas in die strukturellen Zusammenhänge – oder besser Nichtzusammenhänge – von Planungsaktivitäten der öffentlichen Hand hineinschaut, dem kann es angesichts des undurchschaubaren Gestrüpps schwindlig werden. Kennzeichnendes Merkmal ist die jeweilige Teilbezogenheit von Planungen, die fast ausschließlich technologisch determiniert sind und übergeordnete Wechselbeziehungen außer acht lassen. Das gilt insbesondere für die Straßenplanung, die sich nur an der isolierten Zielsetzung der Verkehrsgerechtigkeit orientiert und dabei meistens die schwerwiegenden Nebenwirkungen ignoriert. Bei einem städtebaulichen Ideenwettbewerb zur Neugestaltung des Tiergartenviertels in Berlin vor etlichen Jahren erwies sich, daß die durch Straßenplaner bereits unabänderlich geschaffenen Fakten für die stadträumliche Planung lediglich Restflächen und Zwickel zwischen den breit bemessenen und verkehrsgerecht ausgeformten Straßenradien übriggelassen hatten.

Hinlänglich bekannt in fast jeder Stadt sind die Planung und Ausführung von Schnellstraßen durch Innenstadtzonen und die gleichzeitig inszenierten Programme zur Revitalisierung und Humanisierung eben dieser Stadtbereiche. Da die meisten Planungsaktivitäten eindimensional, also immer nur auf eine Teilzielsetzung ausgerichtet sind, werden durch die unterschiedlich und parallel laufenden Planungen permanent Zielkonflikte produziert.

Im Gegensatz zu den meisten anderen Wissenschaftlern bin ich keineswegs der Meinung, daß zu wenig geplant wird, sondern betrachte Planungsinflation, Forschungsflut und Expertokratie als die beliebtesten Alibis unserer Zeit. Das meiste der hierdurch erzeugten Ergebnisse ist jedoch für den Papierkorb bestimmt oder widerlegt sich gegenseitig. Diese Resultate sind fast zwangsläufig, weil es kein übergeordnetes und an gesellschaftlichen Zielsetzungen orientiertes Handlungskonzept gibt. Man neigt allzu leicht dazu, diesen Planungswirrwarr der Unfähigkeit großer Verwaltungsstrukturen und deren mangelnder Effizienz anzulasten. Ich meine, daß das Problem koordinierten Planungshandelns eine der wichtigsten Aufgaben für die Politiker darstellt. Ihnen obliegt es, gesellschaftspolitisch orientierte Zielsetzungen für die Planung zu formulieren und das scheuklappenartige Ressortdenken zu beseitigen.

Expertokratie

Kein Fachmann, der nur zu einem winzigen Teilaspekt befragt wird, fühlt sich zur Verantwortung für das Ganze aufgerufen.

1971 war ich Mitglied einer Expertenkommission, die aus 18 Mitgliedern von sieben Fachdisziplinen bestand, überwiegend Professoren und Koryphäen auf ihrem Gebiet. Dieses Expertengremium sollte Vorschläge für den Ausbau Bonns als Bundeshauptstadt ausarbeiten. Diese Veranstaltung war schon vom Grundsatz her unsinnig, weil keiner der 18 Experten sich in die persönliche Verantwortung für seine Ideen und Vorschläge gestellt sah. Die Initiatoren gingen wohl von der irrigen Annahme aus, sie müßten nur möglichst viele wertvolle Expertenmeinungen in einen gemeinsamen Topf tun, dann käme automatisch ein wohlfeiles und politisch bekömmliches Rezept dabei heraus, ein Höchstmaß an Objektivität. Diese Objektivität sollte sicherstellen, daß die Planungslösungen möglichst weitgehend alle vorhandenen Ziel- und Wertvorstellungen unserer Gesellschaft abdecken.

Aber diese Vorstellung ist genauso eine Fiktion wie die totale Demokratie, weil gerade die Unvereinbarkeit der verschiedenen Ziel- und Wertsysteme in unserer pluralistischen Gesellschaft deren charakteristisches Merkmal ist. Planungslösungen, die alle nur denkbaren Wünsche und Ansprüche in einem wohlproportionierten Verschnitt gleichzeitig befriedigen möchten, können nur nivellierte Mittelmäßigkeit hervorbringen, die Mediokrität, von der unsere Städte heute gezeichnet sind.

Über zehn Jahre sind seitdem vergangen. Inzwischen ist ein weiteres Dutzend profilierter Fachleute verschlissen worden, ohne daß für Bonn auch nur die Andeutung einer hauptstädtischen Planungskonzeption erkennbar wäre.

Noch grotesker war ein Expertenverfahren, das der Hamburger Senat im Jahre 1974 inszenierte. Sechs Gutachtergruppen, von denen jede mit Stadtplanern, Architekten, Verkehrsplanern, Soziologen, Politologen, Psychologen, Ökologen vertragsgemäß interdisziplinär besetzt sein mußte, sollten für die neue Trabantenstadt Billwerder-Allermöhe mit 70 000 Einwohnern einen Plan erarbeiten.

Neben den sechs Gutachtergruppen gab es aber noch viele prominente Obergutachter aus allen Fachdisziplinen.

Da saßen nun in tagelangen Beratungen mehr als 50 Experten, davon mindestens die Hälfte Professoren, zusammen und redeten über neue Ideale der Stadtplanung:

– niedrige Bebauung mit maximal drei bis vier Geschossen,
– kleinmaßstäblich gegliederte Häuser an Grachten und Kanälen,
– befahrbare Wohnwege als halböffentliche Zonen, kleine Plätze und attraktive Fußwege,
– kurze Wege zu einer neuartigen Kabinenbahn,
– gut gemischte Sozialstruktur,

– niedrige Mieten,
– Tausende von grünen Bäumen, rote Ziegel – kein Beton.

Jeder lieferte seine Zutat zu einem Ideal.

Jeder lieferte im Rahmen der ihm gesetzten Grenzen seinen positiven Beitrag, so daß bei den Politikern und in der Öffentlichkeit der Eindruck entstand, nun würden alle Fehler bisheriger Siedlungsplanungen vermieden und demnächst eine Idealstadt entstehen.

Ich bin davon überzeugt, die Mehrzahl der Experten wußte, daß all die idealen Zielsetzungen, edlen Absichten und ehrgeizigen Planungen durch die späteren Sachzwänge der Technokratie und die Macht der finanziellen Knappheit Stück für Stück über Bord geworfen und scheibchenweise beschnitten werden würden.

Jeder, der etwas Durchblick hatte, mußte wissen, daß die ganze Aktion eine selbstgefällige L'art-pour-l'art-Veranstaltung war. Keiner war jedoch in seiner persönlichen Verantwortung für das Problem der Trabantenstadt als Ganzes angesprochen, jeder nur als »Fachidiot« innerhalb des ihm eng abgesteckten Bereichs.

Die Sucht, zu allem und jedem möglichst viele Experten verschiedener Fachrichtungen zu befragen, beschert uns zwar eine Inflation von Planungen, aber in der Regel keine besseren, sondern eher schlechtere Resultate in der gebauten Umwelt.

Die »Expertokratie«, wie sie Atteslander nennt, hat ihren Ursprung in dem Zustand der Verantwortungslosigkeit beziehungsweise in der nicht vorhandenen Verantwortungsbereitschaft. Verantwortung wird zwar delegiert, aber nicht an Personen, sondern an Namen und Titel, die jedoch in der Masse anderer Namen und Titel anonym bleiben und oft nur Alibifunktion haben.

Das Idealbild demokratischer Planung ist leider allzuoft nur ein Trugbild. Atteslander schreibt: »Zukunftsorientierte Planung ist bei den gegenwärtig vorherrschenden dezisionistischen politischen Entscheidungsstrukturen beinah undenkbar. Dezisionismus kann auf die Kurzformel gebracht werden: Fachmann untersuche, wir Politiker entscheiden. Wohl berufen sich die politischen Instanzen auf die ihnen vom Volk delegierte Verantwortung, sie sind aber nicht imstande, sich über die Grundlage ihrer Entscheidung ausreichend zu informieren. Die meisten Wissenschaftler wiederum sind in ihrer Fachoptik so verfangen, daß sie die politischen Konsequenzen ihrer Vorschläge in den seltensten Fällen in ihrer ganzen Tragweite zu überschauen vermögen. Wissenschaftliche Erkenntnis wird zu oft direkt in politische Macht verwandelt, bei gleichzeitiger Entmachtung der Wissenschaftler, die jeglichen Einfluß und jede Kontrolle über ihre Erfindung verlieren. Wir müßten diesen Zustand als ›Einstein-Syndrom‹ bezeichnen[4].«

Es sieht so aus, als würden Politiker Fragen stellen, die von Experten beantwortet werden, und als wären diese Antworten die Basis politischer Entscheidungen. In Wirklichkeit jedoch sind die beiden Antipoden – Forschung und Politik – auf vielfältige Weise miteinander verzahnt und in ihren Aktionen gegenseitig bedingt.

So klinisch steril kann keine Forschung arbeiten, daß sie unabhängig wäre von gesellschaftlichen Voraussetzungen bei der Wahl der Themen, der Gewichtung der Argumente und der Setzung von Präferenzen. Keine Forschung ist wertfrei. Jeder, der Forschung bezahlt, hat bestimmte Ziele. Und fast jeder Forscher bemüht sich, diesen Zielen Rechnung zu tragen.

Atteslander attackiert die verhängnisvolle Ansicht, Experte sei derjenige, der dafür sorgt, daß seine Vorhersagen möglichst häufig eintreten, und nennt die Expertokratie ein Musterbeispiel der sich selbst erfüllenden Prophezeihung.

Zielkonflikte

Städtebauliche und architektonische Planung bedeutet immer eine Auseinandersetzung mit Zielkonflikten; das liegt in der Natur der Sache. Diese Auseinandersetzung erfordert es aber, Teilziele zu relativieren, sie in Frage zu stellen und gegeneinander abzuwägen, mit anderen Worten: die einzelnen Zielsetzungen als Variablen der Planung zu handhaben. Die durch unsere Politiker initiierte Planungshandlung ist jedoch darauf ausgerichtet, diese Teilziele möglichst festzuschreiben und sie als unabdingbare Grundforderungen in jede neue Aufgabe der Stadtplanung einzubringen. Auf diese Weise wird hoheitliches Planungshandeln zum Selbstzweck, nicht orientiert an den notwendigen Problemlösungen, sondern selbst Probleme erzeugend.

Dies wird an einem Beispiel deutlich:
Im Jahre 1978 war ich Vorsitzender der Jury bei einem Architektenwettbewerb für die Neugestaltung des Friedrichsplatzes in Kassel. Es ging darum, den Platz, der durch eine stark befahrene Straße in zwei Teile zerschnitten ist, wieder zu reparieren. Die Stadtväter hatten die Vorstellung, den räumlichen Zusammenhang des Platzes herzustellen, indem die Straße unterhalb hindurchgeführt wird. Diese Maßnahme mußte zur Folge haben, daß die Straße in den beidseitig angrenzenden Bereichen rampenförmig einschneidet und damit diese Straßenräume stark beeinträchtigt. Um der großen Parkplatznot in der Innenstadt zu begegnen, bestand gleichzeitig der Wunsch, unterhalb des Platzes eine Tiefgarage mit ca. 2000 Einstellplätzen vorzusehen. Natürlich erzeugt dieses Parkplatzangebot zusätzliches Verkehrsaufkommen, das die ohnehin stark befahrene Straße weiter belastet. Um den sehr hohen Kostenaufwand für die Gesamtmaßnahme finanzieren zu können, wurde einer interessierten Kaufhausgesellschaft gegen Übernahme eines Teils der Kosten zugestanden, im Bereich des Friedrichsplatzes ein Kaufhaus zu erstellen. Da der historische und stadträumlich bedeutungsvolle Platz jedoch durch das Kaufhaus nicht gestört werden sollte, verfolgte man das Ziel, dieses Kaufhaus unterirdisch anzuordnen. Dieser Absicht standen allerdings erhebliche baurechtliche Bestimmungen entgegen. Darüber hinaus vertraten sowohl die Teilnehmer als auch die Preisrichter des

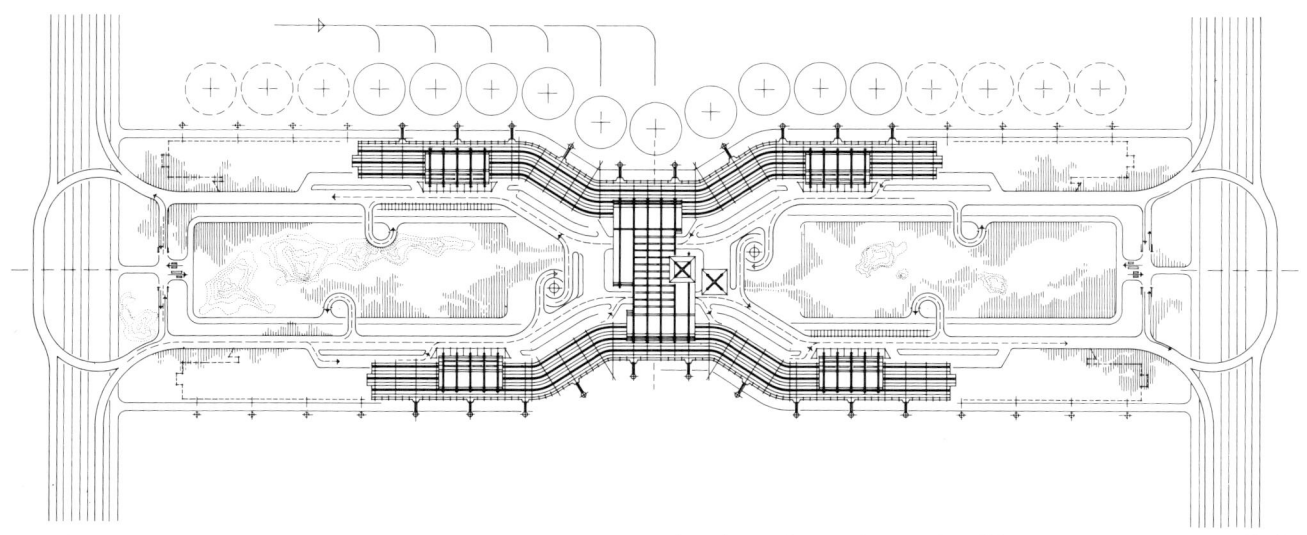

Programmentwurf für den Flughafen München II. Architekten: von Gerkan, Marg und Partner. Unrealistische Basisdaten über den Zuwachs des Luftverkehrs durften nicht in Frage gestellt werden. Die Experten hatten die bauliche Lösung zu liefern – für falsche Zielsetzungen.

Wettbewerbs den Standpunkt, daß die kulturelle Bedeutung des Friedrichsplatzes mit der nur oberflächlich zu kaschierenden Nutzung eines Kaufhauses schlecht in Übereinstimmung zu bringen wäre. Sie plädierten dafür, die Programmforderung eines Kaufhauses für den Wettbewerb in das Ermessen der Wettbewerbsteilnehmer zu stellen. Hierfür war jedoch keine Zustimmung der Politiker zu erlangen.

Alle Teilziele ergaben somit einen mehrfachen Zielkonflikt. Keines von ihnen wurde jedoch den planenden Architekten zur Disposition gestellt. Obgleich erkennbar war, daß die Unvereinbarkeit aller Teilziele keine sinnvolle Lösung zuließ, wurde in dem Wettbewerbsverfahren kein Freiraum zugestanden, um die einzelnen und konträren Zielsetzungen gegeneinander abzuwägen und für die Planung eigene Prioritäten zu entwickeln.

Erst die stundenlangen Diskussionen anhand der eingereichten Lösungen, die den Zielkonflikt offenbarten, bewirkten, daß das Kaufhaus als Programmbestandteil fallengelassen und die Anzahl der unterirdischen Parkplätze stark reduziert wurde.

Solange Planungen mit sich selbst in Konflikt stehen, werden sie Ursache für Konflikte darstellen und nicht dazu dienen, solche zu lösen. Fast jede Planung oder Forschung, die heute betrieben wird, ist darauf angelegt, Konflikte zu erzeugen, weil sie aus einem fachspezifischen Ressortdenken heraus Teilaspekte und Teilziele maximiert, Einzelwünsche hochschraubt, Ansprüche verfestigt und dabei die übergreifenden Wechselwirkungen außer acht läßt. Jeder Spezialist sichert seinen Fachsektor mit Forschungsergebnissen, Normen und, soweit möglich, gesetzlichen Bestimmungen ab. Das führt dazu, daß alle stadtplanerischen Konzeptionen auf einen unüberwindlichen Berg von Einzelanforderungen stoßen, die obendrein gegenseitig im Widerspruch zueinander stehen.

Ziele und Mittel im Mißverhältnis

In meiner eigenen Berufs- und Forschungsarbeit mußte ich die Erfahrung machen, daß Ziele und Mittel in einem eklatanten Mißverhältnis zueinander stehen. Die Wissenschaft wird dazu gebraucht, sich nahezu ausschließlich mit den Mitteln zu beschäftigen, wobei die Ziele, denen diese Mittel dienen sollen, fast willkürlich postuliert werden.

1968 wurde unser Büro mit der Ausarbeitung von Gutachtenentwürfen für den neuen Flughafen Hamburg-Kaltenkirchen beauftragt. Die Notwendigkeit eines solchen Großflughafens stand ebensowenig zur Disposition der gutachterlichen Ausarbeitung wie die Größe des Passagierterminals für zunächst acht und später dreißig Millionen Passagiere pro Jahr. Diese Bestimmungsgrößen waren aus den zurückliegenden Entwicklungen des Luftverkehrs linear extrapoliert worden in der fast selbstverständlichen Annahme unbegrenzten Wachstums. Der Bau des Flughafens wurde nach einem Kostenaufwand von mehreren Dutzend Millionen 1981 endgültig politisch liquidiert; das Passagieraufkommen beträgt 13 Jahre danach weniger als vier Millionen. Die gesamte Forschungsarbeit war nicht dem grundsätzlichen Ziel eines neuen Großflughafens gewidmet, sondern lediglich den Mitteln seiner funktionellen Ausstattung.

Sechs Jahre später, also 1974, erarbeiteten wir das Raum- und Funktionsprogramm für den Großflughafen München II, wiederum mit vorgegebenen Zielsetzungen, diesmal sogar für zwölf Millionen Passagiere im Erstzustand und sechzig Millionen für einen Endzustand – geradezu hypertrophe Größenordnungen.

Gemeinnutzen kontra Einzelnutzen

Jede Planung und jede bauliche Veränderung unserer Umwelt betreffen das Individualinteresse einzelner und das öffentliche Interesse der Gesamtheit zugleich. Planen bedeutet deswegen das Austragen von Interessenkonflikten und ist somit immer ein politischer Akt. Schon der private Wunschkatalog jedes einzelnen ist in sich widersprüchlich:

– Wohnen in der Innenstadt, aber möglichst mit Ausblick auf einen See,
– Komfort eines Bungalows mit eigenem Garten, aber möglichst ein Tante-Emma-Laden um die nächste Ecke,
– nicht mehr als drei Minuten bis zur nächsten U-Bahn-Station und zugleich maximal fünf Minuten zum Naturschutzgebiet,
– soziale Wohngemeinschaft für die Obhut der Kinder, jedoch zugleich Anonymität für kleine Liebesabenteuer,

– Schule, Kindergarten und Schwimmbad in direkter Nachbarschaft, aber Spielverbot vor dem eigenen Haus,
– Verdammung des Straßenbaus, aber Garagen für mindestens zwei Autos.

Abgesehen von der Unvereinbarkeit dieser Ziele, ist es offenkundig, daß nicht alle Interessen befriedigt werden können, weil die Summe aller Einzelinteressen einen unerfüllbaren Forderungsberg auftürmt.

Also welche Interessen? Oder wieviel von jedem Interesse?

Wenn nun aber die Nachfrage so viel größer ist als das Angebot, das unser Lebensraum zu bieten hat, bedarf es einer Verteilung. Tatsache ist, daß die Politik – gleichgültig ob links oder rechts – bis heute keine gerechte Verteilung dieser Mangelware »Umwelt« zuwege gebracht hat. Vielmehr werden die vorhandenen Interessengegensätze innerhalb der jeweiligen gesellschaftlichen Systeme nach unterschiedlichen Regeln ausgetragen:

– im Westen über Geld und Geschick,
– im Osten über Linientreue und Parteibuch,
– in manchem Teil der Dritten Welt nach den Launen eines Despoten,
– in den Köpfen von Sozialromantikern durch Bewußtseinsveränderung, die alle menschlichen Schwächen in einsichtige Nächstenliebe verwandeln soll.

Planung und Gestaltung der Umwelt bedeuten sozialökonomisch, das quantitativ und qualitativ stark unterschiedliche Gut »Umwelt« neu zu verteilen oder umzuverteilen. Es gibt keine Neu-, Um- oder Sanierungsplanung, die nicht irgend jemandes Interessen betrifft, in der Regel gerecht und ungerecht zugleich. Es gibt auch keine einvernehmlichen Planungsleitbilder, weil sich die Interessen der verschiedenen gesellschaftlichen Gruppen widersprechen. Es ist deswegen eine wesentliche Aufgabe der Politik, deutlich zu machen, daß jedes Einzelinteresse immer zu Lasten des Gemeininteresses geht und eine innere Wechselwirkung zwischen Eigennutz und Gemeinnutzen existiert. Deswegen ist es besonders fragwürdig, zügellosen Individualismus in der parteipolitischen Programmatik anzupreisen und damit Versprechungen abzugeben, deren Einlösung nur auf Kosten und zum Schaden des Gemeinnutzens möglich ist.

Der Verteilung des Gutes »Umwelt« sind besonders in unserem mitteleuropäischen Raum Grenzen gesetzt. Diese sind, je nach Einschätzung, entweder nahezu erreicht oder schon bei weitem überschritten, das heißt, unser Lebensraum ist bereits ausverkauft. Wenn wir uns aber kurz vor oder bereits jenseits der Grenze des noch frei disponiblen Umweltpotentials bewegen, so ist die Einsicht zwingend, daß jeder quantitative Zuwachs verfügbaren Lebensraumes die Qualität des psychischen Wohlbefindens beeinträchtigen muß. Deswegen ist es eine Fiktion zu glauben, es gäbe noch viel Spielraum für demokratische Entscheidungen über die Neuverteilung von Umwelt. Statt Neuverteilung, was konkret gesagt Zersiedelung und Verbauung von Landschaftsraum bedeutet, kann es bestenfalls eine Umverteilung des bereits verfügten Lebensraumes geben.

Die politische Verheißung von unbegrenztem Individualismus ist ebenso unangebracht und verantwortungslos wie die Inaussichtstellung der Chancengleichheit für alle. Durch gesteigerte Produktivität und Rationalisierung ist es zwar theoretisch denkbar, daß jeder Bürger eines Tages über ein Auto, ein Motorboot und einen Rasenmäher als persönliches Eigentum verfügt, es wird jedoch nicht möglich sein, den Lebensraum so zu verteilen, daß er alle seine Besitztümer auch adäquat benutzen und einsetzen kann.

Wenn eine Umverteilung des bereits verdisponierten Lebensraumes ohne schwerwiegende soziale Konflikte vonstatten gehen soll, ist es notwendig, die Qualität dieses Lebensraumes zu steigern und zu verbessern. Das bedeutet, die in den Städten vorhandenen ungenutzten oder schlecht genutzten, unterpriviligierten, veralteten und verfallenen Stadtquartiere durch Planungs- und Baumaßnahmen in der Qualität zu steigern – ein Grund mehr, die politischen Zielsetzungen der Planung auf Qualität und nicht auf Quantität zu orientieren.

Hierbei wird es notwendig sein, das Tabu des Privateigentums an Grund und Boden zu überwinden. Eine Reformierung des Bodenrechts ist allein deswegen unerläßlich, weil die private Verfügbarkeit des Bodens und die ungerechtfertigte Wertabschöpfung von Planungsgewinnen viel Unheil angerichtet haben und so mancher guten planerischen Absicht unüberwindlich im Wege gestanden sind. Die Einschränkung oder Abschaffung privater Verfügbarkeit des Bodens ist jedoch kein Allheilmittel, weil sich danach die Verteilungsprobleme lediglich mit anderen Spielregeln stellen.

Ein Blick über unsere östliche Grenze zeigt, daß die Parteizentrale anstelle von Unilever die Umwelt nicht lebensfreundlicher gemacht hat.

Die Verführungen der Technik

Bedingungen der Produktion

Fränkisches Dorfbild. Trotz Vielfalt des Details erzeugen die Bedingungen des Materials – Holz und Ziegelsteine – eine übergreifende Einheit.

Chaos und Monotonie

Bei einem Fachwerkhaus aus dem vorigen Jahrhundert waren die Gestaltungskomponenten von den Bedingungen des Materials selbst vorbestimmt. Holzbalken und Ziegelsteine begrenzten durch ihre Tragfähigkeit die Dimension der Gebäude und legten durch die Gesetzmäßigkeiten ihrer sinnvollen Konstruktion sowohl die Proportion des Gebäudes als auch seine Gesamtform fest. Das Material trat mit seinen natürlichen Eigenschaften in der Textur und in der Farbe des Gebäudes hervor. Alle Variablen der Gestaltung standen also in starker Abhängigkeit zueinander. Die innere Bedingtheit von Dimension, Proportion, Material, Konstruktion, Farbe und Form zeigte sich nach außen in einer identischen Gestalt. Auf diese Weise war trotz aller baukünstlerischen Freiheit in der Detailausbildung nicht nur die Gesamtgestalt eines Bauwerks einer inneren Logik unterworfen, sondern auch das Ensemble mehrerer Gebäude in einem städtischen Gefüge unterlag gemeinsam den gleichen Gesetzmäßigkeiten. Infolgedessen entstand eine übergreifende gestalterische Einheit, die sich mit der Vielfalt der formalen Interpretation jedes einzelnen Gebäudes zu einer ausgewogenen Harmonie zusammenfügte.

Die heute zur Verfügung stehenden Baumaterialien und -techniken sind jedoch diesen Bedingungen nicht mehr unterworfen. Stahl und Stahlbeton erlauben fast jede beliebige Dimension und ein großes Spektrum von einfachen bis zu komplizier-

Die fehlende innere Bindung der Gestaltungskomponenten zeigt sich allzu oft nach außen in Zufälligkeit, willkürlichen Arrangements und einer Beziehungslosigkeit der Bauten zueinander. Unsere Städte sind zunehmend durch chaotische Heterogenität von Formen, Materialien und Farben geprägt.

Die Technologie hat aber auch Voraussetzungen zu einer anderen städtebaulichen Verunstaltung geschaffen: die Möglichkeit, Bauten in großen Serien und unmenschlichen Dimensionen zu produzieren und phantasielos zu addieren.

Die Technologien der Werkstoffe und der Konstruktionen haben unserer gebauten Umwelt einen Maßstab verliehen, der zunehmend in Widerspruch zum Maßstab des Menschen gerät: serielle Reihung in vertikaler wie in horizontaler Richtung, Megastrukturen, proportionslose Räume.

Ziele, die wir gar nicht wollen

Wir alle wissen, daß der Technologie eine beängstigende Eigengesetzlichkeit innewohnt, daß Technostrukturen Ziele produzieren, die nicht die unseren sind. Man denke an den Grad unserer Motorisierung und die damit verbundenen Schäden für unseren Lebensraum und frage sich: Ist das ein gesellschaftliches Ziel, oder wurde das Ziel durch die technische Entwicklung selbst erzeugt? Angesichts dieser Erkenntnis fragt man sich, ob metabolistische Strukturen, Unterwasserstädte, Klimazelte in der Arktis und dergleichen erstrebenswerte Ziele oder nur technische Möglichkeiten sind, die über ihre Eigengesetzlichkeit erst zu Zielen werden. Wenn uns die Technik neue Möglichkeiten eröffnet, sind wir allzu schnell bereit, darüber nachzudenken, wie wir diese technischen Möglichkeiten einsetzen können, ohne zuvor zu fragen, ob der Einsatz überhaupt sinnvoll ist.

Die unermeßlichen Anwendungsmöglichkeiten der Technik sind durch eine weitgehende Fachspezialisierung des menschlichen Tuns zustande gekom-

Energiezentrale Berlin-Tegel. Architekten: von Gerkan, Marg und Partner. Fassadenhaut aus farbigen Blechtafeln – ein gestalterisches Mittel, um trotz unterschiedlicher Konstruktionen aus Stahl und Beton Einheitlichkeit zu erzeugen.

ten Konstruktionen. Das in Erscheinung tretende Material ist nicht mehr zwingend identisch mit dem Werkstoff der Konstruktion. Aluminium, Blech, Asbestzement, Glas, Kunststoffe in jeder Proportion und fast beliebigen Abmessungen können die Konstruktion eines Bauwerks verkleiden und ihm eine Form geben, die von den Bedingungen des konstruktiven Materials vollkommen losgelöst ist. Auch die farbliche Erscheinung eines Gebäudes ist gleichermaßen unabhängig vom Material, da die Chemie inzwischen wetter- und lichtbeständige Lacke liefert. Selbst Glasflächen sind durch Bedampfung in Gold-, Blau-, Silber- und Bronzetönen zu haben. Jede einzelne Gestaltungskomponente eines Bauwerks ist damit unabhängig von den übrigen. Dadurch hat sich aber nicht nur die Zahl der Gestaltungskomponenten vervielfacht, diese können auch fast beliebig zu einem Bauwerksmosaik zusammengefügt werden.

Innenstadt Frankfurt.
Chaotische
Heterogenität von
Formen, Materialien
und Farben.

Olympisches »Dorf«,
München.
Monotonie durch
serielle Reihung
gleicher Elemente.

Vertikale Stadt,
Montreal.
Architekt:
Peter Cook.
Sind unsere
technischen
Möglichkeiten
erstrebenswerte
Ziele?

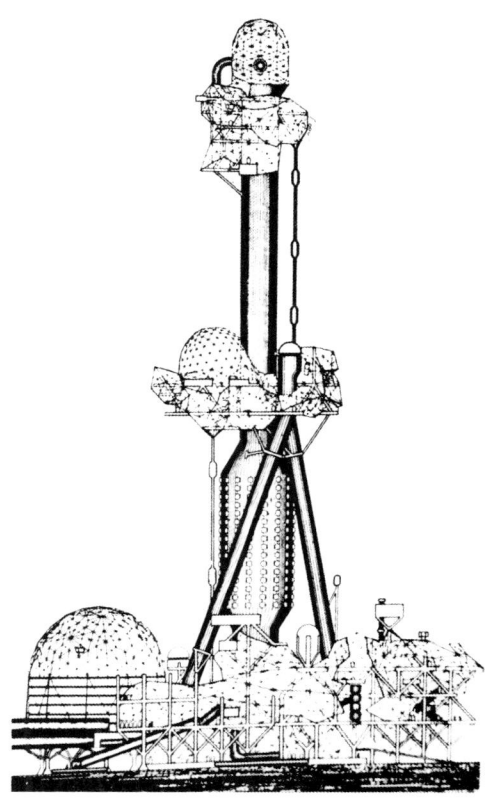

men. Diese Einseitigkeit hat die gesellschaftlichen Zusammenhänge aus dem Blickfeld geraten lassen.

Um sich die Bedeutung der Technik als Verführerin zur Verunstaltung unserer Umwelt zu vergegenwärtigen, betrachte man vergleichsweise eine Stadt der arabischen Halbinsel, Sanaá: Lehmziegel aus dem eigenen Boden und Rohrmatten stellen das Material dar. Konstruktion und Dimension sind durch das Material eindeutig bestimmt, ebenso Form und Farbe. Wohnhäuser und öffentliche Gebäude bilden eine harmonische Geschlossenheit, die sich fast selbstverständlich ergibt und maßstäblich in die Landschaft einfügt.

Gesellschaftliche Entwicklungen kann man nicht zurückdrehen. Deswegen ist es unsinnig, die Technologie zu verdammen und ihr die Schuld an der Verunstaltung unseres Lebensraumes anzulasten. Wir haben die freie Entscheidung, die Technik zum

Guten wie zum Schlechten einzusetzen. Wir haben die Chance, durch unsere Vernunft das, was wir können, und das, was wir wollen, in eine Synthese zu bringen, also die technischen Möglichkeiten gesellschaftlichen Zielsetzungen unterzuordnen.

Bisher hat es jedoch fast keine gesellschaftlichen Zielsetzungen für die Gestaltung unserer Umwelt gegeben. Wir haben in einem Rausch der Quantitäten alle technischen Möglichkeiten unreflektiert genutzt und wahllos eingesetzt und damit unsere Umwelt und einen großen Teil der Zukunft verbaut. Wir haben die Technik sogar zu immer neuen Kreationen, zur Erfindung neuer Werkstoffe, zur Konstruktion neuer Maschinen für rationellere Herstellungstechniken ermuntert und provoziert. Wir haben aber auch, und dieser Vorwurf richtet sich vornehmlich gegen die Architekten, es an der sinnvollen Symbiose zwischen Phantasie und Disziplin fehlen lassen. Architekten haben Pläne für geistlose Wohnhauskisten, die am Fließband produziert werden, ebenso gezeichnet, wie sie im Überschwang vermeintlicher künstlerischer Freiheit neue Konstruktionstechniken und neue Baustoffe zu architektonischen Karnevalsveranstaltungen arrondiert haben.

Der ideologische Hintergrund

Um zu ermessen, welche Erwartungen und Verheißungen an die Möglichkeiten der Technik geknüpft wurden, ist es interessant, in den Schriften der ideologischen Propheten und Großmeister der modernen Architektur nachzulesen, die zum Beginn des Jahrhunderts entstanden sind.

Antonio Sant'Elia schreibt im Jahre 1914 im Katalog zu seiner Ausstellung in Mailand: »Die Berechnung der Materialfestigkeit, die Verwendung von Eisenbeton und Eisen machen eine Architektur im klassischen und herkömmlichen Sinn unmöglich. Die neuen Baumaterialien und unsere wissenschaftlichen Begriffe sind mit der Disziplin der historischen Stile nicht in Einklang zu bringen.

Lehmhäuser in Sanaá, Jemen.
Harmonie durch die Begrenztheit der technischen Möglichkeiten.

Bürohaus in Buxtehude.
Die Eigenschaften neuer Werkstoffe verführen zu unbegründeten Konstruktionen.

Stadt der Zukunft.
Architekt:
Antonio Sant' Elia
(1914).

Wir müssen die futuristische Stadt erfinden und erbauen – sie muß einer großen, lärmenden Werft gleichen und in allen ihren Teilen flink, beweglich, dynamisch sein; das futuristische Haus muß wie eine riesige Maschine sein. Die überflüssig gewordenen Treppen müssen verschwinden, und die Aufzüge sollen sich wie Schlangen aus Eisen und Glas emporwinden. Das Haus aus Beton, aus Glas und Eisen, ohne Malerei und ohne Verzierung, reich allein durch die Schönheit seiner Linien und Formen, außerordentlich ›häßlich‹ durch seine mechanische Einfachheit, in seiner Höhe und Breite nach den Vorschriften des städtischen Gesetzes bemessen, soll sich über dem Geheul eines lärmenden Abgrundes erheben: über der Straße, die sich nicht mehr wie eine Fußmatte vor der Portierloge ausbreitet, sondern sich um einige Stockwerke unter die Erdoberfläche senkt, diese Stockwerke nehmen den städtischen Verkehr auf und sind miteinander durch Metallstege und durch Rolltreppen mit hoher Geschwindigkeit verbunden.

Das Dekorative muß verschwinden.

Es ist Zeit, die traurige ›Gedächtnisarchitektur‹ abzuschaffen. Wir wollen Monumente, Bürgersteige, Säulengänge, breite Treppen entfernen, Straßen und Plätze in die Tiefe verlegen, das Niveau der Stadt erhöhen, und ich erkläre, daß die futuristische Architektur die Architektur der Berechnung, der verwegenen Kühnheit und der Einfachheit ist, daß sie die Architektur des Eisenbetons, des Eisens, des Glases, des Kartons, der Textilfaser ist – kurz, aller jener Ersatzstoffe für Holz, Stein und Ziegel, die höchste Elastizität und Leichtigkeit ermöglichen; daß die Dekoration – als etwas, was zusätzlich an der Architektur angebracht oder darübergelegt wird – etwas Absurdes ist und daß allein von der ursprünglichen Anordnung des Rohmaterials, unverfälscht oder lebhaft gefärbt, der dekorative Wert der futuristischen Architektur abhängt[9].«

Mies van der Rohe fordert 1924 eine grundlegende Umgestaltung des gesamten Bauwesens und schreibt: »Gelingt es uns, diese Industrialisierung durchzuführen, dann werden sich die sozialen, wirtschaftlichen, technischen und auch künstlerischen Fragen leicht lösen lassen, deshalb ist die Forderung nach einem neuen Baumaterial erste Voraussetzung[10].«

In der Zeitschrift *ABC* verherrlichen Hans Schmidt und Mart Stam 1928 die Maschine und ihre ungeahnten Möglichkeiten der bautechnischen Produktion; sie verherrlichen die Diktatur der Maschine als ein anzustrebendes Ziel[11].

Auch Le Corbusier verschreibt sich der Gläubigkeit an die Technologie, wenn er in seinen Leitsätzen *Kommende Baukunst* 1920 (deutsch 1926) sagt: »Ein großes Zeitalter ist angebrochen. Ein neuer Geist ist in der Welt. Die Industrie, ungestüm wie ein Fluß, der seiner Bestimmung zustrebt, bringt uns die neuen Hilfsmittel, die unserer von dem neuen Geist erfüllten Epoche entsprechen . . . Die Großindustrie muß sich des Bauens annehmen und die einzelnen Bauelemente serienmäßig herstellen. Es gilt, die geistigen Voraussetzungen für den Serienbau zu schaffen. Die geistigen Voraussetzungen für die Herstellung von Häusern im Serienbau. Die geistigen Voraussetzungen für das Bewohnen von Serienhäusern. Die geistige Voraussetzung für den Entwurf von Serienhäusern. Wenn man aus seinem Herzen und Geist die stark gewordenen Vorstellungen vom Haus reißt, und die Frage von einem kritischen und sachlichen Standpunkt aus ins Auge faßt, dann kommt man zwangsläufig zum Haus als Werkzeug, zum Typenhaus, das gesund ist und ebenso schön wie die Werkzeuge der Arbeit, die unser Dasein begleiten, schön außerdem dank der Beseelung, die künstlerischer Sinn strengen und reinen Werkzeugen vermitteln kann[12].«

So hoffnungsfroh, mit geradezu missionarischer Überzeugungskraft, können sich Ideologien gebärden. Genauso schnell können sie sich aber auch in ihr Gegenteil verkehren.

Grenzen industrieller Bauproduktion

Obgleich seit über 70 Jahren eine Industrialisierung des Bauens gefordert wird und Hunderte von Programmen, Forschungen und Entwicklungen betrieben wurden, hat sich bis heute die industrielle Herstellung von Häusern nicht durchgesetzt. Immer wieder wird dafür die Unfähigkeit der Bauindustrie verantwortlich gemacht und beklagt, daß für Forschungsvorhaben des industriellen Bauens zu wenig Mittel bereitgestellt werden.

Da die Industrie in allen Bereichen – auch solchen, die von der Bedeutung und dem potentiellen wirtschaftlichen Nutzen her weitaus uninteressanter sind – mehr oder weniger aus eigener Kraft Wege und Möglichkeiten zur industriellen Produktion gefunden hat, wäre ihr dies auch beim Bauen gelungen.

Die Ursachen liegen aber weder in der Trägheit der Bauindustrie noch im Mangel an Bauforschung, sondern sind in den Gesetzmäßigkeiten des Bauens und der Architektur selbst begründet (siehe »Kosten der Produktion«, S. 49).

Die einzigen Produkte des Bauens in Deutschland, die wirklich in größeren Serien gefertigt werden, sind Fertiggaragen, die einschließlich Kipptor auf einem Tieflader zu ihrem Standort transportiert werden.

Die Industrialisierung im Bauwesen hat auf eine andere Weise Platz ergriffen als bei den Konsumgütern, wo jeweils das fertige Gesamtprodukt industriell hergestellt wird. Sie betrifft die einzelnen Elemente, aus denen ein Bauwerk zusammengefügt wird. Deswegen spricht man gemeinhin auch von industrieller Vorfertigung. Dies gilt im besonderen Maße für alle Teile des Ausbaus: Fenster, Türen, Fußbodenbeläge, abgehängte Decken, Fassadenverkleidungen, Dacheindeckungen und fast die gesamte haustechnische Ausstattung.

Aber auch Elemente der Konstruktion werden industriell vorgefertigt. Bei Stahlkonstruktionen, die aus Normprofilen montiert werden, war dies bereits im vorigen Jahrhundert üblich. Die einzelnen Stahlbauteile wurden in der Werkstatt zugeschnitten, verschweißt, gebohrt und aufbereitet, um dann an der Baustelle lediglich in einer Endmontage zum konstruktiven Gerüst zusammengefügt zu werden.

Ähnlicher Methoden bedient man sich auch bei der Fertigung von Stahlbeton-Fertigteilen, die jedoch nicht als Normprofile auf Lager produziert, sondern für die spezifischen Anforderungen eines Bauwerks hergestellt, dann zur Baustelle transportiert und dort montiert werden. Da hier das Transportproblem eine wesentliche Kostenkomponente darstellt, ist es oftmals sinnvoll, in der Nähe einer größeren Baustelle eine Feldfabrik einzurichten, in der diese Teile maschinell hergestellt werden.

Da es trotz großer Bemühungen bis heute nicht gelungen ist, ein einheitliches System der Standardisierung und maßlichen Normierung aller Teile zu erreichen, werden nach wie vor auf jeder Baustelle die industriellen Halbprodukte handwerklich verarbeitet und für den spezifischen Verwendungszweck zugerichtet.

Die Schwierigkeiten der maßlichen Normierung lie-

Ein amerikanisches Fertighaus wird mit dem Hubschrauber eingeflogen.

gen in den sehr komplexen Anforderungen, die bei jedem Bau anders beschaffen sind. Sie resultieren aber auch aus den Eigenschaften der Baustoffe selbst, die hinsichtlich Standfestigkeit, Wärmedämmung, Schallisolierung, Feuerbeständigkeit, Lichtdurchlässigkeit usw. jeweils eigenen Bedingungen unterworfen sind. Die idealistische Vorstellung, sämtliche Produkte der Baustoffindustrie wie aus einem Stabilbaukasten miteinander kombinieren und gegeneinander austauschen zu können, ohne sie handwerklich bearbeiten zu müssen, wird wohl auch in der Zukunft eine Fiktion bleiben.

Ein wesentlicher Unterschied zwischen der industriellen Produktion von Konsumgütern und dem industriellen Bauen besteht vor allem darin, daß Konsumgüter zunächst produziert werden, um dann über ein Vertriebssystem einen Käufer zu finden, Bauten jedoch in aller Regel nur auf Bestellung eines Abnehmers hergestellt werden. Die Vorstellung, daß auch beim Bauen eine Art Vorratsproduktion erfolgt, die sich erst im nachhinein über ein Vertriebssystem die Abnehmer sucht, eröffnet keine sehr erfreulichen Perspektiven für die gestalterische Qualität unseres Lebensraumes.

Die Bundeshauptstadt Bonn bietet dafür ein lehrreiches Anschauungsbeispiel. Im Vertrauen auf die Parkinsonschen Gesetzmäßigkeiten unserer bürokratischen Verwaltungen haben dort clevere Investoren Bürohäuser auf Vorrat gebaut und sie zu Höchstmieten dem ständig wachsenden Raumbedarf der Ministerien angedient, bevor diese zu einer übergeordneten eigenen Planungsaktivität kamen. Entsprechend trostlos und städtebaulich ungeordnet sieht das Bonner Regierungsviertel aus.

Im Gegensatz zu den immobilen Häusern, die an einen bestimmten Ort gebunden sind, werden mobile Behausungen – Wohnwagen – sehr wohl als industrielle Endprodukte hergestellt und in großer Zahl und gleicher Ausführung verkauft. Die Tatsache, daß sie nicht die jeweils spezifischen Bedingungen eines Ortes,
– die Beschaffenheit des Geländes,
– den Zuschnitt des Grundstücks,
– die Beziehung zur Nachbarschaft,
– die Orientierung zu einer Himmelsrichtung und
– die klimatischen Bedingungen
zu berücksichtigen, sondern lediglich die Anforderungen des Verkehrs zu erfüllen haben, bewirkt, daß die nahezu unendliche Vielfalt unterschiedlicher Lösungen weitgehend eingeschränkt wird. Diese Einschränkung erst schafft die Voraussetzung dafür, daß einige wenige Wohnwagenmodelle, die sich lediglich in Details und in der Gestaltung unterscheiden, in größerer Stückzahl als Serienprodukte auf dem Markt abgesetzt werden können.

Die Industrialisierung des Bauens wird, sofern sie aufgrund neuer Technologien überhaupt noch wesentliche Fortschritte macht, immer ein zweischneidiges Schwert bleiben. Einerseits gilt es, wegen der ständig steigenden Lohnkosten beim Bauen Arbeitszeit einzusparen, um durch diese Rationalisierung die Baukosten einigermaßen der Entwicklung der Kosten von Industriegütern anzupassen. Dies dient dazu, die Befriedigung der Wohnbedürfnisse für alle Einkommensschichten erschwinglich zu machen und die Ausuferung von Subventionen, Mietzuschüssen und indirekten Sozialleistungen einzudämmen. Andererseits muß es aber ein vorrangiges Ziel bleiben, Rationalisierung nicht durch einen weitergehenden Verlust an Qualität unserer gebauten Umwelt zu erkaufen. Architektur hat eine andere gesellschaftliche Wertstellung als das Konsumgut.

Gefahren neuer Baustoffe und Bauweisen

Erst in jüngster Zeit tauchen vermehrt Bedenken gegen neue Baustoffe und Bauweisen auf. Die Forschungsergebnisse über die Gesundheitsschädlichkeit von Stahlbeton, Holzspanplatten und einigen Kunststoffen sind zwar noch umstritten, aber es steht außer Zweifel, daß die verstärkte Verwendung künstlicher und synthetischer Materialien nicht ohne Nebenwirkungen auf das physische und psychische Wohlbefinden der Menschen bleibt. Es gibt ernstzunehmende Meinungen, die von schwerwiegenden und nachhaltigen Schäden sprechen. Der vielseitig verwendbare und preiswerte Asbestzement darf in einigen Bundesländern bei öffentlichen Bauten bereits nicht mehr eingebaut werden, weil die Schädlichkeit der Staubpartikel, die bei der Verarbeitung in die Atemwege gelangen, als erwiesen gilt.

Bei einigen häufig eingesetzten Baustoffen wurden erhöhte radioaktive Abstrahlungen festgestellt.

Technisch perfekte und hermetisch dicht schließende Fenster vermindern zwar den Energieverlust, verhindern aber gleichzeitig den sinnvollen permanenten Luftaustausch.

Eingefärbte oder verspiegelte Sonnenschutzgläser reduzieren zwar die Wärmeeinstrahlung, schirmen aber gleichzeitig Strahlungsanteile des Sonnenlichts ab, die für den Menschen wichtig sind.

So beachtlich die vielfältige Produktion neuer Baustoffe unter technologischen Gesichtspunkten auch sein mag, so bedenklich ist sie unter biologischen Aspekten.

Disziplinierung der Phantasie

Den Verführungen, denen wir durch die technische Entwicklung neuer Baustoffe und Baukonstruktionen ausgesetzt sind, müssen wir mit einer Disziplin widerstehen, die uns durch sinnvolle gesellschaftliche Zielsetzungen auferlegt wird. Wir dürfen nicht einfach das bauen, was wir aufgrund unseres zivilisatorischen Fortschritts bauen können, sondern müssen das bauen, was nach humanen Zielsetzungen sinnvoll ist. Wir dürfen unsere Phantasie nicht dafür einsetzen, ziellos und willkürlich mit den technischen Möglichkeiten zu spielen und sie um ihrer selbst willen auszuschöpfen – Neuartigkeit und Originalität per se anzustreben ohne Rücksicht auf Sinn und inhaltliche Bestimmung der jeweiligen Bauaufgabe und ohne Rücksichtnahme auf die bestehende Umgebung.

Die nahezu unbegrenzten Möglichkeiten, Baustoffe

Waldorfschule,
Stuttgart.
Architekten:
Johannes Billing,
Jens Peters, Nikolaus
Ruff.
Beim reinen
Betonbau drückt sich
die schöpferische Idee
unmittelbar in der
Form des Rohbaus
aus: werkstoffgerechte
Gestaltung mit hoher
Qualität.

Versöhnungskirche
in Dachau.
Architekt:
Helmut Striffler.
Kreatives Können
zeigt sich in
der Beschränkung
und durch
bescheidenen
Einsatz der
Werkstoffe.

Untertunnelung einer
Flugzeugrollbahn,
Berlin-Tegel.
Architekten:
von Gerkan, Marg
und Partner.
Beton bietet größte
gestalterische Freiheit
und zwingt zu
formaler
Disziplin.

frei zu wählen und mit deren Eigenschaften willkürliche Bauformen zu erfinden, zwingen uns zur Selbstbeschränkung. Dies gilt besonders für Stahlbeton, einen Baustoff, der neue Dimensionen des Bauens erschlossen und die gestalterischen Möglichkeiten potenziert hat – ein Material, von dem ungeheure Faszination ausgeht, mit dem aber auch große Häßlichkeit produziert wurde; ein Baustoff, der wegen seiner fast unbegrenzten konstruktiven und gestalterischen Möglichkeiten zu Mißbrauch und ungezügelter Willkür verführt.

Es gibt kein Material, das grundsätzlich häßlich wäre. Jedes Material, von den Händen eines Berufenen gestaltet, kann am rechten Platz schön sein, aber auch das wertvollste kann bei falscher Anwendung deplaziert wirken. Jeder Inhalt ist an eine Form gebunden. Es gibt keine Form, hinter der sich nicht Inhalt verbirgt. Und beide, Form und Inhalt, bedürfen des Materials, in dem sie sich ausdrükken.

Bei den meisten Baustoffen ist die Form nur bedingt frei wählbar – nicht so beim Beton, weil dieser in seinem Urzustand formlos ist. Aus seinem flüssigen Zustand gewinnt der Rohstoff seine endgültige Gestalt erst in der Form, in der er erhärtet. Damit fallen Materialentstehung und Formentstehung zusammen. Beim reinen Betonbau drückt sich die schöpferische Idee unmittelbar in der Form des Rohbaus und in seiner konstruktiven Substanz aus. Die Freiheit in der Wahl der Form birgt jedoch die Gefahr der Virtuosität. Dabei stört es den Virtuosen oft nicht, daß er einer Sache eine Form aufzwingt, die ihrem Wesen eigentlich fremd und feindlich ist. Je schwerer die technische Aufgabe, desto willkommener erscheint sie ihm. Sein Ziel ist es, das unfehlbare persönliche Können zu beweisen, seinen Triumph über den Stoff bewundern zu lassen. Die Freiheit der Formenwahl macht diese Gefahren beim Beton besonders groß. Um so notwendiger ist eine disziplinierte Beschränkung. Kreatives Können erweist sich nicht in der Ausschöpfung aller technischen Möglichkeiten, sie zeigt

sich eher in der Beschränkung und durch bescheidenen Einsatz der Werkstoffe.

Viele Architekturstudenten neigen in ihren ersten Entwürfen dazu, sich aller sinnvollen Bindungen zu entledigen und möglichst originelle Formen zu erfinden. Sie glauben, beim Entwerfen von Architektur sei Phantasie das Wichtigste, und halten das für besonders phantasievoll, was möglichst ausgefallen ist. Diese Auffassung von Architektur ist leider auch bei vielen in der Praxis tätigen Architekten verbreitet. Gute Architektur ist jedoch immer dadurch gekennzeichnet, daß Phantasie und Disziplin in einem ausgewogenen Gleichmaß zueinander stehen. Zuviel Phantasie im falsch verstandenen Sinne führt zu chaotischer Vielfalt, zuviel Disziplin zu einfältiger Langeweile. Die Qualität guter Gestaltung ist immer das Produkt aus der Einheit im Ganzen und seiner Vielfalt in den Teilen.

Neue Werkstoffe verführen zu haltloser Virtuosität.

Stadthauszeile in Hamburg.
Architekten:
von Gerkan, Marg und Partner.
Entwurfsziel war:
Einheit im Ganzen,
Vielfalt in den Teilen.

Die bösen Folgen der guten Absichten

Rechtliche Bedingungen

Die hoheitliche Reglementierung des Bauens durch den Staat dient vornehmlich zwei Zielen:
- der Sicherung und Begrenzung der Interessen des einzelnen gegenüber den Interessen der Allgemeinheit;
- der Festlegung von Baustandards, besonders solchen der Sicherheit, die den einzelnen gegen die Unwissenheit oder Leichtfertigkeit der planenden Architekten und Ingenieure schützen sollen.

Sinn des öffentlichen Baurechts ist es also, Gefahren für die öffentliche Sicherheit wie für den einzelnen abzuwehren und das bauliche Geschehen insgesamt zu ordnen – eine hoheitliche Aufgabe, die als Baupolizeirecht ein Kontrollmandat ausübt. Dieses wird von den staatlichen Bauverwaltungen wahrgenommen. Deren Kompetenz ist jedoch mittlerweile beträchtlich ausgeweitet worden und umfaßt Reglementierungen, die sich auch auf die Ökonomie des Bauens, auf Fenstergrößen, Energieverbrauch bis zu detaillierten Gestaltungsvorschriften erstrecken.

Um Gesetze, die sehr abstrakt und wenig auf konkrete Fälle bezogen sind, für die bürokratische Handhabung operabel zu machen, traten Richtlinien, Ministerialerlasse und ähnliches hinzu. Daraus entstand ein unüberschaubares und teilweise widersprüchliches Dickicht von Gesetzesvorschriften und dazugehörigen Durchführungsbestimmungen.

»Die bösen Folgen des Willens zum Guten« hat Gerhard Szczesny ein Kapitel seines Buches *Das sogenannte Gute* überschrieben. Darin stellt er fest, daß in der ganzen Menschheitsgeschichte eine Diskrepanz zwischen den von Religionsstiftern, Philosophen und Staatsmännern postulierten Idealen und der durch diese Ideale bewirkten Realität anzutreffen ist: »Es gibt kaum Menschen, die nicht das Gute wollen. Das meiste Übel in dieser Welt ist nicht auf böse Absichten, sondern die bösen Folgen eines unbegrenzten Willens zum Guten zurückzuführen[13].«

Mit dem gleichen Phänomen haben wir es auch bei unseren Baugesetzen und Verordnungen zu tun. W. M. Bunsmann hat es mit anderen Worten ausgedrückt: »Baugesetze, Verordnungen, Richtlinien, Normen, Genehmigungsverfahren und Bauämter wurden einst erfunden, um das Leben vor dem Bauen zu schützen. Heute dagegen verhindern sie oft, was sie schützen sollten: das Leben. Sie schreiben Gestalt vor, verbieten neue Lösungen, entmutigen den Fortschritt, begünstigen Trivialität, befehlen Verschwendung. Nicht von der Fürsorge des Staates reden die vielen Vorschriften, sondern von der Angst der Verordnungsgeber vor jedem Wagnis[14].«

Um Mißverständnissen vorzubeugen, betone ich, daß ich Baugesetze für unerläßlich halte, weil unser städtischer Lebensraum gleichermaßen einer Ordnungsfunktion bedarf, wie ihn die Verkehrspolizei beim Straßenverkehr ausübt. Nicht die Notwendigkeit von Baugesetzen will ich kritisch erörtern, sondern zwei Phänomene, denen ich zuschreibe, daß sich die guten Absichten in böse Folgen verwandeln.

Fraktionierung in Teilprobleme

Das Hauptproblem liegt in dem Charakter von Gesetzen und Vorschriften selbst begründet. Ziel jedes Juristen ist es, Gesetze so eindeutig wie nur möglich abzufassen und sie gleichzeitig so allgemein wie möglich zu halten, um sicherzustellen, daß sie für möglichst viele Anwendungsfälle Gültigkeit haben und keinen Spielraum zu unterschiedlicher Interpretation lassen. Dies hat zur Folge, daß der sehr komplexe Zusammenhang, den Architektur nun einmal darstellt, in Teilaspekte zerlegt wird. Diese solchermaßen fraktionierten Teilkomponenten der Architektur werden sodann in Vorschriften und Gesetzen reglementiert. Alle Verordnungen beziehen sich also immer nur auf Teilaspekte. Sie dividieren ein einheitliches Ganzes in seine Teile und schreiben vornehmlich diejenigen Teile, die meßbar sind, fest. Der entscheidende Mangel besteht darin, daß die innere Wechselwirkung der verschiedenen Komponenten in der Architektur dabei zu kurz kommt.

In der Medizin spricht man von Nebenwirkungen, die ein Medikament erzeugt, welches für die Therapie eines bestimmten Krankheitssymptoms vorgesehen ist. Die Kunst eines guten Arztes besteht darin, diese Nebenwirkungen zu berücksichtigen und den Menschen sowohl physisch als auch psychisch als Gesamtheit bei seiner Heilmethode zu sehen und nicht jedes einzelne Krankheitssymptom losgelöst von den Nebenwirkungen mit einem Medikament zu bekämpfen. Was den Ärzten möglich ist, weil es keine Gesetze gibt, die ihnen vorschreiben, wie sie eine bestimmte Krankheit zu behandeln haben, ist Architekten versagt, weil sie nur sehr bedingt aus übergeordneten Zusammenhängen planen können und in übertriebenem Maße vorgeschrieben bekommen, wie Teilsymptome der Architektur zu behandeln sind.

Zwei Beispiele machen dies deutlich:

1. Die Anordnung der Häuser, die in den letzten 30 Jahren entstanden sind, wird maßgeblich von einer einzigen gesetzlichen Regelung bestimmt: der Ab-

Wohnquartier in Bern.
Erdrückende Langeweile als Folge der hygienischen Abstandsregeln.

Straßenszene in Vicenza.
Enge Straßenräume als Zonen menschlicher Begegnung sind durch moderne Hygienevorschriften verboten.
Nebenwirkung einer guten Absicht.

standsregel. In jeder Bauordnung ist dezidiert festgelegt, welchen Abstand Häuser voneinander einhalten müssen. Für Wohnbauten gilt fast durchweg die sogenannte 2 H-Regelung, das heißt, zwei Häuser müssen untereinander einen Abstand halten, der das Zweifache ihrer Höhe beträgt. Diese Vorschrift ist hinsichtlich hygienischer Aspekte durchaus sinnvoll, allgemein anwendbar und, da sie keine unterschiedlichen Interpretationen zuläßt, sehr praktikabel. Sie betrifft jedoch nur einen Teilaspekt, den der Hygiene, und läßt alle anderen damit verbundenen Nebenwirkungen außer acht. Die Abstandsvorschriften sind sicher in der guten Absicht einer Therapie gegen Hinterhöfe und Lichtschächte entstanden. Das steht außer Frage; das Problem liegt jedoch in den Nebenwirkungen.

Die Abstandsvorschriften haben im Städtebau zu einer erdrückenden Monotonie und gleichförmigen Langeweile geführt, weil alle Häuser in einem gleichen Abstand zueinander angeordnet wurden, immer nach der Maßgabe eines maximalen Gewinns an Licht, Luft und Sonne für jede einzelne Wohnung. Damit ging alle räumliche Spannung im städtischen Raum verloren: der von uns heute besonders geschätzte Wechsel enger Gassen gegenüber großen Platzaufweitungen in mittelalterlichen Städten gleichermaßen wie jede städtische Maßstäblichkeit, die auf den Menschen als Fußgänger bezogen ist. Auch jede bauliche Verdichtung, um Kommunikationsräume und soziale Kontaktzonen zu schaffen, wurde damit verhindert.

Abstandsvorschriften sind zu einer beherrschenden Doktrin im Städtebau geworden, der sich alle übrigen stadtplanerischen und stadtgestalterischen Komponenten total unterordnen müssen. Dadurch ist es nicht nur unmöglich geworden, gut proportionierte und harmonische Stadträume zu schaffen, sondern auch bewirkt worden, daß die Wohnungen aus den Innenstädten vertrieben wurden. Der Prozeß der Verödung unserer Innenstädte ist durch diese Doktrin nachhaltig begünstigt worden.

2. Im November 1977 ist in Deutschland das Energieeinsparungsgesetz in Kraft getreten. Dieses Gesetz schreibt vor, daß neue Bauten nur einen sehr begrenzten Wärmedurchlaß in ihren Außenwänden haben dürfen. Energie zu sparen ist nicht nur eine gute Absicht, sie kann vor dem Hintergrund weltweiter Energieapokalypse auch breiter Zustimmung sicher sein.

Nicht der gute Wille ist verwerflich, sondern die Folgen sind es, die dadurch entstehen, daß abermals isoliert aus dem komplexen Zusammenhang wesentliche Bedingungen für die Gestaltung unserer Umwelt einseitig festgeschrieben worden sind. Ich meine damit nicht etwa die ästhetische Kategorie einer Architekturauffassung, die Stahl und Glas zum Fetisch ihrer Selbstverwirklichung gemacht hat. Es geht vielmehr um die elementaren und komplexen Wechselwirkungen, die unseren gebauten Lebensraum bestimmen, zum Beispiel:

- den Klimahaushalt der Gebäude, bei dem Wärmespeicherung, Luftaustausch und Durchsonnung wichtige Faktoren für das Wohlbefinden sind;
- die Durchdringung von Außenraum und Innenraum, die Einbeziehung von Landschaft, Ausblick auf Naturschönheiten und das Himmelsblau;
- die baukörperliche Gliederung und Auflockerung, die menschlicher und städtebaulicher Maßstäblichkeit dient und oftmals große Baumassen erst erträglich macht;
- Materialeigenschaften von Holz und Ziegeln, deren psychische Ausstrahlung nicht mit dem Thermometer zu messen ist.

Nicht die gute Absicht, durch sinnvolle bauliche Vorkehrungen unnötigen Energieverbrauch zu vermeiden, ist fragwürdig, sondern die Methode, auf dem Gesetzeswege diese Einsparung isoliert von den anderen Aspekten und unter Mißachtung der nicht direkt meßbaren Auswirkungen festzuschreiben.

Dies gilt um so mehr, als die auf dem Gesetzeswege verordnete Methode, durch eine Maximierung der Wärmedämmung Energie zu sparen, in hohem

Grade strittig ist. Sie ist ausschließlich auf den Wärmeverlust orientiert und ignoriert zum Beispiel, daß Fensterflächen durch Sonneneinstrahlung auch Wärmegewinn für die Häuser bedeuten können. Schweizer Untersuchungen belegen, daß bei sinnvoller Planung Häuser mit 80 Prozent verglasten Außenwänden einen gleich großen Heizbedarf haben wie solche mit nur 20 Prozent Glasflächen.

Diese isolierte Reglementierung läßt auch außer acht, daß jede zusätzliche Wärmedämmung in Häusern höhere Kosten verursacht für Baustoffe, deren Herstellung ihrerseits Energie benötigt. Gleichermaßen ist es unsinnig, bei einer theoretischen Betrachtung des Energie- und Heizbedarfs in Wohnhäusern die Notwendigkeit der Durchlüftung außer acht zu lassen. Hermetisch schließende Fenster haben zwar einen geringeren Wärmeverlust als solche, die etwas undicht sind. Die Erfahrung belegt jedoch, daß undichte Fenster für einen permanenten Luftaustausch im Hause sorgen, der bei vollkommen dicht schließenden Fenstern nur durch weites Öffnen derselben mit entsprechendem Energieverlust erreicht wird.

Man ist versucht, einen polemischen Vergleich anzustellen: Da zum Ende eines jeden Jahres die Quote verschnupfter und vergrippter Bürger einen erheblichen volkswirtschaftlichen Produktionsausfall bedeutet, könnte der Gesundheitsminister eine Verordnung erlassen, die vorschreibt, daß jeder Staatsangehörige ab 15. September einen Pelzmantel zu tragen habe. Ob er ihn zu seinem eigenen Wohlbefinden über dem Arm trägt oder anzieht, müßte in dieser Vorschrift nicht festgelegt werden, genauso wenig, wie das Energieeinsparungsgesetz verbietet, die mit großem Aufwand gedämmte Wärme aus weit geöffneten Fenstern entweichen zu lassen.

Es ist bereits heute erkennbar, daß der Freiraum für gute Architektur durch das Energieeinsparungsgesetz unvertretbar eingeschränkt worden ist und der Verwaltungsaufwand und die Verbürokratisierung der Planung beträchtlich gesteigert wurden.

Sicher ist, daß die Bauten dadurch teurer geworden sind. Ob sie die erhoffte Energieeinsparung rechtfertigen, ist ungewiß.

Alle Versuche, Teilprobleme aus dem komplexen Zusammenhang von Architektur fraktioniert herauszulösen und diese in Verordnungen festzuschreiben, haben fast ausnahmslos das Gegenteil von dem bewirkt, was sie beabsichtigten.

Wer heute öffentlich geförderte Wohnungen plant, muß die einschlägigen planungs- und baurechtlichen Bestimmungen hinsichtlich Grundstücksnutzung, Grenzabstand, Traufhöhe bis zu Fenstergrößen genau einhalten und zusätzlich die Förderungsrichtlinien der Wohnungsbaukassen befolgen, die genau festlegen, wie sich eine deutsche Familie einzurichten hat und wie eine Wohnung zu benutzen ist. Das Ziel der Wohnungsbaurichtlinien, einen hohen Wohnstandard zu sichern, hat die Wohnungsgrundrisse auf normierte Lebensformen schematisiert.

Die Schulbaurichtlinien wurden mit dem Ziel erlassen, vermeintliche Optimallösungen zu verallgemeinern, und haben auf diese Weise aus den Schulen Lernmaschinen gemacht.

Die Kunst-am-Bau-Regelung hat in der Absicht, der künstlerischen Gestaltung ein letztes Reservat zu sichern, die Kunst zum oftmals lächerlichen Feigenblatt degradiert.

Mit dem Ziel der Kostenrationalisierung wurden Normturnhallen und Typenschulen gebaut und ganze Universitäten nach einem schematischen Bausystem konstruiert. Dadurch sind nicht nur bessere bauliche Lösungen verhindert und städtebauliche Gefüge auf ignorante Weise zerstört worden, sondern obendrein auch nur selten Kosteneinsparungen erzielt worden.

Einen besonders eklatanten Fall fraktionierter Bewältigung von Umweltproblemen stellen die Lärmschutzmaßnahmen dar.

Isoliert auf das technische Problem, Wohnungen gegen Straßenlärm zu schützen, werden Hunderte Kilometer von Schnellstraßen und Autobahnen mit

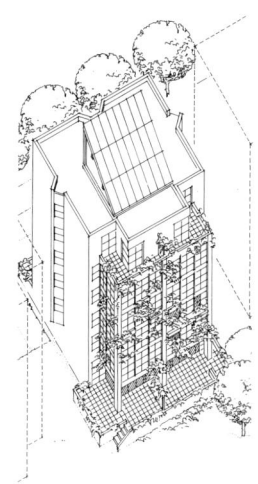

Energiesparhaus für die Internationale Bauausstellung in Berlin.
Architekten: von Gerkan, Marg und Partner.
Dem Problem des Energiehaushalts muß man komplexer Rechnung tragen als durch Maximierung der Wärmedämmung.

Lärmschutzzaun.
Der Teufel Lärm wird
mit dem Beelzebub
einer optischen
Landschafts-
verschandelung
ausgetrieben.

Blechwänden eingemauert. Die Autofahrer brausen, scheuklappenartig von der Landschaft abgeschirmt, noch schneller über die Betonpisten, und die betroffenen Anwohner müssen die geringfügige Verminderung der Lärmbelästigung mit einem permanenten Ausblick auf quergestreifte Lochblechzäune bezahlen.

Der Teufel Lärm wird mit dem Beelzebub einer optischen Landschaftsverschandelung ausgetrieben. Die Allgemeinheit muß dafür Milliardenbeträge aufbringen.

Zunächst wurden die Schnellstraßen, unter Mißachtung der Lärmprobleme, isoliert nach den Erfordernissen der Verkehrsgerechtigkeit mitten durch Wohngebiete hindurchgeführt. Nun wird der Lärm als eine folgenschwere Nebenwirkung dieser fraktionierten Straßenplanung mit Maßnahmen bekämpft, welche die Nebenwirkungen der ästhetischen Verunstaltung ignorieren.

Wir haben uns, speziell in Deutschland, angewöhnt, alle neuen Teilerkenntnisse sofort in reglementierende Normen, Baugesetze und restriktive Bestimmungen einzufrieren. Der gesamte Bereich des Bauens ist durchsetzt mit Bestimmungen und Normungen, die in vielen Fällen entweder total übertrieben oder gar absolut unsinnig sind, zumindest jedoch oft sinnvolle architektonische Lösungen verhindern oder die Kosten unnötig in die Höhe treiben. Das Netz der baurechtlichen Einengungen ist heute bereits so eng und teilweise so widersprüchlich, daß fast kein einziges Projekt mehr ohne »Ausnahmen« und »Befreiungen« von diesen Bestimmungen realisierbar ist.

Aus doppelter Erfahrung, als Architekt und als Bauherr, weiß ich, daß die vielen Vorschriften es heute fast unmöglich machen, ein zweigeschossiges Haus in Holz zu bauen. Hunderttausende heute noch bewohnter Holzfachwerkhäuser wären nach den derzeitigen Bestimmungen nicht mehr genehmigungsfähig.

Verordnungen betreffen von den vielen Komponenten, aus denen Architektur sich zusammensetzt, jeweils immer nur eine. Sie dividieren ein einheitliches Ganzes auseinander und schreiben diejenigen Teile, die quantitativ meßbar sind, fest. Zwischen den vielen quantitativen Festschreibungen verbleibt jedoch für das qualitative Anliegen kein Freiraum mehr. Gegen die Übermacht regulierter Quantitäten hat die Qualität keine adäquate Chance.

In unserer Technostruktur mit ihren atomisierten

83

Kompetenzen sind die vielen Spezialisten gar nicht in der Lage, in Zusammenhängen zu denken und ihr Handeln an Prioritäten auszurichten. Statt den Dschungel von Verordnungen zu lichten, sind unsere Gesetzgeber eifrig dabei, neue exotische Schlingpflanzen anzusetzen, mit denen neue Wege der Architektur von vornherein verboten werden, Mittelmäßigkeit verordnet und sogar Gestaltung diktiert wird. Diese »Verrechtlichung« ist ein besonders herausragendes Phänomen des gegenwärtigen Architekturgeschehens und ein bezeichnender Ausdruck unserer gesellschaftlichen Verhältnisse.

Bestimmungen ersetzen Verantwortung

Der zweite Grund dafür, daß die guten Absichten der baugesetzlichen Reglementierung böse Folgen haben, liegt in dem Mechanismus ihrer Handhabung.

Jeder Architekt kann ein Lied davon singen, wie wenig die Struktur der Verwaltungen geeignet ist, die Teilziele von Gesetzen zu garantieren, ohne gleichzeitig übergeordnete und wichtigere Ziele zu behindern oder gar unmöglich zu machen. In einem aktuellen Bericht von Manfred Sack in DIE ZEIT war unter der Überschrift »Vorschrift gerettet – Architektur lädiert[15]« zu lesen, wie bei einem Sanierungsprojekt in Hamburg-Mottenburg durch den scheuklappenartigen Umgang mit Vorschriften die mit viel Engagement seitens der Architekten und Betroffenen intendierte Schaffung eines lebensfreundlichen Wohnmilieus untergraben wurde und das Ergebnis genau das Gegenteil von der ursprünglichen Absicht darstellte.

Welch unsinnige Konsequenzen die bürokratische Handhabung von Baubestimmungen haben kann, zeigt ein anderes Beispiel der neuen Lärmschutzverordnungen: In Lübeck liegt ein Betrieb der lebensmittelverarbeitenden Industrie in unmittelbarer Nachbarschaft zu einem Wohngebiet. Weil die Konservenproduktion landwirtschaftlicher Produkte saisonabhängig ist, müssen Erbsen, Bohnen und Gurken drei Wochen lang im Jahr auch in den Nachtstunden angeliefert werden. Da der Lärm die herabgesetzten zulässigen Werte überschreitet, muß der Betrieb auf Forderung des Bauordnungsamtes sein Gelände mit Lärmschutzzäunen umgeben. Die Maßnahme nützt nur wenig, kostet aber mehrere hunderttausend Mark. Die Anwohner würden lieber die dreiwöchige Lärmbelästigung in Kauf nehmen als auf Dauer den Anblick der scheußlichen Blechwände ertragen zu müssen. Das Stadtbild wird obendrein verschandelt.

Ein sinnvolles Handeln, das sich an der komplexen Gesamtproblematik orientiert, würde Geldverschwendung und Verunstaltung im Interesse aller verhindern.

Die Bürokratie, die unsere Baubestimmungen handhabt, ist in ihrer Struktur aber darauf angelegt, persönliche Verantwortung durch Absicherungen, Erlasse und Verbote zu ersetzen. Dabei sind groteske Schildbürgerstreiche ebenso an der Tagesordnung wie unsinnige Mehrkosten. Der gesamte Mechanismus der Verwaltungsbürokratie ist nicht darauf abgestellt, die persönliche Verantwortung eines Baubeamten herauszufordern und ihm die Kompetenzen zuzugestehen, nach seinem fachlichen Ermessen sinnvolle Entscheidungen zu treffen. Sie engt vielmehr seine Entscheidungskompetenz durch einen Dschungel von Vorschriften, Bestimmungen und Erlassen total ein und reduziert ihn in seiner Funktion darauf, die Befolgung von Vorschriften auch dann zu betreiben, wenn er selbst von ihrer Unsinnigkeit überzeugt ist.

Für den Erweiterungsbau der Kunsthochschule in Hamburg haben wir wegen der hochgeschraubten Sicherheitsanforderungen spiralförmig um das Haus herum eine Fluchttreppe angeordnet, die man von jedem einzelnen Geschoß direkt erreichen und auf diese Weise unmittelbar ins Freie gelangen kann. Diese Treppe wird jedoch als Fluchttreppe nicht anerkannt, weil sie – so das Argument – durch Eis und Schnee an einigen Tagen des Jahres in der Sicherheit ihrer Benutzung beeinträchtigt sein könnte. Unser Gegenargument, daß aufgrund die-

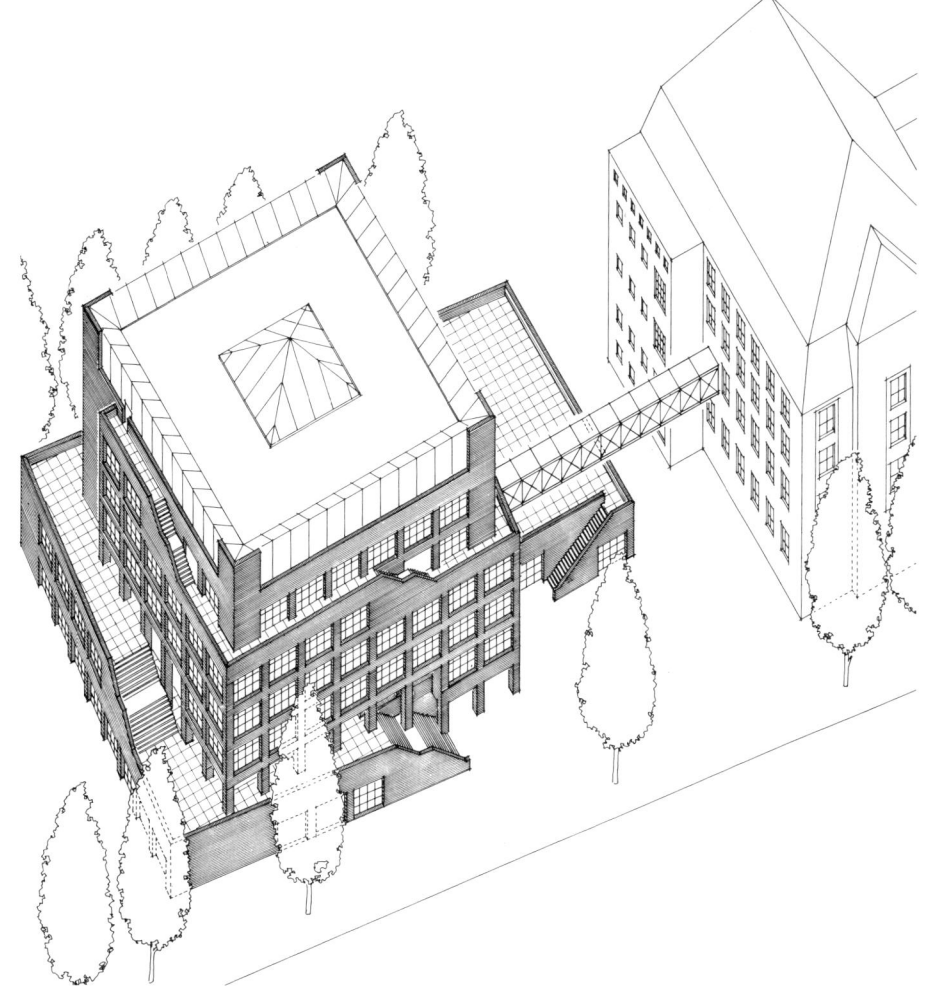

Erweiterungsbau der Kunsthochschule Hamburg.
Architekten: von Gerkan, Marg und Partner.
Die spiralförmig um das Haus angelegte Fluchttreppe genügt heutigen Sicherheitsanforderungen nicht mehr.

Treppenstraße in Perugia.
Die deutschen Sicherheitsforderungen würden alle Freitreppen liquidieren, wenn sie nicht durch entgegengesetzte Gesetze geschützt wären.

ser Forderung alle Freitreppen vor Kirchen, Rathäusern, Theatern und Schulen gleichermaßen für Fluchtwege ins Freie nicht anerkannt werden dürften, stach nicht. Man bekundete uns, daß nach heutigem Baurecht alle diese Treppen tatsächlich nicht zulässig seien und man sie zugunsten ebenerdiger Ausgänge entfernen würde, wenn es für sie keinen Bestandsschutz gäbe.

Wenn es diesen Bestandsschutz nicht gäbe, müßte mindestens die Hälfte aller Häuser, die wir in unserem Lande haben, für unbenutzbar erklärt werden, weil sie in mehrfacher Hinsicht den heutigen baurechtlichen Anforderungen nicht entsprechen:

- Fachwerkhäuser genügen weder den rechnerischen Anforderungen der Standsicherheit noch den Feuersicherheitsbestimmungen.
- Die großzügigen Treppenhallen in älteren Repräsentationsbauten müßten durch Abmauerungen und Abschottungen in unübersichtliche Gänge und Schächte zerteilt werden.
- Reetdächer müßten durch Betonpfannen ersetzt werden.
- Paternoster, die seit hundert Jahren unfallfrei fahren, müßten stillgelegt werden.
- Die Besteigung von Kirchtürmen müßte verboten werden, da die Treppenmaße nicht den Vorschriften entsprechen und ein zweiter Fluchtweg fehlt.
- Dome und Kathedralen müßten für die öffentliche Nutzung gesperrt werden, da sie keine Brandabschnitte aufweisen und zu wenig Fluchtwege haben.
- Alte Bauernhäuser, mittelalterliche Innenstädte und die Bauten der Gründerzeit dürften nicht mehr bewohnt werden, da sie den hygienischen Mindestanforderungen nicht genügen.
- Tausende von Werkstätten, Fabriken und anderen Betriebsstätten müßten stillgelegt werden, weil sie den arbeitsrechtlichen Bestimmungen nicht entsprechen.

Die Aufzählung dessen, was jahrhundertelang gut genug war, um benutzt, bewohnt und belebt zu werden, den heutigen gesetzlichen Anforderungen jedoch nicht mehr genügt, ließe sich fast endlos fortsetzen.

Leider ist die Regel, die das, was einmal gut genug war, davor schützt, aufgrund neuer Bestimmungen verändert oder zerstört zu werden, kein allgemeinverbindlicher Grundsatz. Sonst wäre zum Beispiel folgender Fall nicht denkbar: Das schöne schmiedeeiserne Treppengeländer eines prächtigen Treppenhauses im Altonaer Gymnasium in Hamburg war 98 Jahre lang geeignet, um zu gewährleisten, daß die Schüler die Treppe sicher benutzten. Kleine Noppen auf dem aus Eichenbohlen gedrechselten Handlauf sorgten dafür, daß Rutschpartien zu einer schmerzvollen Angelegenheit wurden. Zum hundertjährigen Bestehen der Schule soll dieses Handgeländer nun, da es nach den neuesten Vorschriften um 4 cm zu niedrig ist, mit einem zusätzlichen kunststoffverkleideten Flachstahl versehen werden. Diese Verschandelungsmaßnahme, die keinen Deut zusätzliche Sicherheit bringt und nur Kosten verursacht, findet ihre Erklärung nur in der mechanistischen Handhabung von Baugesetzen, die durch die entmündigte Struktur unserer Bauverwaltungen bedingt ist. Derlei Zerstörungsmaßnahmen durch Modernisierung beziehungsweise Anpassung an geltendes Baurecht sind an der Tagesordnung und stellen für die Baudenkmäler eine der größten Gefahren dar, weil hier immer mit dem Absolutheitsanspruch der Sicherheitsanforderungen gegenüber kulturellen, ästhetischen und anderen Belangen argumentiert wird.

Die deutsche Mentalität ist ein besonders fruchtbarer Boden, um oft über den Sinn von Baugesetzen hinaus eine Borniertheit zu perfektionieren, die jeden einzelnen Bürger unerträglich bevormundet und seine persönliche Freiheit einschränkt. Es stellt sich die Frage, ob ein Teil der baurechtlichen Praxis nicht bereits im Widerspruch zu Verfassungsgrundsätzen steht.

Wenn mir in meinem Privathaus untersagt wird, als Zugang zu einer Lesegalerie eine Spindeltreppe zu bauen, welche die gleichen Abmessungen hat wie so manche Turmtreppe, die seit Jahrhunderten von zahllosen Besuchern gegen Entrichtung von Eintrittsgeld benutzt wird, so sehe ich darin eine unzulässige Beschneidung meiner persönlichen Freiheit und eine unzumutbare Entmündigung. Dieses Beispiel steht jedoch nur stellvertretend für Hunderte von anderen baurechtlichen Auflagen und Forderungen, bei denen Sinn und Zweck in einem Mißverhältnis zur persönlichen Entscheidungsfreiheit und der gebauten Realität vergangener Jahrhunderte stehen.

Um rechtlichen Auseinandersetzungen mit der Baupolizei aus dem Wege zu gehen, fügen viele Bauherren in ihren Häusern unsinnige, aber bestimmungsgemäße Details ein, die sie nach der Bauabnahme wieder entfernen.

Auswege aus dem Dickicht

Die rechtlichen Bedingungen, denen das Bauen in Deutschland unterworfen ist, sind verworren, widersprüchlich und haben einen Grad selbstgefälliger Perfektionierung erlangt, die den Sinn ihrer guten Absichten ins Gegenteil verkehrt, den Arbeitsaufwand ins Unerträgliche gesteigert hat, unverantwortliche Zeitverzögerungen und Kosten zur Folge hat und Bürger wie Fachleute gleichermaßen entmündigt.

Wenn unsere Architektur nicht in diesem Ausmaß der Verrechtlichung ersticken soll, ist es unabdingbar notwendig, nach praktikablen Auswegen zu suchen. Seit Jahren gehört es zum guten Ton von politischen Grundsatzerklärungen und unverbindlichen Wahlversprechungen, das Dickicht unserer baurechtlichen Bestimmungen zu lichten. Im Gegensatz hierzu steht jedoch eine Praxis, die genau auf das Gegenteil hinausläuft.

Auswege aus diesem Dschungel erfordern, sowohl im politischen Handeln als auch in der Praxis unserer Verwaltungsbürokratie, ungewöhnliche Verhaltensweisen.

Nach meiner Einschätzung wäre es notwendig, nach folgenden drei Grundsätzen zu verfahren:

Ganzheitsbezogenheit statt Teilbezogenheit,
Mut zur Unvollkommenheit,
Verantwortung anstelle von Verordnung.

Ganzheitsbezogenheit statt Teilbezogenheit

Der wichtigste reformerische Ansatz der Baugesetze müßte alle Verordnungen und Bestimmungen
auf die Ganzheit des Bauens beziehen. Dieser Bezogenheit auf das Ganze des Bauens müßte sich
jede Bestimmung, die der rechtlichen Handhabung
und Eindeutigkeit wegen immer nur Teile betrifft,
unterordnen. Ähnlich wie in der Medizin, wo die
Ganzheit des Menschen im Mittelpunkt steht, muß
auch hier die Komplexität der Architektur zur zentralen Bedeutung gemacht werden. Das erschwert
die juristische Praktikabilität jedes einzelnen Bau-
gesetzes in gleichem Maße wie die therapeutische
Indikation eines Medikaments.

Mut zur Unvollkommenheit

Damit muß aus der Sicht von Juristen das in sich
geschlossene System einer perfektionierten Bauge-
setzgebung preisgegeben werden. An die Stelle von
interpretationsfreien und jeweils nur auf einen Teilaspekt bezogenen Handlungsanweisungen für das
Bauen müssen übergreifende Ordnungsregeln treten, die den Ganzheitsbezug der Architektur berücksichtigen und dabei in Kauf nehmen, daß im
einzelnen Anwendungsfall Lücken für die rechtliche Regelung des Baugeschehens entstehen. Nur
auf diese Weise kann der notwendige Freiraum
geschaffen werden, um für jede einzelne Bauaufgabe in Abwägung interdependenter Teilaspekte
eine angemessene Lösung zu finden, welche die
Interessen des einzelnen gleichermaßen berücksichtigt wie die Interessen der Allgemeinheit.

Mir ist sehr wohl bewußt, daß dadurch zusätzliche
Valenzen geschaffen werden, die es erlauben, das
Baurecht zugunsten von Einzelinteressen zu miß-
brauchen. Dieses ist das große Risiko, mit dem eine
derartige Reformierung des Baurechts befrachtet
wäre. Ich will die Probleme und Gefahren keineswegs beschönigen. Ich meine jedoch, daß die
gegenwärtigen zunehmend perfektionierten, voll-
kommenen Baugesetze selbst den Beweis dafür
erbracht haben, daß die guten Absichten überwiegend böse Folgen zeitigen.

Verantwortung statt Verordnung

Diese Lücke, die aus dem System unvollkommener
Rechtsnormen entstünde, müßte zwangsläufig
durch andere Kategorien menschlichen Verhaltens
ersetzt werden. An die Stelle von Verordnungen
müßte fachliche Verantwortung treten. Angesichts
der generellen Veränderung des Allgemeinbewußtseins meine ich, konkrete Chancen dafür zu erkennen, daß die persönliche Verantwortung qualifizier-
ter Fachleute, ob freischaffend oder beamtet, ein
besserer Garant für die Gestaltung unserer Umwelt
wäre, als es perfektionierte und in sich widersprüchliche Baugesetze sind. Ich weiß wohl, daß ich damit
eine moralische Kategorie auf den Plan rufe und
unsere gesamte Gesetzgebung eben diese Moral
durch eindeutige, unmißverständliche und – wie
deren Urheber meinten – gerechte Gesetze ablösen
wollte. Wenn es möglich wäre, die Kategorie der
moralischen Verantwortung an die Kompetenz
durch Qualifikation zu binden, so müßte dieses
Experiment gelingen.
Daraus würden neue Probleme erwachsen, wenngleich ich meine, daß die Folgen weniger unheilvoll
wären als in unserem perfektionierten System der
vielen guten Teilabsichten, die das »gute Ganze«
völlig aus dem Blick verloren haben.

Zwang und Freiheit der Gestaltung

Bedingungen reglementierter Ästhetik

Gestaltverlust

Die hervorstechendsten stadtgestalterischen Krankheitssymptome der vergangenen Jahrzehnte sind entweder ein Übermaß an eintöniger Gleichförmigkeit oder ein Übermaß an chaotischer Vielfalt. Dafür gibt es vielfältige Ursachen, die ich an anderer Stelle ausführlicher dargelegt habe.

Die ausgewogene Gleichzeitigkeit von Vielfalt und Einheit, die wir in mittelalterlichen Stadtstrukturen ebenso wie bei den Bauten der Jahrhundertwende heute hochschätzen, fehlt den neu geschaffenen Stadtbereichen fast gänzlich. Entweder dominiert das Gesetz der großen Zahl, die monotone und unterschiedslose Addition immer gleicher Baukörper und gleicher Details, oder die krassesten Gegensätze in Bauformen, Dimensionen und Baumaterialien treffen unvermittelt und beziehungslos aufeinander. Den einen wie den anderen Fall empfinden wir als Verunstaltung. Diese Ungestalt provoziert schnell die Forderung nach gesetzlichen Maßnahmen, die aber zwangsläufig in einen Zielkonflikt geraten.

Dieser resultiert aus den Gegensätzen der hochgezüchteten Ideale individueller Selbstverwirklichung einerseits und notwendiger Wahrung von Interessen, die der Allgemeinheit und dem Ganzen dienen, andererseits. Nicht ohne Grund wird das heterogene Erscheinungsbild neuerer Stadtgestaltung deswegen von vielen als das adäquate Ebenbild unserer pluralistischen Gesellschaft gesehen: die Stadt als ein Veranstaltungsort, auf dem die heiligen Kühe der Individualität zur Schau gestellt werden.

Monotonie und Chaos sind die hervorstechenden stadtgestalterischen Krankheitssymptome.

Wohnquartier in Amsterdam – Monotonie, Gleichförmigkeit.

Einkaufsstraße in Bad Schwartau – chaotische Vielfalt.

▷
Straße in Hamburg-Harvestehude. Ausgewogenheit von Vielfalt und Einheit.

Wohnhäuser in der Genter Straße, München. Architekten: Steidle und Partner. Auch mit zeitgemäßen Baumethoden ist eine ausgewogene Harmonie von Einheit und Vielfalt zu erreichen.

Ohnmacht der Gesetze

Über einen Mangel an Baugesetzen brauchen wir uns in Deutschland ohnehin nicht zu beklagen. Um so skeptischer muß man gegenüber einer Reglementierung der baulichen Gestaltung sein. Dieses Vorhaben trifft vor allem auf zwei grundsätzliche Probleme:

1. Wie und mit welchen konkreten Mitteln kann man Gestaltung vorschreiben?

2. Wer soll dieses gestalterische Diktat ausüben?

Fast alle Baugesetze und Normen sind explizit und ihre Anforderungen eindeutig und meßbar. Seien es die Abstände zwischen Gebäuden, vorgeschriebene Traufhöhen, zulässige Ausnutzungsziffern der Grundstücke, Mindesthöhen von Balkonbrüstungen – alles läßt sich in Metern und Zentimetern messen. Gestalterische Anforderungen lassen sich jedoch nur in sehr beschränktem Umfang quantitativ festlegen. Man kann zwar den Neigungswinkel von Dachschrägen, die Breiten und Höhen von Fensteröffnungen vorschreiben, für die Proportionierung einer Fassade den Goldenen Schnitt zur Auflage machen oder den Lichtwert einer Fassadenfarbe begrenzen. Aber noch so viele derartiger quantitativer Festlegungen werden nicht bewirken, daß die angestrebte Gestaltung dabei sichergestellt wird. Bauliche Gestaltung läßt sich nicht abstrakt verbindlich festlegen. Deswegen sind Bebauungspläne auch ein denkbar ungeeignetes Mittel, um gestalterische Qualität zu sichern. Sie legen Baugrenzen und Bauhöhen fest und bestimmen, welche Art und welches Maß baulicher Nutzung auf einem Grundstück zugelassen sind. Jeder Bebauungsplan erlaubt aber gleichermaßen gute und schlechte Gestaltung. Bauliche Gestaltung läßt sich selbst durch konkrete Beschreibungen nur bedingt festlegen. Das einzige Mittel, das alle Zweifel und Interpretationsunterschiede in der Gestaltung ausschließt und eindeutige Festlegungen trifft, ist die Zeichnung.

Architektur läßt sich selbst dann, wenn alle einig

wären, was gute Architektur ist, nicht durch abstrakte Bestimmungen erzwingen, sondern nur durch konkrete Entwürfe und Detailzeichnungen festlegen.

Trotzdem sind in allen Bauordnungen der Bundesländer Bestimmungen enthalten, die ein Verbot der Verunstaltung von baulichen Anlagen aussprechen. Diese Verunstaltungsverbote sollen architektonische Störungen in den Städten verhindern. Sie haben sich jedoch als vollkommen untauglich erwiesen, weil nirgendwo festgelegt war, was eigentlich verunstaltend wirkt, und niemand dazu befugt war festzulegen, was im Sinne dieses Verunstaltungsverbots zulässig ist oder nicht. Und damit stoßen wir auf das grundlegende Problem der Reglementierung von Gestaltung überhaupt.

Kompetenz für Ästhetik

In der Musterbauordnung der Länder heißt es in § 14, Abs. 3: »Die Gestaltung ist nach dem Empfinden des auf diesem Gebiet sachkundigen und erfahrenen Betrachters zu beurteilen.« Das Bundesverfassungsgericht hat jedoch diese Urteilskompetenz der Fachleute verneint und in einem Urteil vom 28. Juni 1955 zum Ausdruck gebracht, daß es vielmehr auf das Empfinden des Durchschnittsbetrachters ankomme. Die Frage also, was im Sinne des Verunstaltungsverbotes als verunstaltend zu betrachten ist, wird juristisch dahingehend ausgelegt, daß es »auf das Empfinden des für ästhetische Eindrücke offenen, gebildeten Durchschnittsbetrachters« ankomme. Fast alle, besonders die »gebildeten Durchschnittsbetrachter«, sind sich heute darin einig, daß unsere Umwelt in den letzten Jahrzehnten verunstaltet worden ist. Trotzdem haben die einschlägigen Verunstaltungsverbote, die seit langem existieren, das nirgendwo zu verhindern vermocht.

Die überwiegende Mehrzahl der »gebildeten Durchschnittsbetrachter« hat nämlich das, was sie heute als Verunstaltung empfindet und verurteilt,

vor zehn oder zwanzig Jahren durchaus als zeitgemäße und funktionsgerechte Ordnung unserer Umwelt angesehen. Das Urteil über Ästhetik ist starken Veränderungen unterworfen. Geschmack als Maßstab und Kriterium für Schönheit ist zwar schichtenspezifisch sehr unterschiedlich, aber der Geschmack der »gebildeten Durchschnittsbetrachter« von heute war vor einigen Jahren der Geschmack der »ästhetisch besonders empfindlichen und geschulten Betrachter«. Beide Geschmäcker, sowohl der des Durchschnittskonsumenten als auch der des Kenners, unterliegen starken Veränderungen, die sich lediglich in einer zeitlichen Phasenverschiebung vollziehen.

Schon aus dieser Erkenntnis verbietet es sich, Gestaltung festzuschreiben und gesetzlich zu reglementieren. Jede dieser Festschreibungen und Reglementierungen würde bestenfalls das augenblickliche Geschmacksempfinden von Durchschnittskonsumenten oder Fachleuten – wer immer für diese Festlegungen als kompetent betrachtet wird – einfrieren.

Die Einschätzung von Schönheit oder guter Gestaltung ist nicht nur eine höchst private Urteilskatego-

Kaufhaus Schneider in Freiburg. Architekt: Heinz Mohl. Dieses Beispiel beweist, daß maßstäbliche Gliederung und gestalterische Differenzierung auch mit modernen Mitteln hervorragend erreicht werden können.

HOLSTENTOR   DURCHBLICK ZUR TRAVE ZWISCHEN SALZSPEICHER UND KAUFHAUS HORTEN   PASSAGE MIT ENZEL-HANDELSGESCHÄFTEN

Entwurf für ein Kaufhaus in Lübeck. Giebelattrappen verkleiden den bösen Wolf als harmlose Großmutter.

rie, die in Abhängigkeit vom gesellschaftlichen Standort individuell unterschiedlich ausfällt; sie ist darüber hinaus auch in starkem Maße zeitlichen Veränderungen unterworfen. Aus diesem Grunde ist es sinnlos, nach einem objektiven Maßstab für das Schöne und Gutgestaltete zu suchen, um es in gesetzlichen Bestimmungen festzulegen.

Gestern noch haben wir alle – die einen früher, die anderen etwas später – die Schönheit der Zweckhaftigkeit verehrt, heute sind die ewig Morgigen dabei, diese Schönheitsideale zu verhöhnen, und verkünden neue, die sie der Vergangenheit entlehnen. Die große Masse der »gebildeten Durchschnittsbetrachter« folgt diesem Trend. Ein neues Dogma der Ästhetik tritt seinen zeitlich befristeten Alleinherrschaftsanspruch an. Eine verläßliche und abgesicherte Grundlage, um darauf gesetzliche Reglementierungen der Gestaltung aufzubauen, sind diese pendelnden Bewegungen des Geschmacksempfindens mit Sicherheit nicht. Gleichwohl sind allerorts Bestrebungen im Gange, eine diktatorische Normierung der Ästhetik nach dem gerade gängigen Geschmacksempfinden vorzunehmen.

Diktatur der Mittelmäßigkeit

Viele Stadtplaner und Politiker glauben, die Fehler der vergangenen 30 Jahre dadurch verhindern zu können, daß sie für ihre Städte und Gemeinden Gestaltungssatzungen erarbeiten. Durch detaillierte Angaben zur baulichen Gestaltung wird festgelegt, wie jede Veränderung innerhalb eines städtischen Gefüges in Zukunft auszusehen hat. Dabei dominiert, dem Zeitgeist entsprechend, die Orientierung am Gestrigen, an den Idealen der Vergangenheit nach der Methode: Erlaubt ist, was gefällt, und gefallen tut, was alt aussieht, natürlich gewachsen erscheint und kleinmaßstäblich ist. Auf diese Weise wird eine Architektur vorgeschrieben, die sich den vorgefundenen historischen Elementen anpaßt und sie imitiert, unabhängig davon, ob die jeweiligen baulichen Inhalte dafür geeignet sind oder nicht. Kaufhäuser, die sich in jeder gewachsenen kleinmaßstäblichen Stadtstruktur als Störenfriede ausnehmen, werden per Gestaltungssatzung durch vorgeblendete Kulissen kaschiert, die eine ganz andere Nutzung vortäuschen. Der böse Wolf Kaufhaus wird auf diese Weise als harmlose Großmutter verkleidet. Parkhäuser, die gleichermaßen schlecht in gewachsene Stadtstrukturen passen, werden durch Fachwerkgiebel, Balkone, Treppenhäuser, Blumenkästen und andere Attrappen verharmlost. Die Unvereinbarkeit der kleinmaßstäblichen Innenstädte mit den Dimensionen von Kauf- und Parkhäusern, großen Verwaltungs- und anderen Mammutbauten versucht man, mit baugestalterischen Mitteln zu verbrämen. Gestaltungssatzungen sind dabei die Regieanweisungen für die jeweilige stadtgestalterische Maskerade.

So unaufrichtig die Mittel sind, so fragwürdig muß das Ergebnis werden: eine Scheinwelt, die ihre Kauf- und Parkhäuser, ihre Behausungen der Bürokratie und die Apparate der sozialen Sicherheit verleugnet, indem sie diese mit dem Habitus aus der Zeit der Stände und Zünfte kostümiert – Disneys Traumwelt nicht als käufliches Freizeitvergnügen, sondern als allgegenwärtiger Lebensraum.

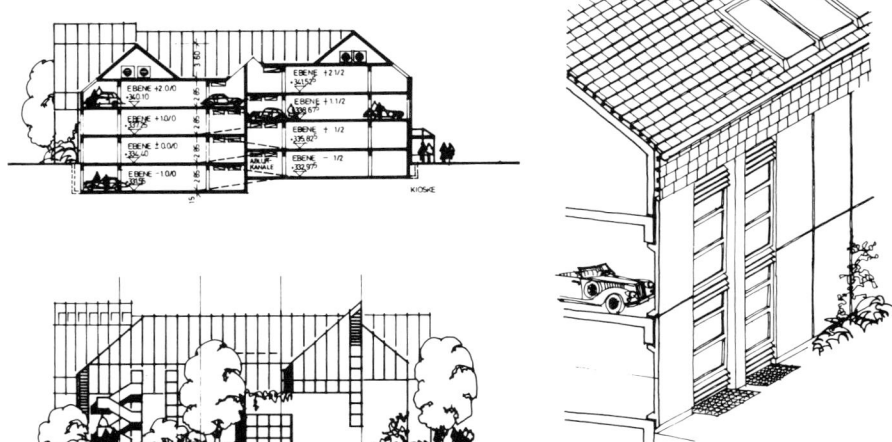

Wie immer man über diesen vorherrschenden Zeitgeist urteilen mag, eins ist sicher: Er repräsentiert die Mehrheit der »gebildeten Durchschnittsbetrachter«. Die Mehrheit der sachkundigen Fachleute (Architekten, Stadtplaner, Kunsthistoriker und Denkmalpfleger) lehnt diese Art historisierender Kulissenarchitektur ab. In der Demokratie zählen aber nur quantitative Mehrheiten ohne jede Wichtung ihrer fachlichen Kompetenz. Also geraten Gestaltungssatzungen zur Diktatur der Mittelmäßigkeit.

Ist somit bereits die inhaltliche Zielsetzung solcher Gestaltungssatzungen fragwürdig, so ist es deren praktische Handhabung um so mehr. Selbst eine durch Satzungen verordnete historisierende Architektur kann man gut und schlecht machen. Dadurch, daß Gestaltungssatzungen jede kreative Gestaltungspotenz suspendieren und auch die guten und fähigen Architekten entmündigen, stellen sie diese mit den unfähigen gleich. Jeder Feinschmecker weiß jedoch, daß raffinierte Rezepte nicht die Qualität der Speisen bestimmen, sondern daß es auf den Koch ankommt. Gestaltungsqualität in der Architektur läßt sich nicht durch Rezepte sichern, unabhängig davon, ob diese Rezepte richtig oder falsch sind.

Der Eifer, mit dem Stadtparlamente und Gemeinderäte an diktatorischen Verordnungen zur Gestaltung basteln und sich einer abermalig neuen Ideologie von Heilsverkündern – zumeist Architekten – verschreiben, ist in hohem Grade gefährlich.

Es gibt bereits genügend Anzeichen dafür, daß sich die Erwartungen nicht erfüllen werden, weil die guten und kreativen Architekten sich diesem Diktat ohnehin nicht beugen, es für die einfallslosen aber ein dankbares Alibi ist, um sich jeder gestalterischen Verantwortung zu entziehen und ihr Unwesen mit amtlichem Siegel treiben zu können. Die Ideologie wird bald wieder verfliegen, die Vorschriften werden jedoch bleiben, weil Gesetze immer eine große Trägheit haben. Sie wirken nur prohibitiv, niemals aktiv qualitätsfördernd. Deswegen werden sie die Kreativität und neue Entwicklungen behindern und auf lange Zeit Mediokrität verordnen.

Gestaltsinn

Wer sich ein Bild darüber machen will, was der »gebildete Durchschnittsbetrachter« gestalterisch schön findet und was er nicht als Verunstaltung betrachtet, der muß einige Spaziergänge in neu gebaute Einfamilienhaussiedlungen unternehmen. Es scheint, als hätten sich alle Bauherren verschwo-

So bauen unsere Sparer

Um dem, der bauen will, Anregungen zu geben, veröffentlichen wir in jeder Ausgabe unserer Hauszeitschrift Abbildungen und Grundrißzeichnungen von Eigenheimen, die mit unserer finanziellen Hilfe errichtet worden sind. Es liegt uns fern, unseren Bausparern die eigene Verantwortung abzunehmen oder sie gar bevormunden zu wollen. Das ist weder unsere Aufgabe noch sind wir dazu in der Lage. Über Geschmacksfragen und die besonderen wirtschaftlichen und örtlichen Voraussetzungen muß der Bauherr selbst entscheiden. Redaktionelle Bemerkungen, die wir zu den einzelnen Vorhaben machen, stellen kein Werturteil dar, sondern sollen die Zeichnungen und Bilder nur erläutern und zum besseren Verständnis beitragen.

Die Werbung orientiert sich am Durchschnittsgeschmack.

Repliken dorischer Säulen dienen der geschmacklichen Individualisierung.

ren, möglichst jede gestalterische Gemeinsamkeit und übergeordnete formale Harmonie zu meiden:

Da steht der kistenförmige Flachdachbungalow neben dem Nur-Dach-Haus, die Imitation des englischen Landhauses mit Walmdach neben einer Renaissance-Replik, die oberbayrische Alpenhütte neben einer stromlinienförmig designten Kreation im Jet-Stil, dazwischengestreut die Typenvielfalt aus den Fertighauskatalogen.

So heterogen wie die Bauformen sind auch die Baustoffe: rote Klinkersteine neben grellfarbig gestrichenen Putzbauten, Holzverschalungen neben weißglasierten Verblendern, Kunststoffplatten-Verkleidungen neben bunt gesprenkelten Zierverblendern. Ergänzt wird das Ganze durch ein ebenso abwechslungsreiches Potpourri von Fensterformaten und Sprossenteilungen. Neben der Panoramascheibe, die eine ganze Hausfront einnimmt, finden sich kleingeteilte Butzenscheiben und Rundbogenfenster – dies alles in Holz oder Aluminium, naturbelassen oder farbig, in Kunststoff oder Stahl.

Ergänzt wird das Ensemble von einem ganzen Arsenal dekorativer Zutaten: Glasbausteine in den verschiedensten Formen und Farben, schmiedeeiserne Geländer – die von Konstruktivisten oder Jugendstilkünstlern entworfen sein könnten, wenn sie nicht so häßlich wären –, dramatisch dekorierte Eingangstüren mit schwülstigen Messinggriffen, kunstvoll drapierte Holzspeichenräder, Zierbrunnen, Gartenzwerge, exotische Pflanzen und abenteuerliche Gartenzaunkreationen. Es ist ein großer Jahrmarkt der Eitelkeiten, auf dem jeder den anderen durch seinen Geschmack zu übertrumpfen trachtet.

Der Geschmack dieser »gebildeten Durchschnittsbetrachter« hat sich aber auch der Kleinstädte, der Dörfer und selbst entlegener Bauernhöfe bemächtigt. Bei einer Rundreise, die ich kürzlich auf der Insel Fehmarn unternahm, habe ich kein einziges Dorf angetroffen, in dem nicht die Mehrzahl der ehemals zwar einfachen, jedoch in sich schönen

Häuser durch Glasbausteine, Aluminiumfenster, vorgeklebte Ziegeltapeten, Eternitverkleidungen, expressiv gestilte Haustüren sowie maßstabs- und beziehungslose Anbauten »modernisiert« worden wäre.

Diese Entwicklung vollzieht sich unaufhaltsam weiter und zerstört immer mehr an guter, bodenständiger Substanz in unserer gebauten Umwelt. Es sind keine Baudenkmäler, sondern teilweise ganz einfache und schlichte Häuser, deren ästhetische Qualität durch derlei Maßnahmen ruiniert wird. Die Hauptursache liegt in dem mangelnden Bewußtsein der Bewohner für die Qualität dessen, was sie besitzen. Sie werden Opfer der geschäftstüchtigen Baustoffvertreter, die ihnen die Aluminiumfenster und Ziegeltapeten aufschwatzen, und glauben, dadurch den Anschluß an die Moderne zu erlangen. Sie merken jedoch nicht, daß diejenigen, denen sie geschmacklich nacheifern, bereits auf der neuen Modewelle, die genau das verehrt, was sie zerstören, davonfahren.

Ursachen und Symptome

Gestaltungssatzungen sind, selbst wenn sie in der Zielsetzung richtig wären, ein Kurieren an den Symptomen, ohne damit die Ursachen zu beheben. Welches sind aber die Ursachen dafür, daß sich in unseren Städten einerseits gestalterisches Chaos und andererseits stereotype Monotonie breitmachen?

Ich habe dies in den vorangegangenen Kapiteln anhand der einzelnen Bedingungen, unter denen Architektur entsteht, dargelegt. Deswegen werden sie hier nur noch stichwortartig aufgezählt:

Die ökonomischen Ursachen.
Fehlgeleitete Ziele der Rationalisierung, die zu gestaltlosen Primitivlösungen führten.
Das künstlich erzeugte Prinzip der Knappheit, indem immer mehr gebaut wurde, als bezahlbar war, und vielen Bauten die letzten 3 bis 5 Prozent Geld fehlten, die für eine gute Gestaltung nötig gewesen wären.

Die politischen Ursachen.
Das von Wahlkampfopportunismus und Buhlen um Wählerstimmen angetriebene Prioritätenkarussell im Vierjahrestakt.
Der Berg von nicht oder nur mit Schaden für die Stadtgestalt einzulösenden Versprechungen und Zugeständnissen.
Die gleichzeitig hochgejubelten Ideale des Individualismus und der Chancengleichheit für alle.
Die Großspurigkeit in den Verheißungen und die Kleinmütigkeit im politischen Handeln.
Das ewig passive Reagieren statt aktiven Agierens.

Die technischen Ursachen.
Die Verführungen der Bautechnik, an jedem Ort in beliebiger Größe und in beliebiger Form bauen zu können.
Das Kaleidoskop von Baustoffen und Fassadenmaterialien, die ohne handwerkliche und konstruktive

Bindung jeder gestalterischen Willkür Vorschub leisten.

Die rechtlichen Ursachen.
Das ganze Arsenal von Verboten und Geboten, Ausführungsvorschriften und Richtlinien, mit denen die Architektur gegängelt, reglementiert und mit Zielkonflikten überladen wird und bei denen gestalterische Belange immer an letzter Stelle stehen.

Die ideologischen Ursachen.
Das sich immer schneller drehende Karussell von stadtplanerischen Heilslehren und gestalterischen Dogmen, das unsere Städte in weniger als dreißig Jahren den Wechselbädern von
– aufgelockert und durchgrünt,
– Typenvielfalt und Akzentsetzung,
– Verkehrsgerechtigkeit,
– urbaner Verdichtung,
– Flexibilität und Industrialisierung,
– Blockstrukturen,
bis zur Idylle von »small is beautiful« und Nostalgie ausgesetzt hat.

Die gesellschaftlichen Ursachen.
Die explosionsartige Vermehrung des gebauten Volumens pro Kopf der Bevölkerung.
Die Mammutbauten unserer Verwaltungsapparate, Konsumtempel und Autostapelregale.
Der Ersatz persönlicher Verantwortung durch anonyme Expertokratie.
Die Eigengesetzlichkeit gesellschaftlicher Mechanismen.

Die kulturellen Ursachen.
Die Geringschätzung jeden künstlerischen Anspruchs der Architektur im Bewußtsein der Allgemeinheit.
Die Behandlung der Architektur als zweckrationalistisches Konsumgut.
Und, als nicht geringste Ursache, die Bevorzugung der unkreativen und gestalterisch unmotivierten

Architekten, die sich als Erfüllungsgehilfen verdingen und jeder egoistischen Maximalforderung und Geschmacksrichtung ihrer Auftraggeber zu Diensten sind.

Das Zusammenwirken dieser Ursachen hat die Verunstaltung unserer Städte bewirkt. Dem kann man durch Gestaltungssatzungen nicht begegnen.

Ich bin nicht der Meinung, daß man alle Ursachen radikal ändern und eine gesellschaftliche Entwicklung einfach zurückdrehen kann. Welche Änderungen mir sinnvoll und möglich erscheinen, habe ich in den jeweiligen Teilbetrachtungen dargelegt. Die wichtigste und für die übrigen Ursachen entscheidende Voraussetzung ist eine Veränderung des allgemeinen Bewußtseins für Architektur.

Solange die kulturelle Bedeutung von Architektur nicht jedermann bewußt ist, solange den Kindern in der Schule keine Beziehung zur Baukunst vermittelt wird, solange nicht jeder begreift, daß sein Haus Teil eines städtischen Ganzen ist, in das es sich harmonisch einfügen muß, werden alle Verunstaltungsverbote und Gestaltungsgebote wenig nützen.

Wenn von Verfechtern der Gestaltungssatzungen immer wieder betont wird, daß auch im Mittelalter Verordnungen für die ästhetische Harmonie der Städte gesorgt hätten, so ist dem entgegenzuhalten, daß zu der Zeit auch die Menschen eine völlig andere Einstellung zu ihrer Stadt hatten und Architektur eine weit höhere Wertstellung besaß.

Eine Veränderung des Bewußtseins zeichnet sich momentan auf breiter Ebene ab und läßt hoffen, daß dadurch der Architektur neue Chancen geboten werden. Leider können wir auf diese neuen Bedingungen für Architektur nicht tatenlos warten, weil permanent weiter verunstaltet wird, in gewachsenen Innenstädten ebenso wie in Einfamilienhaussiedlungen, in Kleinstädten, Dörfern und auf Bauernhöfen.

Höchstens Verbote, nicht Gebote

Um das Schlimmste zu verhindern, braucht man aber keine Gestaltungssatzungen, die vorschreiben, wie ein Bau zu entwerfen ist, sondern es genügen Festlegungen, welche Bauformen und Baustoffe einer besonderen Genehmigung bedürfen. Trotz aller Skepsis gegenüber institutionalisierten Kommissionen sehe ich zur Verhinderung der baulichen Verunstaltung an bestehenden Gebäuden in Dörfern und Kleinstädten keine andere sinnvolle Möglichkeit als die Einführung einer Genehmigungspflicht, die nur mit Zustimmung einer Gestaltungskommission erteilt werden darf.

Schwieriger wird es sein, in Innenstadtbereichen oder bei neuen Einfamilienhaussiedlungen ohne Überreglementierung und Beschränkung der Gestaltungsfreiheit dafür zu sorgen, daß jede einzelne Baumaßnahme sich in eine übergeordnete stadtgestalterische Einheit einfügt. Auch hier sollte zunächst nur festgelegt werden, welche Bauformen und Baustoffe im Interesse einer übergeordneten Einheit einer fachlichen Begutachtung und besonderen Genehmigung bedürfen.

Es besteht ein wesentlicher Unterschied zwischen Gestaltungssatzungen, die konkret und positiv vorschreiben, wie ein Gebäude im einzelnen zu gestalten ist, und die abstrakt den kreativen Gestaltungsprozeß selbst in Bestimmungen und Paragraphen einfrieren, und Gestaltungseinschränkungen, die lediglich festlegen, welche Bauformen und Materialien ausgeschlossen werden. Diese prohibitive Reglementierung beläßt weitgehende Gestaltungsfreiheit, die im Rahmen einer übergeordneten städtebaulichen Einheit die Vielfalt der Einzelobjekte gewährleistet. Es wäre denkbar, diese Verordnungen als Soll-Bestimmungen zu erlassen mit der Festlegung, daß Bauvorhaben, die sich diesen Verordnungen nicht unterwerfen, einer Gestaltungskommission zur Begutachtung vorgelegt werden.

Bei Architektenwettbewerben sollten Reglementierungen, welche die Gestaltungsfreiheit einengen, grundsätzlich nur als Zielvorgabe dienen, und es könnte den Teilnehmern freigestellt werden, eigenständige Vorschläge unmißverständlich zu dokumentieren. Dem Preisgericht müßte die Kompetenz zukommen, über diese Gestaltungsvorschläge zu entscheiden und damit gleichzeitig die notwendige Ausnahmegenehmigung zu erteilen.

Auf diese Weise gäbe es Veranlassung, Probleme der Gestaltung zum Gegenstand von Wettbewerben zu machen oder eigens deswegen Wettbewerbe auszuloben. Diese Praxis zeichnet sich erfreulicherweise vielerorts bereits ab.

Gestaltungskommissionen

Der Vorschlag, in Zweifelsfällen Gestaltungskommissionen einzuberufen, wirft natürlich automatisch wieder die Frage nach der Urteilskompetenz in ästhetischen Belangen auf. Hier ist die niedergelegte Auffassung des Bundesverfassungsgerichts, daß es nicht auf das Empfinden von sachkundigen und erfahrenen Betrachtern, sondern auf das Empfinden des Durchschnittsbetrachters ankomme, verhängnisvoll. Wenn es um die Frage geht, ob der Entwurf für ein Neubauprojekt von so hoher baukünstlerischer Qualität ist, daß er nicht an existierende Gestaltungsverbote gebunden sein muß, bedarf es der Urteilskompetenz von Fachleuten, die durch ihr eigenes Tun gestalterische Qualität hervorgebracht haben und die durch ihre Übung im Lesen von Plänen und Modelldarstellungen zu erkennen vermögen, welche gestalterischen Qualitäten in einem Entwurf enthalten sind. Deswegen müßten auch Gestaltungskommissionen ähnlich zusammengesetzt sein wie die Preisgerichte bei Architektenwettbewerben. Innerhalb einer ungeraden Zahl von Kommissionsmitgliedern – möglichst nicht mehr als fünf – sollten die Fachleute jeweils ein Mitglied mehr, also drei, stellen und möglichst von außerhalb, also aus einer anderen Stadt oder einem anderen Bundesland, berufen werden, um ihre per-

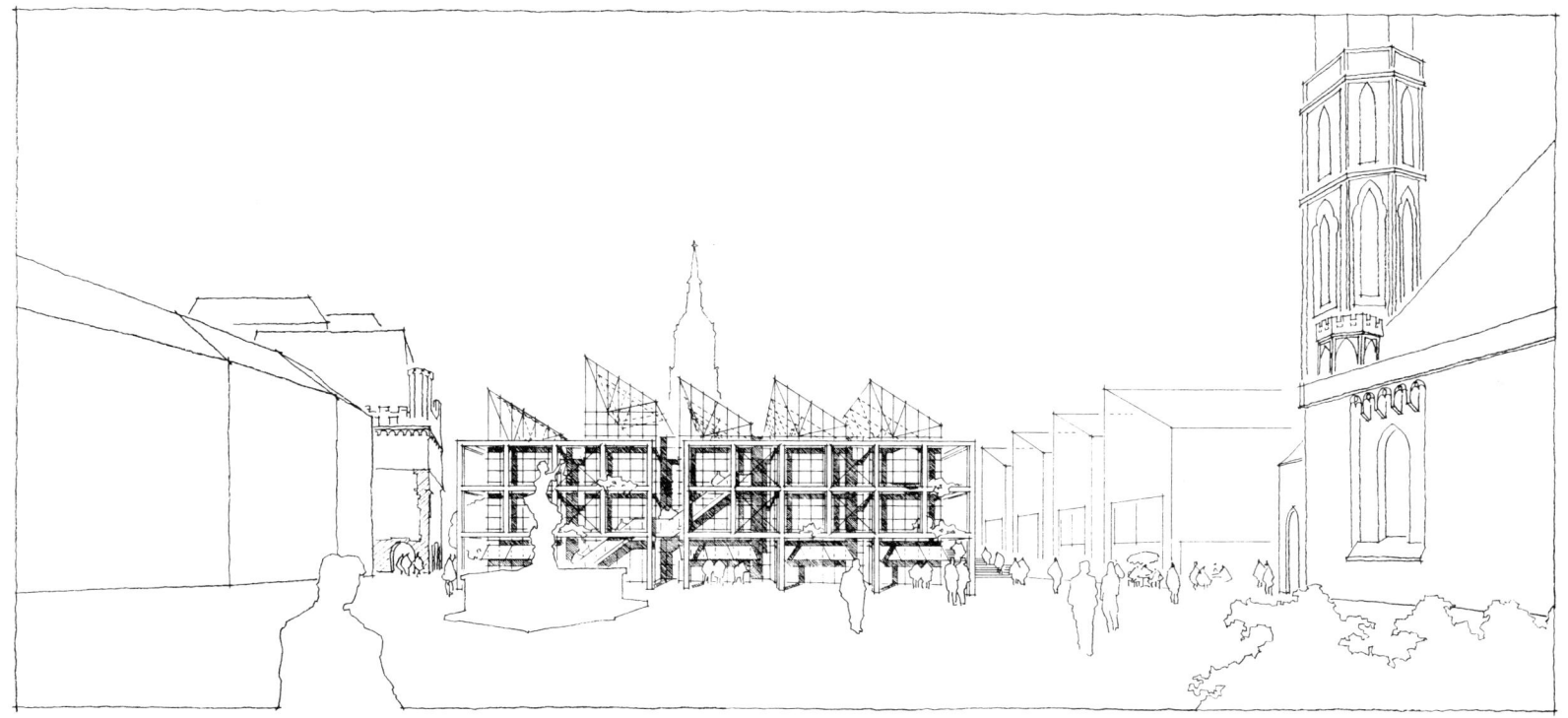

Rathaus in Bensberg. Architekt: Gottfried Böhm. Überzeugende Symbiose von Alt und Neu, eine Meisterleistung aus der persönlichen Verantwortung des Architekten.

sönliche und fachliche Unabhängigkeit auf diese Weise zu wahren. Auch die anderen Kommissionsmitglieder sollten möglichst fachkundige Bürger oder Politiker sein.

Prinzip Auslese

Der bessere Weg besteht jedoch immer noch darin, für eine Bauaufgabe von unterschiedlichen Architekten alternative Entwürfe fertigen und diese durch eine unabhängige Jury beurteilen zu lassen. Besser als alle abstrakten Festlegungen und Eingrenzungen zur Gestaltung lassen konkrete Entwürfe in einer vergleichenden Beurteilung einschätzen, welcher Entwurf auch im Hinblick auf eine übergeordnete gestalterische Einheit sich in die städtebauliche Umgebung am besten einordnet. Entscheidend ist jedoch, daß genügend gestalterisch qualifizierte Architekten alternative Entwürfe erarbeiten und auch die Jury über die notwendige

fachliche Kompetenz und persönliche Unabhängigkeit für ihre Urteilsfindung verfügt. Die Entscheidung einer solchen Wettbewerbsjury, die ihr Urteil ausschließlich anhand der eingereichten Entwürfe und ohne Kenntnis deren Verfasser abgibt, sollte hinsichtlich der weiteren Planung nicht mehr angefochten und in Frage gestellt werden. Natürlich kann dadurch das Risiko nicht ausgeschlossen werden, daß ein Projekt, welches in gezeichneter Form gestalterische Qualität versprach, in der Realisierung diese Erwartungen nicht erfüllt. Angesichts der anderen überragenden Vorteile sollte dieses Risiko, das immer die Ausnahme bleiben wird, in Kauf genommen werden. Durch alternative Planungen in anonymen Wettbewerbsverfahren bietet sich immer noch der größte Freiraum für gestalterische Kreativität, verbunden mit der Möglichkeit, aus einem großen Angebot verschiedener Lösungen durch eine Jury diejenige auswählen zu lassen, die den Zielvorstellungen des Auslobers, der Stadtplaner und der kompetenten Fachleute am meisten entspricht. Dadurch wird weitgehende Gestaltungsfreiheit des einzelnen Architekten gepaart mit der Kontrolle einer unabhängigen Kommission. Der Erfolg bei einem Wettbewerb sollte dem preisgekrönten Architekten jedoch zugleich die Chance geben, seine baukünstlerischen Fähigkeiten ohne gestalterische Restriktionen voll zu entfalten, selbstverständlich immer in seiner persönlichen Verantwortung gegenüber den Interessen der gesamten Stadtgestalt.

Prinzip Verantwortung

Meines Erachtens ist das Prinzip der persönlichen Verantwortung eines Stadtplaners oder eines Architekten für die von ihm zu planenden Objekte die beste Methode, gestalterische Qualität zu sichern, auch eingedenk aller Fehlleistungen. Vorausgesetzt, daß Architekten nach Kriterien ihrer Gestaltungsfähigkeit ausgewählt werden und nicht danach, wie sie möglichst schnell und billig Maximalwünsche ihrer Bauherren zu befriedigen verstehen, wird das Prinzip der Verantwortung zu einem entscheidenden und positiven Korrektiv werden. Wenn Stadtbauräte danach beurteilt werden, wie die von ihnen geführte Stadtplanung aussieht und welche gestalterischen Veränderungen von ihnen zu

verantworten sind, und nicht danach, wie sie möglichst reibungslos als Verwaltungsfunktionäre operieren, wird auch deren persönliche Verantwortung für die Stadtgestaltung zu einem hochwirksamen Steuerungsinstrument werden.

Persönliche Verantwortung für fachliche Leistungen kann man jedoch nur übernehmen, wenn man zugleich mit den entsprechenden fachlichen Befugnissen ausgestattet wird. Deswegen ist es notwendig, im Sinne der zu Beginn dargelegten Reformen von Planungsabläufen und Planungszuständigkeiten die Anonymität von Gesetzen und Verwaltungsapparaten durch die mit Autorität ausgestattete persönliche Verantwortung des einzelnen Planers zu ersetzen. Die positiven Eigenschaften menschlichen Verantwortungsgefühls kommen nur in dem Umfang zum Tragen, wie sie nicht durch substituierende Vorschriften und Bevormundungen beeinträchtigt werden. Die Risiken, die damit verbunden sind, sehe ich wohl, meine jedoch, daß insgesamt mehr gestalterische Qualität und größere städtebauliche Harmonie erreicht würde, wenn jeder einzelne sich im Prozeß der Stadtgestaltung persönlich verantwortlich wüßte und dieser Verantwortung auch zu stellen hätte, als wenn er sich durch Vorschriften und Gebote jeder persönlichen Verantwortung enthoben fühlt.

Stil oder Mode

Bedingungen des Geschmacks

Unser Schönheitssinn ist ein wesentlicher Parameter der Architektur. Diesen Sinn bezeichnen wir üblicherweise als Geschmack. Der Geschmack ist Ausdruck subjektiver Schönheitsideale.

Die ästhetischen Wertkategorien sind mit moralischen Zielsetzungen und allgemeinen Lebensidealen vielfach verknüpft und werden aus diesen direkt abgeleitet. Architekturstile haben deswegen ihre Entsprechung in den gesellschaftlichen Verhältnissen und sind deren zeichenhafter Ausdruck.

Jeder Mensch verfügt über die Eigenschaft, zwischen schön und häßlich zu unterscheiden, hat also einen eigenen Beurteilungsmaßstab für das Ästhetische. Geschmack hat einen totalen Absolutheitsanspruch und ist radikal intolerant. Den Geschmack eines anderen Menschen beurteilen wir entweder absolut positiv oder negativ. Entweder gestehen wir ihm zu, daß er Geschmack hat, oder wir behaupten, daß er keinen Geschmack habe, was gleichbedeutend mit schlechtem Geschmack ist. Dazwischen gibt es kaum Abstufungen.

Geschmack ist wie eine Ideologie und deswegen genauso dogmatisch wie jedes religiöse oder politische Glaubensbekenntnis. Jede unserer täglichen Handlungen und Entscheidungen wird bewußt oder unbewußt von unserem Geschmack beeinflußt. Diese Selbststeuerung durch unser Schönheitsempfinden beschränkt sich nicht nur auf unsere Auswahl beim Kauf von Kleidungsstücken, Möbeln, Blumen und technischen Geräten, sondern betrifft auch alle anderen Lebensbereiche: unsere Urlaubsziele, unsere Zuneigung zu Menschen, unsere Vorliebe für Plätze, Landschaften, Restaurants, Speisen und Getränke, den ganzen Lebensstil.

Wie stark unsere ganze Lebenserfahrung und Lebensäußerung von unserem höchst subjektiven Schönheitssinn geprägt werden, wurde mir vor einigen Jahren an einem eindrucksvollen Erlebnis deutlich:

Zusammen mit einigen Freunden, alles Architekten und deren Ehefrauen, machten wir eine Exkursion durch den Jemen. Mit Land Rovern fuhren wir über abenteuerliche Straßen, durch überwältigend schöne Landschaften und in eindrucksvolle alte Städte. Unsere Fahrer waren einheimische Jemeniten. Nachdem wir das erste Mal in der Nähe einer Müllhalde, das zweite Mal bei einer verwahrlosten Tankstelle und das dritte Mal zwischen schäbigen Blechbuden Rast gemacht hatten, baten wir unseren Führer, den nächsten Rastplatz an einem möglichst schönen Ort zu suchen. Unter Inkaufnahme eines größeren Umweges hielten wir dann beim vierten Mal auf einem Autoabstellplatz inmitten großer Lastzüge und Tankfahrzeuge. Das, was wir als einen schönen Ort empfanden, war in der ästhetischen Wertordnung der Jemeniten keineswegs schön. Für sie, die unter fast mittelalterlichen Bedingungen lebten, war jede auch noch so schäbige Umgebung inmitten von Technik und Zivilisation der Inbegriff ihrer Schönheitsideale. Aus dem gleichen Empfinden heraus waren für sie die dürftig zusammengezimmerten Wellblechhütten mit Stromanschluß und Fernsehantenne weit schöner als die von uns bewunderten Lehmhochhäuser.

Marib – aus Lehm gebaute Stadt in der jemenitischen Wüste, Von deutschen Architekten bewundert, von den Einheimischen verlassen.

Neubauten in einer arabischen Wüstenstadt. Das ästhetische Empfinden der einheimischen Bevölkerung folgt dem Streben nach Technik und Zivilisation.

Die Wertzuschreibung ästhetischer Urteile steht in direkter Abhängigkeit von der Wertordnung der Lebensinhalte. Mit einer Änderung der Ideale ist auch das Geschmacksurteil einer Wandlung unterworfen.

Es ist weniger als hundert Jahre her, daß Körperfülle als schön galt, da sie Ausdruck von Wohlhabenheit und damit ein erstrebtes Statussymbol war. Erst der allgemeine Wohlstand und die reichliche Nahrungsversorgung in Mitteleuropa haben diese Wertskala und damit das Schönheitsideal umgekehrt.

Unser Schönheitssinn wird gesteuert von den Wertmaßstäben unseres Lebens. Wir empfinden das als schön, was zugleich Ausdruck erstrebter Werte und Inhalte ist.

Trotz unterschiedlicher individueller Geschmäcker hat es zu allen Zeiten ein übergreifendes und einmütiges Urteil über das »Schöne« gegeben. In der Entwicklungsgeschichte war dieses Schönheitsempfinden in periodischen Zyklen einem ständigen Wandel unterworfen.

Aus dieser Tatsache erklärt sich, daß über nationale und sogar kontinentale Grenzen hinweg Gemeinsamkeiten des künstlerischen Ausdrucks entstehen konnten, die wir in der kunsthistorischen Betrachtung als *Stile* zu bezeichnen pflegen.

Dieses jeweils einheitliche und für eine Epoche charakteristische Gepräge menschlichen Verhaltens und Schaffens ist Ausdruck für das gleichsinnige Empfinden und damit eine weitgehend einmütige Übereinstimmung in den Zielsetzungen.

Anpassung und Absonderung

In einem relativ kurzfristigen und schnellen Wandel findet dieses jeweils einvernehmliche Geschmacksempfinden seinen Niederschlag in der Mode der Bekleidung. Die meisten Menschen meinen, daß sie in der Wahl ihrer Kleidung autonom und unabhängig seien, daß sie gegen den Strom des allgemeinen Geschmacksempfindens schwimmen und sich nur von ihrem ganz individuellen und eigenständigen ästhetischen Gefühl leiten lassen.

Dieser Glaube ist, von wenigen Ausnahmen abgesehen, Einbildung oder Selbsttäuschung. In Wahrheit unterliegen fast alle Menschen nicht nur in der Wahl ihrer Kleidung einem Gruppenzwang. Dabei übt der Konformismus, also Anpassung an das Übliche, ebenso einen Gruppenzwang aus wie der Nonkonformismus, also das Bedürfnis nach Andersartigkeit und Absonderung. Diese jeweils gleichzeitig vorhandenen Antipoden »Anpassung« und »Absonderung« bewirken in ihrem Wechselspiel das Phänomen der Mode.

Die Antimode wird sehr schnell selbst zur Mode und damit zur eigentlichen Triebfeder der ständigen Pendelbewegungen des Geschmacksempfindens. Auslösendes Motiv ist dabei der Protest gegen die jeweilige Konvention.

Der Protest gegen die konfektionierte und adrette Sonntagsbekleidung kreierte den »Gammel-Look«. Die meisten, die diesem äußeren Habitus einer Anti-Haltung huldigten, merkten nicht, daß sie selbst eine weit stärkere Konvention erzeugt hatten, gegen die das Angebot der feinen Bekleidungshäuser ein Eldorado an Liberalität darstellte.

Inzwischen hat der Konformismus dieses ursprünglichen nonkonformistischen »Gammel-Looks« eine erneute modische Gegenbewegung auf den Plan gerufen: die Popper, die sich äußerlich und innerlich besonders proper geben, indem sie sich durch Kleidung, Haartracht und Benehmen am letzten Schick orientieren.

Dieses polare Spannungsfeld zwischen Erneuerung und Andersartigkeit sowie Nachahmung und Gleichartigkeit löst den permanenten Wandel des Geschmacks aus.

Stil oder Mode?

Charakteristische Merkmale der Mode sind ihre Kurzlebigkeit und die scheinbare Willkürlichkeit der Veränderung.

Während Bekleidungsgeschäfte und Friseure damit werben, die letzte Mode zu bieten, empfindet es jeder Maler, Komponist, Literat oder Architekt als Beleidigung, wenn man seine Produkte als modisch bezeichnet.

Das aus dem Subjektiv »Mode« abgeleitete Adjektiv »modern« hingegen ist auch im Bereich der Kunst frei von diesem negativen Beigeschmack. Unter moderner Malerei oder moderner Architektur verstand man zumindest bis vor kurzem noch das, was gegenwartsbezogen und neuzeitlich war. Erst die letzte Mode, die »moderne Architektur« zu verteufeln und die »Postmoderne« als neues Kredo zu verkünden, hat auch diese Wertskala umgedreht.

Das Attribut »modisch« ist in der Kunst unter anderem wohl deswegen anrüchig, weil Kunst ebenso den Anspruch auf dauerhafte Allgemeingültigkeit erhebt wie das Postulat, Ausdruck und Abbild gesellschaftlicher Zustände zu sein – also weder kurzlebig noch willkürlich. Trotzdem lehrt die Geschichte, daß alle Kunstgattungen, die Architektur eingeschlossen, ebenfalls starken Wand-

lungen unterworfen waren. Hier spricht man von Stilen.

Ohne den Anspruch auf eine abgesicherte analytische Deutung der Begriffe »Stil« und »Mode« möchte ich von folgenden Unterschieden ausgehen:

Stil ist das einheitliche und charakteristische Gepräge aller kulturellen Leistungen einer bestimmten Epoche, die in allen Lebensbereichen und Lebensformen eine innere Entsprechung aufweisen.

Mode ist das jeweils nur Teilbereiche der Kultur betreffende, kurzlebige und ohne Entsprechung zu anderen Lebensbereichen auftretende Phänomen plötzlicher und willkürlicher Veränderungen des Geschmacks innerhalb einer Stilrichtung.

Im Sinne dieser Begriffsdeutung wäre Mode etwas, was zeitlich und bedeutungsmäßig kleiner und weniger ist als Stil. Ich möchte jedoch vermeiden, Mode negativ und Stil positiv zu apostrophieren. Beide Phänomene sind für mich Erscheinungen, die durch den ständigen Wandel des Geschmacks hervorgerufen werden.

Stilistische Erscheinungen basieren auf einer Änderung ästhetischer Wertordnungen, die durch eine Veränderung moralischer Wertkategorien entstehen.

Modeerscheinungen basieren auf dem kurzlebigen polaren Wechselspiel von Anpassung und Absonderung.

Jede Architektur hat zugleich eine stilistische und eine modische Komponente.

Die stilistische Komponente hat ihre jeweilige Entsprechung in der allgemeinen gesellschaftlichen Wertordnung und vorherrschenden Lebensphilosophie.

Die modische Komponente erzeugt Merkmale, die innerhalb der umfassenden Gemeinsamkeit eines solchen Stils entweder Anpassung an Tradition und Konvention suchen oder, genau entgegengesetzt, auf Absonderung ausgerichtet sind.

Die Architektur der vergangenen 30 Jahre hat ihre stilistische Prägung durch eine lebensinhaltliche Wertordnung erfahren, in der Nützlichkeit, Zweck-

Bürohaus Blue Cross Blue Child of Maryland, Townson/USA. Architekten: Brown, Guenther, Battaglia, Galuin. Meisterleistung der formalen Askese.

haftigkeit, Technik, Veränderbarkeit und Wachstum einen hohen Rang innehatten.

Die dieser Lebensphilosophie entsprechenden stilistischen Merkmale sind: Funktionalität im quantitativen Sinne, formale Askese und Ornamentlosigkeit. Innerhalb dieses insgesamt als »Funktionalismus« bezeichneten Stils sind viele unterschiedliche Modeströmungen anzutreffen, solche, die auf Anpassung, und solche, die auf Absonderung ausgerichtet waren.

Aus den mehreren Dutzend kleiner und großer Gestaltungsmoden der Architektur in den vergangenen Jahren greife ich einige Beispiele exemplarisch heraus, um damit die spezifischen Eigenschaften von Moden zu charakterisieren.

In den fünfziger Jahren war es zum Beispiel Mode, Hochhäuser mit einem sogenannten Flugdach zu

versehen. Zur gleichen Zeit wurden rechteckige Baukörper nicht körperhaft gestaltet, sondern mit scheibenartigen Giebelwänden versehen, die sich im Material von den übrigen Oberflächen unterschieden.

In den sechziger Jahren verbreitete sich neben den Werkstoffen Sicht- und Waschbeton die Mode, Gebäude in horizontal umlaufende Streifen zu gliedern, wobei Fensteröffnungen und Brüstungen auch dann formal zu Bändern zusammengefaßt wurden, wenn es dafür keine funktionale Entsprechung gab. In das gleiche Jahrzehnt fiel die Modewelle der Zergliederung sowie höhenmäßiger und horizontaler Staffelung von Baukörpern. Sie wurde in den siebziger Jahren von der blockartigen, ganz auf den Straßenraum orientierten Baukörpergliederung abgelöst. Gleichzeitig kamen wieder Lochfassaden und differenzierte Gliederungen der Fläche in Mode, begleitet von vielen formalen Rückgriffen in die Vergangenheit.

Die Palette der formalen Modeströmungen ließe sich fast endlos durch Beispiele groß- oder kleinformatiger Fensterteilungen, abgerundeter oder abgeschrägter Gebäudeecken, versteckter oder demonstrativ sichtbarer Gebäudetechnik bis zu jeweils vorherrschenden Materialien und Farben fortsetzen.

Zur Zeit befinden wir uns jedoch – darauf deuten viele Anzeichen hin – an einem stilistischen Wendepunkt der Architektur, weil auch alle lebensinhaltlichen Wertordnungen im Umbruch begriffen sind. Weit stärker als in den zurückliegenden Jahren treten mehrere stark divergierende Veränderungen und Strömungen gleichzeitig auf. Zu erkennen, welche davon stilistische Erneuerungen in sich tragen und welche lediglich kurzlebige Modeerscheinungen sind, ist angesichts des kurzen zeitlichen Abstands schwierig, da unser zum derzeitigen Geschehen naher Standpunkt die Konturen verschwimmen läßt und die Perspektive verzerrt.

Kunsthistoriker haben es einfacher, weil sich ihnen durch den zeitlichen Abstand eine bessere Trennschärfe bietet.

Modeerscheinungen
der Architektur:
Giebelscheiben-
ästhetik in den
fünfziger Jahren.

Hochhäuser mit
Flugdach in den
fünfziger Jahren.

Hochhäuser mit
Flugdach.

Gliederung und
Auflockerung durch
horizontale und
vertikale
Versprünge in den
sechziger Jahren.

Schichtentorteneffekt
in den sechziger
Jahren.

Blockbebauungen in
den siebziger Jahren:
Siedlung Steilshoop in
Hamburg.

Sparkassengebäude in
Meppen: Verschnitt
modischer Effekte.

Von ihrer berufsinhaltlichen Ausrichtung sind Architekten – ähnlich wie Künstler, Designer und Modisten – Modemacher. Indem sie architektonische Formen schaffen, erzeugen sie Normen der Schönheit und bilden auf diese Weise den Geschmack.

Ein wesentlicher Teil ihres Berufes ist es, durch ihre baulichen Formen Schönheit hervorzubringen, wie selten oder unzureichend dies auch immer zur Zufriedenheit der anderen gelingen mag.

Die vier Architektentemperamente

Auf diese berufliche Herausforderung sind theoretisch grundsätzlich unterschiedliche Reaktionen denkbar. Ich bezeichne sie als die Architektentemperamente.

Der Konservative

Die konservative Reaktion orientiert sich an bereits gebauten Beispielen, die sich bewährt haben und die dem Geschmack der Allgemeinheit weitgehend entsprechen. Für sie sind Tradition, gesammelte Erfahrung und die Vermeidung von Experimenten oberste Maxime. Sie ändert an den bewährten Vorbildern nur so viel, wie nötig ist, um eine Lösung den spezifischen Bedingungen der Aufgabe anzupassen. Diese im positiven Sinne traditionalistische Reaktion ist mit ihrer stabilisierenden Wirkung die Basis dafür, daß räumliche und gestalterische Konzeptionen ebenso wie handwerkliche und technische Herstellungstechniken durch ständige Verbesserungen zu einem hohen Standard »reifen« können.

Wenngleich diese Reaktion aus sich heraus am wenigsten modeorientiert ist, wirkt sie trotzdem sekundär modebildend, weil sie tradierte Elemente der architektonischen Gestaltung reproduziert. Sie

105

Hallenbad in
Albstadt.
Architekt:
Peter Seifert.
Die traditionelle
Hausform fügt sich
harmonisch in die
Umgebung ein.
Das Freizeitmilieu
wird durch
Raumqualität
und den einfallsreichen
Umgang mit dem
Werkstoff
Holz geschaffen.

Kettenhaus auf der
Ausstellung
Hamburg Bau 78.
Architekten:
von Gerkan, Marg
und Partner.
Nicht für jede
Bauaufgabe muß
man eine neue
Architektur erfinden.

EDV-Verwaltungs-
gebäude
in München.
Architekten:
Kurt Ackermann und
Partner.
Ein Klassiker der
Moderne durch
ausgereifte
Detailqualität und
differenzierte Strenge.

stellt für die Pendelbewegungen der Moden den Anziehungspol dar, der auf Anpassung und Gleichartigkeit orientiert ist.

Der Revolutionär

Ehrgeizige und begabte Architekten sind meist bemüht, etwas Neues und Originäres zu entwickeln und durch Innovation Andersartiges zu erzeugen. Ihre innere Programmierung ist auf Antimode eingestellt. Experimentierfreudigkeit und Erfindergeist bewirken durch diese Reaktion eine permanente Wandlung der Architektur.

Originalität hat in der kunstgeschichtlichen Betrachtung eine überproportional hohe Bedeutung. Jede baugeschichtliche Analyse begibt sich auf die Suche nach denjenigen, die Veränderungen initiiert haben. Aus dieser Tatsache erklärt es sich, daß viele Architekten eine wichtige baugeschichtliche Figur darstellen, obgleich sie nur sehr wenig gebaut

haben. Diese Rolle verdanken sie ihren Neuerungen, die oftmals sogar nur durch theoretische Schriften oder nie realisierte Entwürfe neue Strömungen ausgelöst haben. Adolf Loos und Hugo Häring könnte man ebenso dazuzählen wie aus der jüngeren Baugeschichte Aldo van Eyck oder das Ehepaar Smithson. Für die baugeschichtliche Bedeutung ist allerdings entscheidend, ob originäre architektonische Leistungen auch wirklich eine neue Strömung auslösen. Das kann man mit Verläßlichkeit erst nach einem gewissen zeitlichen Abstand feststellen – wohl ein Grund dafür, weswegen Baugeschichtler fast grundsätzlich die Gegenwart aussparen. Viele Neuerungen in der Architektur bleiben Eintagsfliegen, manche erzeugen eine relativ kurzfristige Strömung gleichartiger Lösungen, und etliche wirken erst langfristig.

Im Sinne meiner Abgrenzung zwischen den Begriffen Stil und Mode können manche Absonderungen von der Konvention zwar eine neue Mode auslösen, die sich mehr oder weniger stark verbreitet, jedoch aus sich heraus keinen neuen Stil etablieren.

Die Merkmale eines Stils, die in allen Lebensbereichen und Lebensformen eine Entsprechung aufweisen müssen, sind vielschichtiger und weitreichender. Oftmals wird das Zustandekommen eines neuen Stils durch die Gleichzeitigkeit und innere Analogie mehrerer Moden geprägt. Die Tatsache, daß vor einigen Jahren, nach der jahrzehntelangen Rastermode, auf einmal wieder Rundbogenfenster in Entwürfen auftauchten, war zunächst eine Revolution gegen das Übliche. Dadurch, daß diese neu entdeckte alte Fensterform kurzfristig hundert- und tausendfach auftrat, wurde das Rundbogenfenster zu einer Mode. Diese Mode der Rundbogenfenster im Zusammenwirken mit anderen Moden: Fenstersprossen, Spitzdächern, Arkaden, Galerien, Erkern usw., bewirkt letztlich einen Stil, wie immer man diesen Stil der Nostalgie bezeichnen mag.

Im übrigen läßt sich fast nie ein einzelner Architekt als Kreator einer neuen Mode bestimmen, vielmehr treten bestimmte gestalterische Phänomene meist gleichzeitig an mehreren Orten, bei verschiedenen

Architekten und unterschiedlichen Entwürfen auf.

Nun steht aber jede Neuerung oder Andersartigkeit in ästhetischen Dingen bei ihrer Verbreitung in starker Abhängigkeit vom Geschmack: vom Geschmack der Allgemeinheit oder vom Geschmack derjenigen, die über Architektur urteilen, etwa in Architektenwettbewerben. Dieser Geschmack unterliegt seinerseits starken Schwankungen und wird rückkoppelnd von den Moden beeinflußt. Auf diese Weise entsteht ein in sich geschlossenes System von Ursache und Wirkung.

In den zurückliegenden zwei Jahrzehnten, bis zur Mitte der siebziger Jahre, war der Architekturgeschmack relativ konservativ und für ästhetische Andersartigkeiten wenig empfänglich. Entsprechend gering und schmal war auch das Angebot formal-gestalterischer Neuerungen. Man kann auch umgekehrt schlußfolgern und sagen: Weil das Angebot ästhetisch andersartiger Entwürfe so gering war, erhielt der Geschmack entsprechend geringe Stimulanz zu einer Veränderung.

Seit einiger Zeit befinden wir uns in einer Phase, in welcher der Architekturgeschmack besonders stark auf Originalität und Veränderung orientiert ist und jede konventionelle Lösung fast geringschätzig belächelt wird.

So wie die konservative Phase die Gefahr der Stagnation und monotonen Repetition in sich trägt, birgt die revolutionäre Phase das Risiko der Übertreibung, der beziehungslosen Selbstgefälligkeit und der Andersartigkeit um ihrer selbst willen in sich.

In einer solchen Phase befinden wir uns zur Zeit. Auf jeden Fall, so meine ich, zeigt diese Phase eine grundlegende Wandlung an, einen Umbruch des Stils.

Hochhausentwurf von Philip Johnson. Andersartigkeit um ihrer selbst willen.

DLRG-Station in Berlin-Tegel. Architekt: Ludwig Leo. Die gestalterische Kraft resultiert aus einer originellen technisch-funktionellen Idee.

Baumhäuser in Holland. Architekt: Piet Blom. Wohnhauswürfel, die auf der Spitze stehen: Ergebnis revolutionärer Originalität.

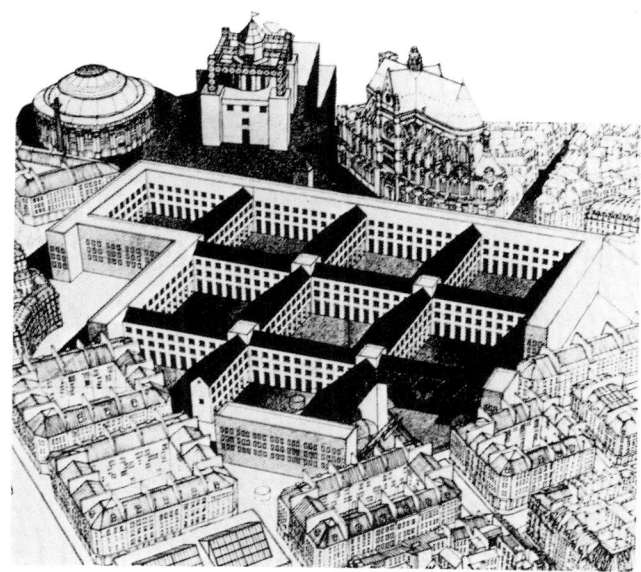

Der Individualist

Ein hervorstechendes Phänomen des Kunstmarktes ist die unverwechselbare Handschrift eines Künstlers. Es gehört zu den Grundprinzipien der künstlerischen Vermarktung, daß ein Maler oder Bildhauer charakteristische, gegenüber anderen klar abgrenzbare und unveränderliche »Stil«-Merkmale aufweisen muß.

Die Identifikation der Künstlerperson in seinen Kunstwerken durch eben diese spezifischen Merkmale ist offensichtlich oberste Maxime, um einem Künstler sein Publikum zu verschaffen. Anders läßt es sich kaum erklären, warum Joseph Beuys sein Leben lang mit Filzhut und Weste herumläuft, Yves Klein nur monochrome Bilder produziert hat, Uecker unentwegt nagelt und Christo alles einwickeln muß.

Es ist schwer vorstellbar, daß ein kreativer Mensch keinen Drang verspürt, sich mittels anderer Medien auszudrücken, andere Techniken zu benutzen und damit die so vordergründig unverwechselbaren Identifikationsmerkmale auszutauschen.

Nur das verbreitete Bedürfnis, alles und jedes, also auch Künstler, zu kategorisieren und zu katalogisieren, ist für mich eine Erklärung, warum so viele bildende Künstler sich um eine möglichst individu-

elle »Handschrift« bemühen, und sei es, daß sie, wie Walter de Maria, Löcher in die Erde bohren, weil das noch kein anderer als sein persönliches Künstlersignet besetzt hat.

Diese Erscheinung gibt es natürlich in der Architektur auch, obgleich sie hier bei weitem nicht so ausgeprägt ist wie in der bildenden Kunst.

Ich will mir nicht die Unterstellung anmaßen, daß Mies van der Rohe aus Motiven der eigenen Vermarktung das Spektrum seiner gestalterischen Sprache absichtlich so eng und wenig abwechslungsreich gehalten hat, bin aber überzeugt, daß er seine baugeschichtliche Bedeutung in erster Linie genau diesem Umstand zu verdanken hat.

Sein Werk, das so durchgängig ganz bestimmte wiederkehrende und immer gleiche Elemente aufweist, kann deswegen plakativ zur Kategorisierung und Katalogisierung der Architektur herangezogen werden; und nichts anderes tut ja die Baugeschichte.

Das Oeuvre von Architekten wie Le Corbusier, Alvar Aaalto oder Louis Kahn wird in baugeschichtlichen Betrachtungen oft mutwillig beschnitten und reduziert, sonst würde es sich weniger gut für eine plakative Kategorisierung eignen. Dagegen lassen sich Persönlichkeiten wie Eero Saarinen, Kenzo Tange, Roche & Dinkeloo oder James Stir-

ling schon sehr viel schwerer in eine bestimmte Schublade einordnen.

Einige Architekten der Gegenwart haben sich ihren Namen dadurch gemacht, daß sie auf die unterschiedlichsten Fragestellungen unbeirrt und stereotyp die gleichen Antworten liefern. Das erwartet man sogar von ihnen und ist enttäuscht, wenn sie es einmal nicht tun. Jedes gute Markenfabrikat hat eben sein eigenes Warenzeichen.

Aldo Rossi lieferte den gleichen Typus, den er im Jahre 1970 für eine Wohnzeile in Mailand gezeichnet hat, zehn Jahre später für einen Wettbewerbsentwurf auf dem ehemaligen Gelände der Hallen in Paris. Bei dem gleichen Wettbewerb wurden gleich mehrere Dutzend Entwürfe eingereicht, die den Rossi-Typus kopiert hatten. Diese Nachahmung bewirkt das Phänomen der Mode.

Vielen Architekten wird allerdings ihr Warenzeichen diktiert. Man hat sie aufgrund eines oder mehrerer ihrer Entwürfe, die ähnliche Merkmale aufweisen, bereits kategorisiert und erwartet nun

Flughafenprojekte der Architekten von Gerkan, Marg und Partner:

Trotz ähnlicher funktioneller Lösungen hat jeder Entwurf seine spezifische Identität und ist auf die jeweiligen Bedingungen der Situation zugeschnitten. Ein konzeptionelles Leitbild ist nicht auf äußere Merkmale einer »Handschrift« angewiesen.

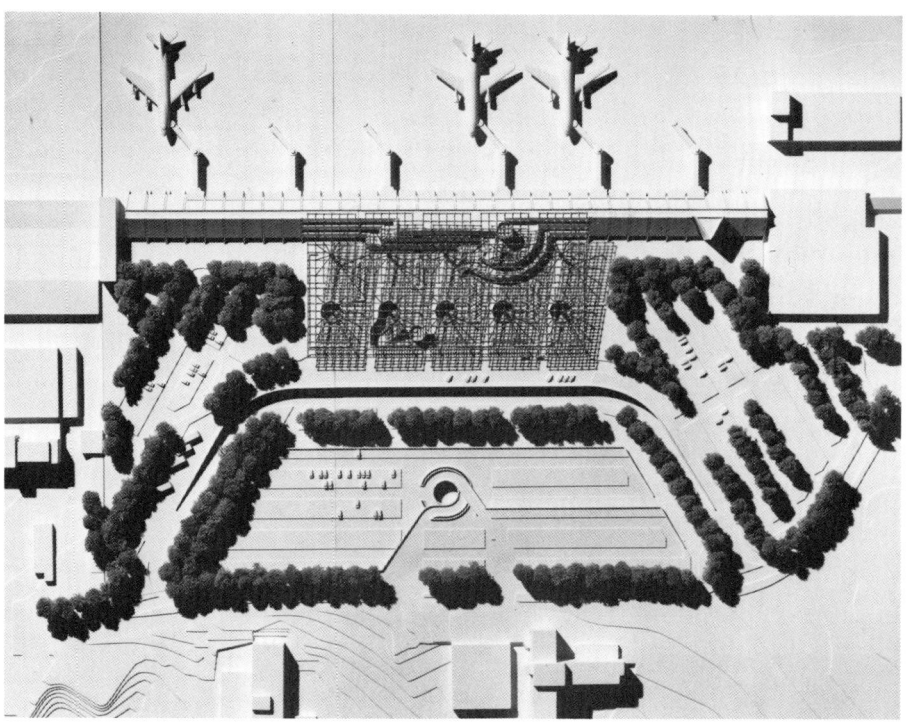

Seite 110:
Entwurf für den
Flughafen München II.

Flughafen
Berlin-Tegel.

Entwurf für den
Flughafen Algier,
Typ A (zur Aus-
führung bestimmt).

Seite 111:
Entwurf für den
Flughafen Stuttgart.

Entwurf für den
Flughafen Algier,
Typ B.

Entwurf für den
Flughafen Hamburg-
Kaltenkirchen.

von ihnen, daß sie bei jeder neuen Aufgabe die gleichen Vokabeln, also das von ihnen bekannte Warenzeichen, benutzen.

Bei jeder Auswahl von Architekten zu einem Wettbewerb mit namentlicher Aufforderung kann man diese vorprogrammierte Erwartungshaltung beobachten. Wir selber haben diese Erfahrung mehrfach machen können.

Jeder Auftraggeber, der uns mit dem Entwerfen von Flughafengebäuden betraut hat, ging von der Erwartung aus, wir würden das im Jahre 1965 in einem internationalen Wettbewerb preisgekrönte und dann realisierte Projekt für den Flughafen Berlin-Tegel in variierter Form repetieren. Tatsächlich unterscheiden sich jedoch alle von uns entworfenen Flughafenprojekte formal grundlegend voneinander, trotz gemeinsamer funktionell-organisatorischer Merkmale.

Natürlich ist es durchaus verständlich, daß ein Bauherr, der nach einem Architekten sucht, sich an dessen gebauten Beispielen orientiert und, nach-

Treppenhalle des
ESO-Hauptquartiers
in Garching.
Architekten:
Hermann Fehling und
Daniel Gogel.
Die Entwürfe
der Architekten
sind durch
sehr individuelle
Rauminszenierungen
der Treppenhäuser
geprägt.

Einen perfekten Nachahmer stört es nicht, wenn das Vorbild für sein Grundstück zu groß ist. Er läßt den Entwurf einfach schrumpfen.

Nationalbibliothek in Theheran.
1. Preis in einem weltoffenen Wettbewerb 1978.
Architekten:
von Gerkan, Marg und Partner Bock, Stanek.

Wettbewerbsentwurf eines spanischen Architekten für das Islamische Zentrum in Madrid – 1980.

dem er diese Beispiele für gut befunden hat, davon ausgeht, daß nun sein Projekt diesen Beispielen möglichst ähnlich sieht. Mit Sicherheit werden viele Architekten durch diese Erwartungshaltung ihrer Auftraggeber in eine bestimmte Richtung gedrängt und in ihrer »Handschrift« eingeengt, ohne daß sie das selbst gezielt beabsichtigen.

Es ist fraglos eine besondere künstlerische Tugend, aus der Identität der eigenen Persönlichkeit heraus kreativ zu schaffen und, unabhängig von äußeren Reaktionen, sich selbst treu zu bleiben. Diese Identität des künstlerischen Ausdrucks ist jedoch nicht an die äußeren Merkmale einer »Handschrift« gebunden. Hier sehe ich vor allem einen wesentlichen Unterschied zwischen der Architektur als angewandter Kunst und der freien bildenden Kunst. Architektur hat immer einer sozialen Brauchbarkeit zu dienen und muß auf die spezifischen Bedingungen reagieren. Insofern bleibt die Handschrift eines Architekten immer nur eine von mehreren Komponenten im Dialog mit diesen Bedingungen, nach meiner Auffassung eher als geisti-

ges Leitbild denn als stilistisches Formenrepertoire. Aber auch dieses geistige Leitbild muß sich mit der Entwicklung des Künstlers verändern, wenn die persönliche Identität erhalten bleiben soll.

Der Kollektionist

Modewellen kämen nicht zustande, wenn es nicht Architekten gäbe, die Erneuerungen sofort aufgreifen oder andere Handschriften in ihren Entwürfen nachahmen.

Da gibt es solche, die einem ganz bestimmten Trend folgen: demjenigen, den sie für besonders attraktiv und aussichtsreich halten, und solche, die von jeder Neuigkeit auf dem Architekturmarkt ein wenig in ihren Eintopf tun. Ich würde sie die Modeschnüffler nennen, welche die jeweils aktuellsten Veröffentlichungen der Fachpresse auf dem Zeichentisch liegen haben, um deren Erkenntnisse direkt und unsortiert zu verwerten. Sie erzeugen durch ihre Multiplikation den modischen Verstärkereffekt.

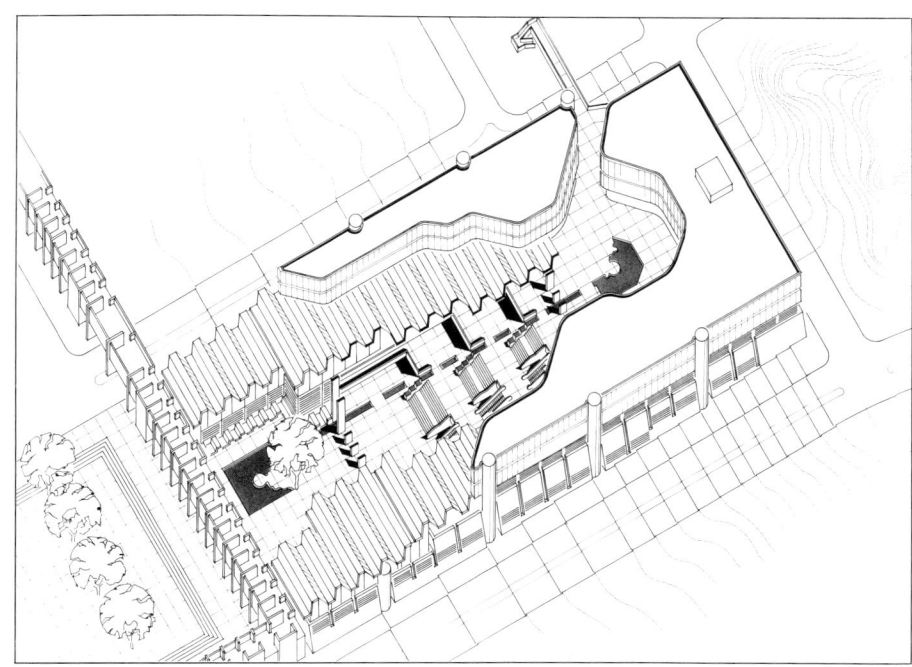

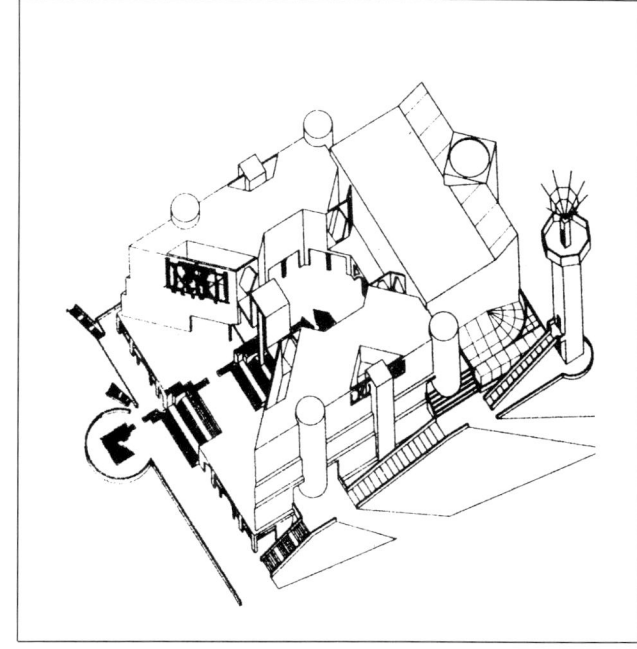

Ausgewogenheit der Temperamente

Deswegen erscheint es mir geboten, als praktizierender Architekt um eine Ausgewogenheit der Temperamente bemüht zu sein:

- das Bewährte und die Konvention nicht gering zu achten, sondern sich die Erfahrungen anderer zu eigen zu machen und gegen die eigene Eitelkeit auch bereit zu sein, etwas zu bauen, was nicht unbedingt gleich ein Meilenstein der Architektur oder ein Architektendenkmal sein will;
- gegenüber den eingefahrenen Gleisen des Bauens so viel kritische Distanz zu bewahren, um für neue Aufgaben auch neue Lösungswege zu erdenken und auf jede spezielle Problemstellung eine spezifische Antwort zu erarbeiten;
- die aus der eigenen Persönlichkeit und künstlerischen Intention heraus entstandene Interpretation baulicher Problemstellungen zu erhalten und in jedem neuen Entwurf modifiziert zu artikulieren, um damit die spezifische Identität der Architektur und die von einem geistigen Leitbild geprägte Charakteristik reifen zu lassen;
- offen zu sein gegenüber gesellschaftlichen Veränderungen, technischen Neuerungen und gewandelten Bedürfnissen, sich aufnahmebereit zu verhalten auch gegenüber Veränderungen des Bewußtseins, die ihren Niederschlag in einer Wandlung des Geschmacks finden.

Wenn sich unsere Bereitschaft zur Anpassung an veränderte Bedingungen nicht nur an der Oberfläche und durch das unreflektierte Kopieren irgendwelcher Modeströmungen vollzieht, sondern innerlich verarbeitet und in ausgewogener Abstimmung mit den übrigen in uns enthaltenen Architektentemperamenten, dann – so meine ich – erfüllen wir die uns zukommende Rolle innerhalb der Gesellschaft mit gebotener Verantwortung.

Der Genius Loci

Bedingungen des Ortes

Bauformen werden von den klimatischen Bedingungen des Ortes bestimmt.

Mit Erde bedecktes Haus in Grönland.

Haus auf Stelzen im tropischen Urwald.

Architektur und Umwelt im Dialog

Jede Architektur ist an einen Ort gebunden. Architektur ohne Auseinandersetzung mit der Umwelt gibt es nicht. Erst die spezifische Situation eines Ortes bildet den Nährboden, auf dem die Idee eines Architekturentwurfs wächst und das Bauwerk sich selbst entfaltet.

Jeder Ort hat seine spezifischen topographischen Bedingungen: Das Gelände kann entweder eben oder geneigt sein. Deswegen sieht ein Gebäude im flachen Marschenland anders aus als eins an einem Steilhang in den Alpen.

Jeder Ort hat auch seine eigenen klimatischen Bedingungen. Deswegen hat das Bauen in Grönland anderen Gesetzen zu folgen als das Bauen in der Wüste oder im tropischen Urwald.

Jeder Ort hat eine charakteristische Umgebung: freie Landschaft, die Lage an einem Wasser oder in einem städtischen Umfeld mit den situationsprägenden Merkmalen der benachbarten Bauten.

Die vorhandene Vegetation, und sei es nur ein großer Baum mitten auf dem Grundstück, schafft ebenso spezifische Bedingungen wie die Orientierung zu den Himmelsrichtungen, Ausblicke, die Beschaffenheit des Baugrundes und der Zugang zum Grundstück. Grundstücksgrenzen sind zwar künstlich geschaffene und abstrakte Bedingungen, welche Eigentums- und Nutzungsrechte regeln, stellen jedoch für die Konzeption eines Bauwerks oftmals entscheidende Restriktionen dar. Die Gestalt vieler, wenn nicht sogar der meisten Bauwerke erklärt sich aus dem Zuschnitt des Grundstücks, auf dem sie stehen.

Kurhaus Badenweiler.
Architekt:
Klaus Humpert.
Ein Entwurf, bei dem
Andersartigkeit und
Anpassung in
ausgewogener
Harmonie stehen. Die
individuelle Lösung
der Einfügung in die
Situation und der
Erzeugung einer
Kurhausatmosphäre
ist revolutionär und
konservativ zugleich.

Es gibt kaum zwei Orte, die im Hinblick auf alle hier angesprochenen Aspekte absolut identische Voraussetzungen bieten. Selbst zwei in Länge und Breite gleich große Einfamilienhausgrundstücke, die auf ebenem Gelände ohne jede Vegetation auf der Nord- und Südseite einer Straße liegen, haben unterschiedliche Bedingungen. Bei einem Haus liegen Zugang und Zufahrt auf der Süd-, beim anderen auf der Nordseite, bei einem ist die sonnige Südseite dem Garten, beim anderen der Straße zugewandt. Deswegen werden beide Häuser, wenn sie eine optimale Besonnung der Wohnräume und eine gute Verbindung zum Garten gewähren sollen, zwangsläufig unterschiedliche Grundrisse haben müssen.

Die Situationsbedingungen eines Ortes sind somit immer Einschränkungen der theoretischen Entwurfslösungen, die ohne jede Gebundenheit an einen Ort möglich wären. Sie bewirken aus der unendlich großen Zahl von baulichen Lösungen eine Selektion. Das, was zunächst wie Behinderung und Eingrenzung der entwerferischen Freiheit aussieht, ist jedoch in Wirklichkeit eine positive Vorgabe und schafft Voraussetzungen, der Architektur eine spezifische Identität zu geben, sie in ihrer Bezogenheit auf den Ort unverwechselbar und charakteristisch zu gestalten.

Gleichzeitig stellt aber jeder Neubau einen Eingriff in die vorhandene Situation dar, schafft also seinerseits neue und veränderte Bedingungen dieses Ortes. Diese Veränderung ist um so gravierender, je weniger sich das neue Bauwerk den Bedingungen anpaßt und in die Umgebung einfügt, je mehr es also ausschließlich auf sich selbst bezogen ist.

Ich will damit keineswegs zum Ausdruck bringen, daß diejenige Architektur qualitativ höher zu bewerten sei, die sich unterordnet, anpaßt und einfügt, und diejenige zu tadeln wäre, die selbstbewußt

Wohn- und
Geschäftshaus in
Bad Schwartau.
Architekten:
von Gerkan, Marg
und Partner
Friedemann, Tjarks.
Die Gebäudeform
folgt dem schief-
winkligen Zuschnitt der
Grundstücksfläche.

eine Veränderung des Ortes anstrebt. Zunächst sei nur wertfrei festgestellt, daß es immer einen Dialog zwischen Umwelt und Architektur gibt, eine Interdependenz, die bewirkt, daß jedes neue Bauwerk von den vorhandenen Bedingungen der Umwelt entscheidend geprägt wird und seinerseits die Umwelt verändert und damit neue Bedingungen schafft.

Das Ignorieren des Ortes

Die Qualität der Architektur hängt entscheidend davon ab, wie ein Bauwerk die Auseinandersetzung mit den Bedingungen des Ortes bewältigt. Das Gelingen oder Mißlingen dieser Auseinandersetzung kann man fast als einen allgemeingültigen Gradmesser für die Beurteilung von Architektur ansehen. Bewältigung ist jedoch nicht gleichbedeutend

mit Unterordnung, vielmehr kann eine positive Bewältigung sehr wohl auch dann erzielt werden, wenn die Bedingungen in Formen umgesetzt werden, welche die Situation des Ortes zum Positiven verändern, möglicherweise sogar einen bewußten Kontrast zu der vorhandenen Bebauung herstellen und damit eine gänzlich neue Umweltsituation schaffen.

In der Zeit von 1950 bis in die Mitte der siebziger Jahre sind besonders viele Bauten entstanden, die sich ignorant gegenüber den Bedingungen des Ortes verhalten. Man kann diese Phase der jüngsten Baugeschichte geradezu als die Phase der »Ortlosigkeit« bezeichnen. Unter dem Primat funktioneller Optimierung entstanden Bauenten, welche auf die spezifischen Anforderungen des Ortes nur in geringem Maße eingingen. Diese Entwurfsauffassung, die auf das Einzelobjekt ausgerichtet war, wurde gestützt von Zielvorstellungen, die Solitärbauten anstrebten und mit dem Begriff der städtebaulichen Akzentsetzung viel Unheil angerichtet haben.

In die gleiche Phase fällt auch die Entwicklung der vielen Typenbauten für verschiedene Nutzungen. In der vermeintlichen Erwartung ökonomischer Vorteile und angestrebter Industrialisierung entstanden nicht nur typisierte Wohnhäuser, sondern auch Typenbauten für Schulen, Schwimmbäder, Büros, Kindergärten, Krankenhäuser, ja sogar ganze Universitätskomplexe. Charakteristisches Merkmal dieser Typenbauten ist, daß sie, bezogen auf den jeweiligen Nutzungszweck und die ökonomischen Anforderungen, »optimiert« wurden. Sie entstanden, wie Tisch, Stuhl, Schrank und Bett, als planerische Fertigprodukte und wurden auf den jeweils zur Verfügung stehenden Grundstücken mehr schlecht als recht »abgestellt«, im Gegensatz zu Möbeln jedoch unverrückbar für die nächsten Jahrzehnte.

Große Planungsabteilungen in Bauverwaltungen und Wohnungsbaugesellschaften waren damit beschäftigt, immer neue Typen zu entwickeln und damit die Umwelt zu »möblieren«. Die Bauindustrie rief neue Produktionszweige ins Leben, die sich eigens mit der Entwicklung von Typenbauten befaßten und diese als schnelle und billige Lösungen feilboten.

Eine Ideologie, die ihre Blütezeit Ende der sechziger Jahre erlebte, forcierte die Errichtung von Typenbauten besonderer Art: die Ideologie der Nutzungsneutralität. Die Euphorie des unbegrenzten Wachstums sowie der ständig wachsende Raumbedarf für Nutzungen, die im einzelnen noch gar nicht abzusehen waren, kreierten die Forderung nach Bauten, die in ihrer Struktur möglichst neutral sein sollten, um zum Zeitpunkt ihrer Fertigstellung beliebigen Nutzungen zugeführt werden zu können. Auf diese Weise entstanden speziell im Hochschulbau Typenprojekte, die nicht nur losgelöst von den Bindungen des Ortes, sondern auch losgelöst von den Bindungen der Nutzung konzipiert waren: eine Architektur ohne jede spezifische Charakteristik, gesichtslose Behälter.

Mittlerweile ist die große Welle der Typenbauten wieder verebbt, jedoch haben sich noch einige Relikte bis heute am Leben erhalten: die sogenannten Fertighäuser. Das einzige an diesen Häusern wirklich »Fertige« ist der typisierte Entwurf, der eine Auseinandersetzung mit den spezifischen Bedingungen des Grundstücks unmöglich macht. Da gibt es Wohnzimmer, die nach Norden orientiert sind, während die Garagen auf der Südseite liegen; große Panoramafenster, die zum 6 m entfernten Nachbarhaus gerichtet sind, während der Blick in den Garten auf der Toilette geboten wird; Häuser, die wie proportionslose Pfahlbauten auf Sockeln stehen und bei denen die Wohnräume vom Garten abgeschnitten sind, weil das Gelände ein in der Typisierung nicht vorgesehenes Gefälle hatte.

Es gibt aber auch heute noch Protagonisten der architektonischen Typisierung, die sich von der Einsparung beim geistigen Input und der mehrfachen Wiederholung eines bereits gebauten Projekts einen besonderen Profit errechnen. Dafür ein Beispiel:

Die Gesamtplanung für den Flughafen in Berlin-Tegel sieht unter anderem auch ein Hotelprojekt vor, das jedoch bis heute noch nicht realisiert wurde. Vor kurzem meldete sich der Investor einer großen französischen Hotelgruppe zu einem Kontaktgespräch und präsentierte dabei einen bereits fertigen Entwurf – ein Projekt, das trotz seiner grundrißmäßigen und gestalterischen Dürftigkeit bereits mehrfach in Deutschland gebaut worden ist. Dieses Projekt hatte er auf dem Grundstück so zurechtgeschoben, daß es gerade hinpaßte. Die Tatsache, daß sämtliche Hotelzimmer sowohl den Fluglärm als auch den Straßenlärm der unmittelbar benachbarten Schnellstraße einfingen, störte ihn ebensowenig wie der Umstand, daß das Schwimmbad unmittelbar an der Stadtautobahn lag. Meine Konsultation sollte dazu dienen, dieses »sehr wirtschaftliche Projekt, das den Hotelgästen in Form günstiger Zimmerpreise zugute kommt«, gutzuheißen, um bei der genehmigenden Stadtplanungsbehörde mögliche Einsprüche des für die Gesamtge-

Ein ortloses Typengebäude, zufällig und verquer auf dem Grundstück abgestellt – ein unverrückbar sperriges Möbel für die nächsten Jahrzehnte.

staltung des Flughafens »verantwortlichen« Architekten von vornherein aus dem Wege zu räumen. Mir wurde bedeutet, daß für die »künstlerische Außengestaltung« noch genügend Freiraum vorhanden wäre, da die Brüstungsplatten des viergeschossigen Gebäuderiegels in der farblichen Behandlung der Umgebung angepaßt und der danebenstehende flache Restaurant- und Konferenzbaukörper farblich akzentuiert abgesetzt werden könnte. Maler Klecksel sollte die Rolle des Genius loci übernehmen.

Ignoranz gegenüber den Gegebenheiten des Ortes ist aber auch ohne Typisierung oder ökonomische Zwänge nicht selten anzutreffen. Oft ist es die Willkür oder Selbstherrlichkeit der Architekten, die zu Lösungen führt, bei denen sich ein Bauwerk in Gliederung, Gestaltung, Materialwahl, Dachform und Detailausbildung absolut disparat zur Umgebung verhält. Häufig wird die vorhandene Topographie mit dem Bulldozer dem Entwurf angepaßt statt umgekehrt; oftmals werden schöne, alte Bäume nur deswegen geopfert, weil der Planer bei seinem Entwurf deren Existenz gar nicht beachtet hat.

Viele europäische und amerikanische Architekten planen in der arabischen Wüste oder in Entwicklungsländern Häuser, welche die spezifischen klimatischen Bedingungen dieser Regionen völlig mißachten. Das betrifft nicht nur die Größe der Fenster und Probleme des Sonnenschutzes, sondern vor allem die Wahl der Baustoffe. Alle leichten Baumaterialien wie Glas, Aluminium, Stahlblech und synthetische Dämmstoffe sind denkbar ungeeignet, weil sie nicht die nötige Masse haben, um die Hitze des Tages zu speichern, die sie während der Kühle der Nacht an den Innenraum abgeben. Der hemmungslose Einsatz von Klimageräten an jeder Stelle der Häuser ist ein Ignorieren des technisch Machbaren gegenüber dem, was nach den Bedingungen des Ortes sinnvoll wäre.

Anpassungsarchitektur

Mittlerweile ist die Welle der ortlosen Architektur abgelöst worden von einer neuen Welle, deren Leitsterne Anpassung und Einfügung heißen, bis hin zu selbstverleugnender Unterwürfigkeit. Dem einen Extrem ist das entgegengesetzte gefolgt. Heute wird die vorhandene Umwelt, ob schön oder häßlich, als ein beschützenswertes Gut angesehen, das unter allen Umständen gegen jedweden Eingriff verteidigt werden muß. Es gibt einen allgemein verbreiteten Konsens, der jede neue Architektur als Zerstörung betrachtet und deswegen fordert, daß sich das Neue dem Alten anpasse, und sei es nur als vorgeblendete Kulisse.

Die fortschrittliche technizistische Ausrichtung ist in eine reaktionäre Haltung umgeschlagen. Noch gestern fühlten sich die meisten Architekten dem Primat der Funktion verpflichtet und haben aus der ehernen Regel, wonach die Form dem Inhalt zu entsprechen habe, auch jede Entschuldigung für Ungestalt abgeleitet. Heute wechseln sie scharen-

weise in jenes Lager über, das der Form die absolute Priorität einräumt – nicht aus Überzeugung, sondern weil sich die Bedingungen für Architektur geändert haben.

Täglich wird die Kulissen-Architektur, die in ihrer Pseudokleinteiligkeit Mittelalter vortäuscht, durch neue Kreationen ergänzt. Diese Vortäuschung einer Scheinwelt, wie sie in Disney-Land bereits seit Jahrzehnten gegen Eintrittsgebühr zu besichtigen ist, wird in unseren Städten heute allerorts reale Wirklichkeit. Doch abermals wird die Gestalt von Architektur in den Dienst einer Funktion gestellt, diesmal in einen Dienst, der die gesellschaftlichen Verhältnisse und deren bauliche Bedürfnisse – etwa in Form großer Kaufhäuser und Verwaltungsbauten – verschleiert, sie dem allgemeinen Geschmack gefällig anpaßt und damit jede Identität zwischen Form und Inhalt aufkündigt. Genau diese Disparität ist das Ziel der neuen Welle traditionalistischer und historizistischer Architektur, der wie im Eklektizismus alle Stilmittel recht sind, um dem höheren Zweck der Gefälligkeit zu dienen.

Anpassung oder Selbstbehauptung?

Fast apodiktisch stellt sich heute bei jeder neuen Bauaufgabe die gleiche Grundsatzfrage: Welches Recht hat zeitgenössische Architektur, sich selbst zu behaupten? Wieweit darf ein neues Bauwerk die Bedingungen des Ortes – sei es die Natürlichkeit der Landschaft oder die gewachsene Struktur der städtischen Umgebung – durch Größe, neue Baustoffe, neue Konstruktionen und eine andere Formensprache verändern, dem Ort seinen gestalterischen Stempel aufdrücken?

Diese Frage wurde in den vergangenen Jahrzehnten weitgehend ignoriert. Jedes Bauwerk, so unbedeutend sein Inhalt auch sein mochte, nahm selbstherrlich für sich in Anspruch, als Solist aufzutreten und das vorhandene Ensemble zu mißachten.

Der Wandel des Zeitgeists hat hier zu einer grundlegenden Umkehr geführt. Anpassung und Einfügung sind zu Maximen des heutigen Architekturverständnisses geworden. Auf dem Nährboden der Nostalgie und der »Small-is-beautiful«-Ideologie er-

Bauten, die selbstherrlich als Solisten auftreten, ohne Rücksicht auf das vorhandene Ensemble.

Trainingszentrum der Volkswagenwerke AG in Braunschweig. Architekten: Pysall, Jensen, Stahrenberg. Durch tapetenartig vorgeblendete Fachwerkbalken und Bruchsteine soll gleichermaßen wie durch die Reihung der Dachgauben eine vordergründige Anpassung an die Umgebung erreicht werden.

HEW-Bürohaus in
Hamburg.
Architekten:
Garten & Kahl.
Harmonische
Einfügung mit neuen
Werkstoffen in
zeitgemäßer
Formensprache.

Historisches Museum
Hannover.
Architekt:
Dieter Oesterlen.
Ein Beweis dafür, daß
sich zeitgemäße
Architektur ohne
Störung und ohne
Anbiederung
harmonisch in einen
historischen Kontext
einfügen kann.

hebt das Kredo von Anpassung und Einfügung einen allgemeingültigen Anspruch. Damit wird ein Dogma durch das entgegengesetzte abgelöst und das Kind mit dem Bade ausgeschüttet. Die extremen Formen führen zu einer Selbstverleugnung der Architektur.

So sehr es zu begrüßen ist, daß heute jede Neubaumaßnahme im Kontext zu ihrem Umfeld gesehen und eine harmonische Einfügung angestrebt wird, so problematisch ist es, wenn daraus ein unumschränktes Dogma erwächst.

Ich vertrete die Auffassung, daß die Bauten der Gegenwart einen Anspruch darauf haben, sich mit zeitgemäßen Konstruktionen und Baustoffen in heutiger Formensprache und ohne Leugnung der Inhalte und Nutzungen selbst zu behaupten. Jedes heute entworfene Gebäude ist ein zeitgeschichtlicher Beitrag, der durch seine Eigenständigkeit zugleich Abbild unserer Gesellschaft ist. Jede Generation hat das Recht, ja sogar die Pflicht, aus den jeweiligen Bedingungen der Gegenwart ihren baugeschichtlichen Beitrag zu leisten.

Tradierte architektonische Ausdrucksformen können dieser Pflicht ebensowenig genügen, wie denkmalpflegerische Erhaltung oder Wiederaufbau historischer Gebäude nur Ausnahme bleiben kann.

Die von mir für notwendig erachtete Selbstbehauptung der Gegenwartsarchitektur in Form, Material, Konstruktion und auch Dimension muß jedoch keineswegs »ortlos« sein. Eine aus den Wirkungskräften der Gegenwart entwickelte Architektur kann sehr wohl die Bedingungen des Ortes respektieren und in die spezifische Entwurfslösung integrieren.

Entscheidend für die Integration eines neuen Bauwerks in sein Umfeld ist der Dialog, der zwischen dem Gebäude und seiner Umgebung zustande kommt. Dieser kann sehr unterschiedlich geführt werden. Er kann gleichermaßen auf harmonische Einfügung abgestimmt sein wie auf gezielte Kontrastierung. Ein Gebäude, dessen inhaltliche Bedeutung es rechtfertigt, muß auch heute den Anspruch erheben dürfen, in seiner Umgebung zu dominieren und damit den Ort entscheidend zu verändern.

Hanse-Viertel in
Hamburg.
Die Fassade gleicht
sich im Material der
Nachbarbebauung an
und verbindet durch
ihr Zurückschwingen
die versetzten
Straßenfronten.
Architekten:
von Gerkan, Marg
und Partner.

Wohnhäuser in der arabischen Wüste – Taima.
Schutz gegen die Sonne war eine entwurfsbestimmende Bedingung.

Mädchenschule in Taima/Arabien.
Die hohe Mauer ist eine Forderung der sittenstrengen Geschlechtertrennung.

Architekten: von Gerkan, Marg und Partner.

Welche Bedeutung soll man unserer Demokratie zumessen, wenn die Bürger einer Stadt es für notwendig erachten, ihr neues Rathaus in der Verkleidung von Giebelhausattrappen erscheinen zu lassen? Nicht die eigenständige Selbstbehauptung zeitgenössischer Architektur ist die Ursache unserer verunstalteten Umwelt, sondern der Mangel an Charakter, also an Eigenständigkeit, und die Beziehungslosigkeit zu den Bedingungen des Ortes. Die meisten Bauten führen keinen Dialog mit ihrer Umgebung.

Situationsarchitektur

Einige Beispiele aus der eigenen Entwurfsarbeit sollen deutlich machen, wie ich diesen Dialog verstehe. Exemplarische Beispiele erfordern es, komplexe Sachverhalte zu vereinfachen, um den betreffenden Aspekt deutlich herausstellen zu können. Dementsprechend sind auch die nachfolgenden Beispiele bewußt simplifizierte Darstellungen des Zwiegesprächs mit den Bedingungen des Ortes. Dabei wird die Mehrschichtigkeit der Auseinandersetzung bewußt eingeengt.

Dialog mit den klimatischen Bedingungen
Das Bauen in der Nähe des Äquators ist grundsätzlich anderen Erfordernissen unterworfen als in den Breitengraden Nordeuropas. Die von uns geplanten Wohn- und Sozialbauten in Taima und Sulayil (Saudi-Arabien) sind in ihrem Erscheinungsbild von dieser Auseinandersetzung mit Sonne und Hitze geprägt: große, geschlossene Wandflächen mit nur kleinen Fensteröffnungen, auskragende Bauteile, die bei senkrecht stehender Sonne Schatten spenden.

Dialog mit der Tradition

Bei unserem Entwurf für die Nationalbibliothek in Teheran haben wir die traditionellen Architekturelemente des Landes in eine gegenwartsbezogene Ausdrucksform transformiert und als gestaltprägende Charakteristika entwurflich integriert: Eine großräumige, mehrgeschossige Halle wird von Schalenträgern überspannt, zwischen denen schmale Glasschlitze angeordnet sind. Dadurch entsteht im Innenraum das für diese Gegend typische Wechselspiel von Licht und Schatten.

An die beiden Schmalseiten der großen Halle grenzen Patios, deren Randzonen durch umlaufende Arkaden Sonnenschutz bieten und die in der Mitte ein sprudelndes Wasserbecken haben. Aus den topographischen Gegebenheiten entsteht zwischen beiden Innenhöfen ein Höhenunterschied von mehr als 13 m. Das Wasser des oberen Brunnens wird kaskadenartig durch die Halle entlang des Erschließungsweges geführt und im unteren Wasserbecken aufgefangen. Fließendes Wasser als Symbol des Lebens ist ein traditionelles Architekturelement, das dialektisch in den Entwurf einbezogen ist.

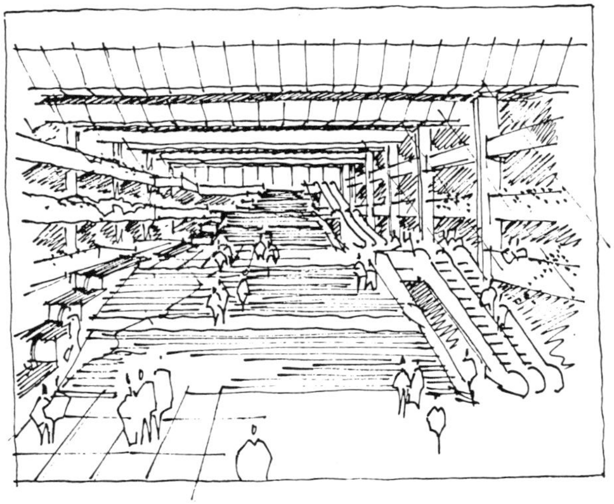

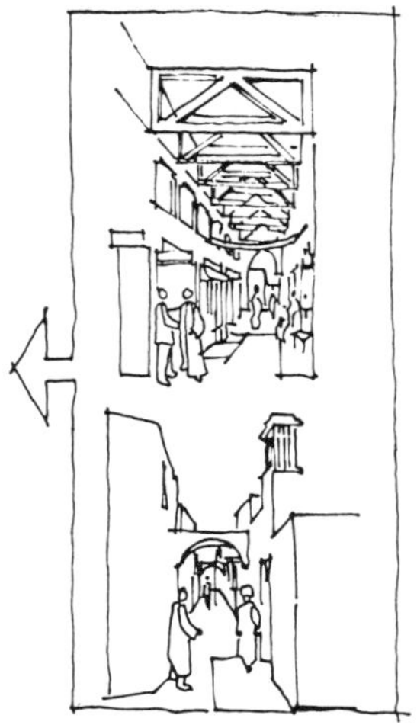

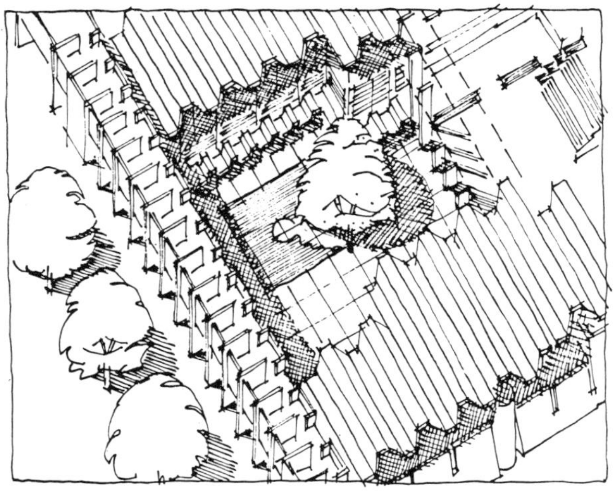

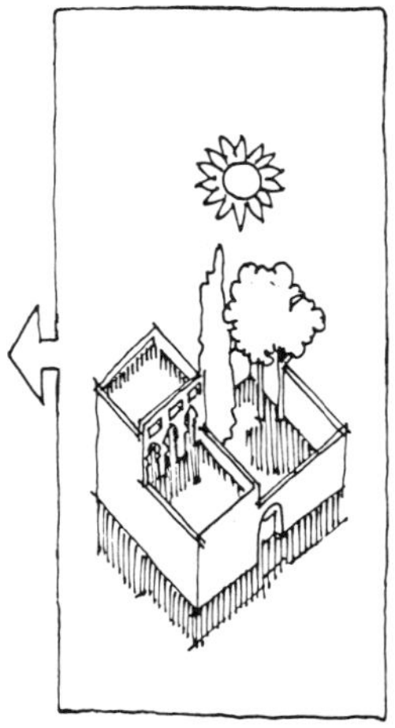

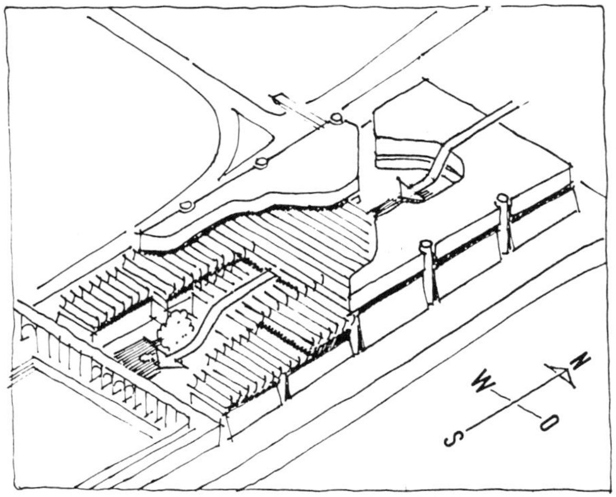

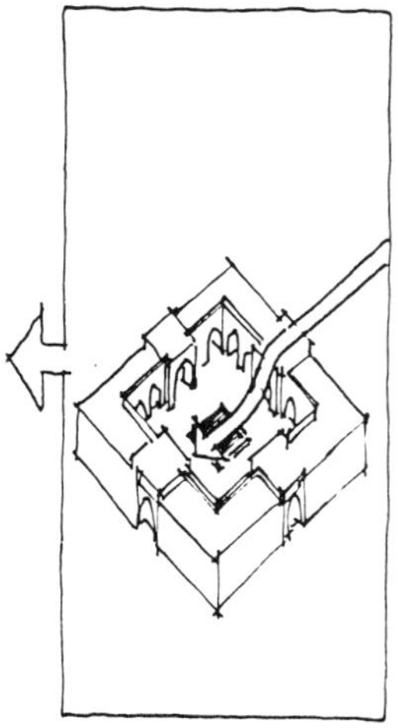

Überdeckte
Basarstraße im
Orient.

Nationalbibliothek
Teheran.
Architekten:
von Gerkan, Marg
und Partner Bock,
Stanek. Der Entwurf
entstand aus den
traditionellen
Bedingungen
Persiens.

Die Tradition
überdeckter Wege:
Wechselspiel von
Licht und Schatten.

Die Tradition der
Innenhöfe:
beschattete
Verweilzonen.

Die Tradition
fließenden Wassers:
Kühlung der Luft und
Symbol der
Lebendigkeit.

Dialog mit der Stadtstruktur

Der Grundriß der Stadt Mannheim ist durch die rasterartige Blockstruktur, die durch rechtwinklig zueinander verlaufende Straßen gebildet wird, charakterisiert. Für unseren Entwurf des Rathauses dieser Stadt haben wir das Gebäude als einen solchen Block ausgebildet und die Analogie zum Raster in der Fassadengestaltung aufgenommen.

Entwurf für das Rathaus in Mannheim.
Architekten: von Gerkan, Marg und Partner.

Die Rasterform der Straßenordnung findet eine Analogie in der Fassadengestaltung.

Das Gebäude nimmt die Blockstruktur der Stadt auf. Der vorgelagerte Platz setzt sich im Innenraum der Halle fort.

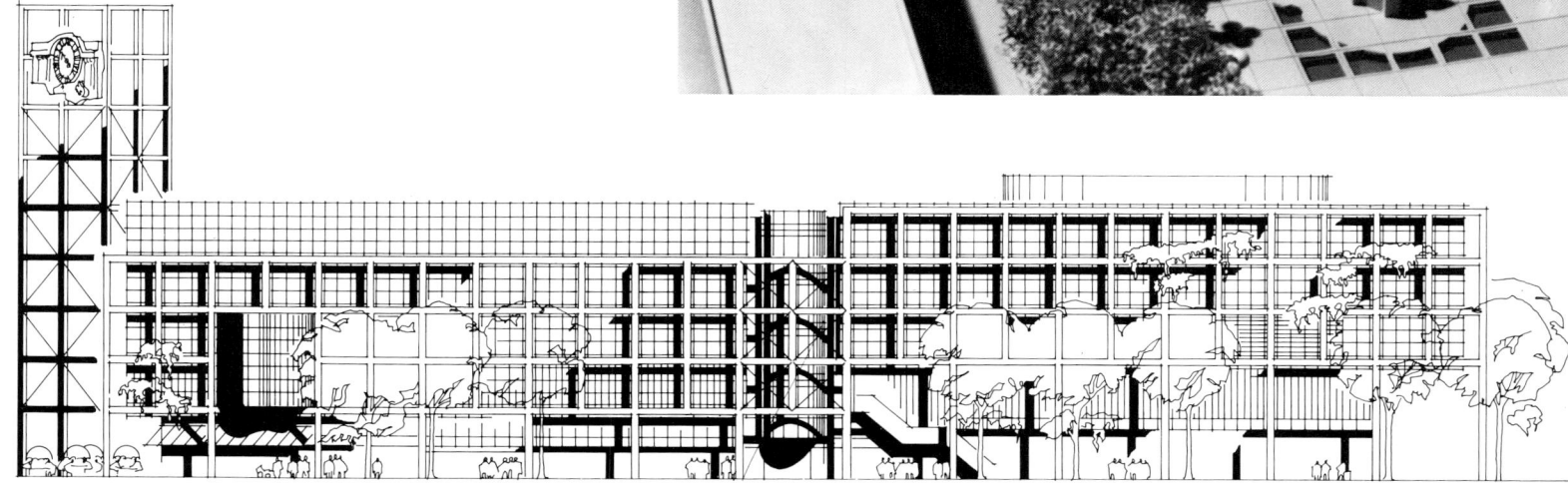

126

Plaza-Hotel in Bremen – Projekt im Bau.
Gebäudeform aus den Grenzen des Grundstücks. Die geschwungene Front reagiert auf die Mäanderform der angrenzenden Wallanlagen.

Entwurf für eine Großsporthalle in der Altstadt von Lübeck. Die Dachstruktur gliedert den großen Baukörper und nimmt das Motiv der giebelständigen Bürgerhäuser auf.

Architekten:
von Gerkan, Marg und Partner.

Dialog mit den Grenzen des Ortes

Für ein Grundstück in der Innenstadt Bremens, dessen Grenzen polygonal verlaufen, hatten wir ein Hotel zu entwerfen. Die Verbindung der unregelmäßigen Grundstücksfluchten zu einer geschwungenen Gebäudekontur reagiert auf die Mäanderform des davorliegenden Wallgrabens. Die rückwärtigen rechtwinkligen Gebäudefronten folgen dem Straßenverlauf. Eine Passage stellt erwünschte Fußwegbeziehungen her.

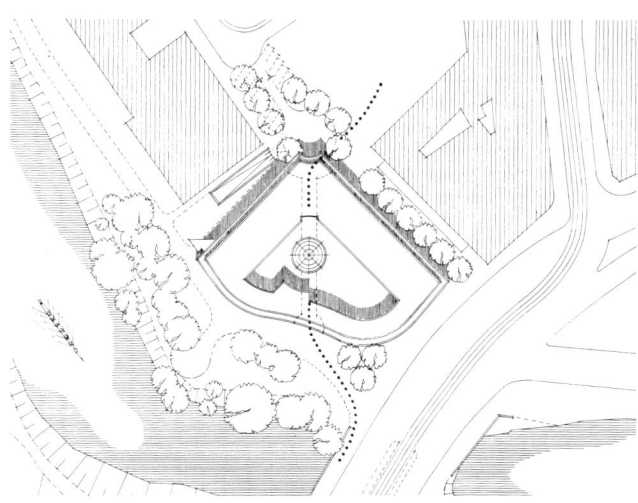

Dialog mit dem Maßstab des Ortes

In der Altstadt von Lübeck, die von kleingliedriger Maßstäblichkeit geprägt ist, hatten wir eine Großsporthalle zu projektieren. Unter Ausnutzung des Höhenunterschiedes von 3 m auf dem Grundstück haben wir die 9 m hohe Halle derart in den Hang hineingeschoben, daß auf der Rückseite nur 5 m in Erscheinung treten und lediglich die Vorderseite in voller Höhe sichtbar wird. Das Motiv der in Reihe stehenden giebelständigen Bürgerhäuser haben wir in eine gefaltete Dachstruktur umgesetzt, die zugleich für die Belichtung der Halle sorgt.

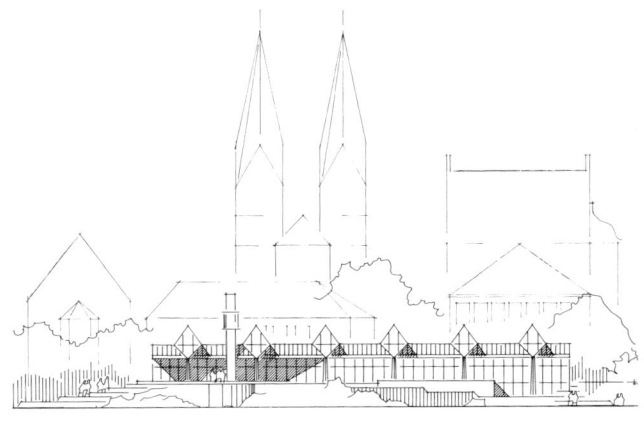

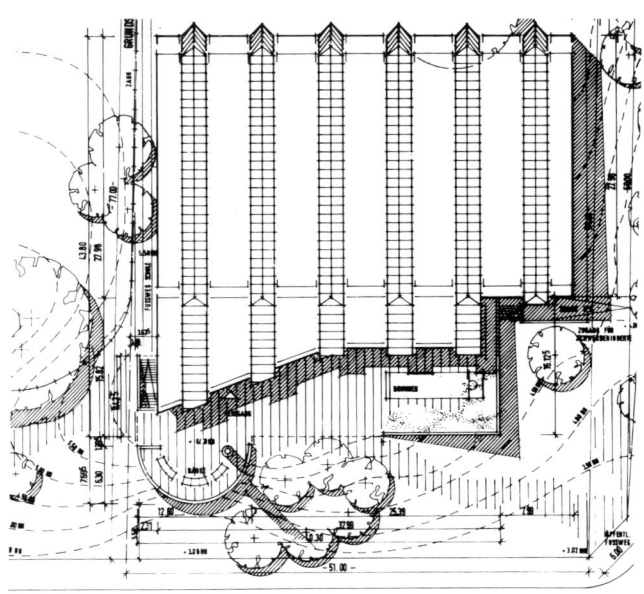

Dialog mit der Landschaft

Für Ost-Berlin hatten wir ein Freizeitbad zu entwerfen. Der Platz für dieses Gebäude ist auf der einen Seite von zwei Straßen begrenzt und öffnet sich auf der anderen zu einem Freizeitpark. Diesen Bedingungen des umgebenden Freiraumes entspricht der Entwurf dadurch, daß er zu den Straßenseiten geradlinige Begrenzungen aufweist und zum Park hin eine sich öffnende, geschwungene Kontur hat.

Dialog mit der Vegetation des Ortes

Mitten auf dem Grundstück, das für ein Berufsschulzentrum in Hamburg-Bergedorf vorgesehen war, stand eine Gruppe schöner, großer Eichen. Wir entwarfen das Schulgebäude mit einem Innenhof, in dem diese Baumgruppe erhalten werden konnte. Die beiden Haupttreppenhäuser der Schule sowie die Pausenhalle liegen an diesem Innenhof und erhalten dadurch einen inneren Orientierungspunkt.

Entwurf für ein Freizeitbad in Ost-Berlin. Die geschwungene Kontur der verglasten Gebäudefront reagiert auf den Landschaftscharakter des angrenzenden Parks.

Berufsschulzentrum Hamburg-Bergedorf. Die Gebäudeform wurde von einer vorhandenen Baumgruppe und der Reverenz gegenüber einem schönen Bauernfachwerkhaus bestimmt.

Mittelpunkt der Schule ist ein Innenhof mit einer Gruppe großer Eichen.

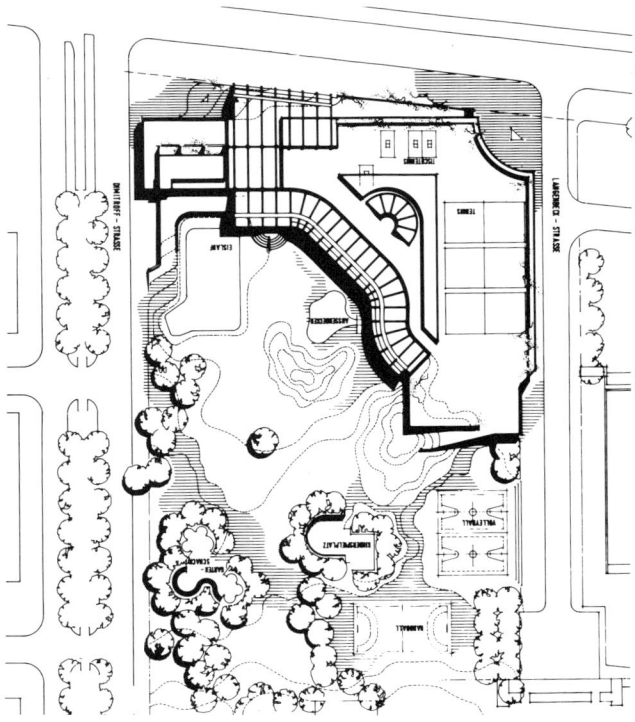

Architekten:
von Gerkan, Marg und Partner.

128

Dialog mit der Bauform des Ortes

Dort, wo die Prägung des Ortes durch eine vorherr-
schende Bauform bestimmt wird, ist diese ein
Gegenstand des entwerferischen Dialogs. Die mit
Tonpfannen gedeckten, geneigten Dachflächen
passen sich ohne Nostalgie der Bauweise an.

Keiner der mit Beispielen belegten Dialoge ist so
einschichtig, wie ich ihn der Deutlichkeit wegen
darstellen mußte. In allen Fällen hat aber die Auseinandersetzung mit den Bedingungen des Ortes
eine wesentliche Rolle gespielt. Die Auswahl sollte
zeigen, wie umfassend und vielgestaltig Reaktionen
auf die Bedingungen des jeweiligen Ortes sein können.

Dialog mit der Nachbarschaft

Bei der Neuplanung eines Geschäftszentrums mit
Ladengalerien, Büros, Wohnungen und einem
Hotel in der Hamburger Innenstadt stellte sich das
Problem, die große, zusammenhängende Baumaßnahme in die Nachbarschaft einzufügen. Unser Ziel
war es, die differenzierte Vielgestaltigkeit der Umgebung weder durch die Dimension des Gesamtvo-
lumens zu stören noch einen künstlich erzeugten
Pluralismus der Gestaltungselemente vorzutäu-
schen. Wir haben den Dialog zur Nachbarschaft
dadurch gesucht, daß wir die Fassaden durch rhyth-
mische Zäsuren gegliedert und durch Rückstaffe-
lungen der Umgebung »angepaßt« haben.

Dialog mit der Geschichte des Ortes

Für den Schwerpunkt des touristischen Treibens in Westberlin am Schnittpunkt zwischen dem Kurfürstendamm und der Joachimsthaler Straße hatten wir die Neugestaltung des Joachimsthaler Platzes zu planen. Unsere Konzeption sah vor, oberhalb des Platzes einen Informationspavillon zu errichten, eingefügt in ein mit Grün beranktes Stahlgestell, der als Gebäudekontur den Umriß von Gesamt-Berlin erhalten und durch einen fugenartigen Riß die Trennung der Stadt verdeutlichen sollte.

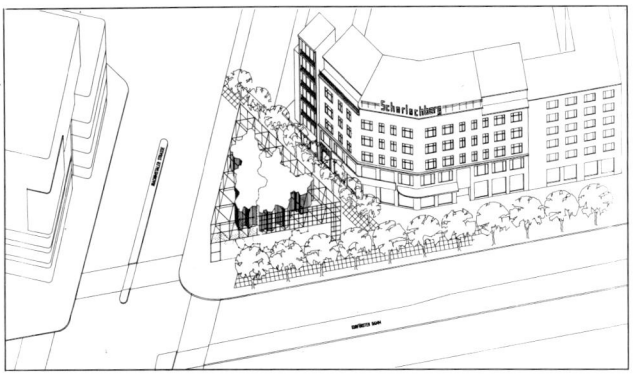

Berlin-Denkmal als Informationspavillon. Zur Gestaltung des Joachimsthaler Platzes in Berlin. Die Raumform hat den Stadtgrundriß. Der Riß markiert die Trennung durch die Mauer.

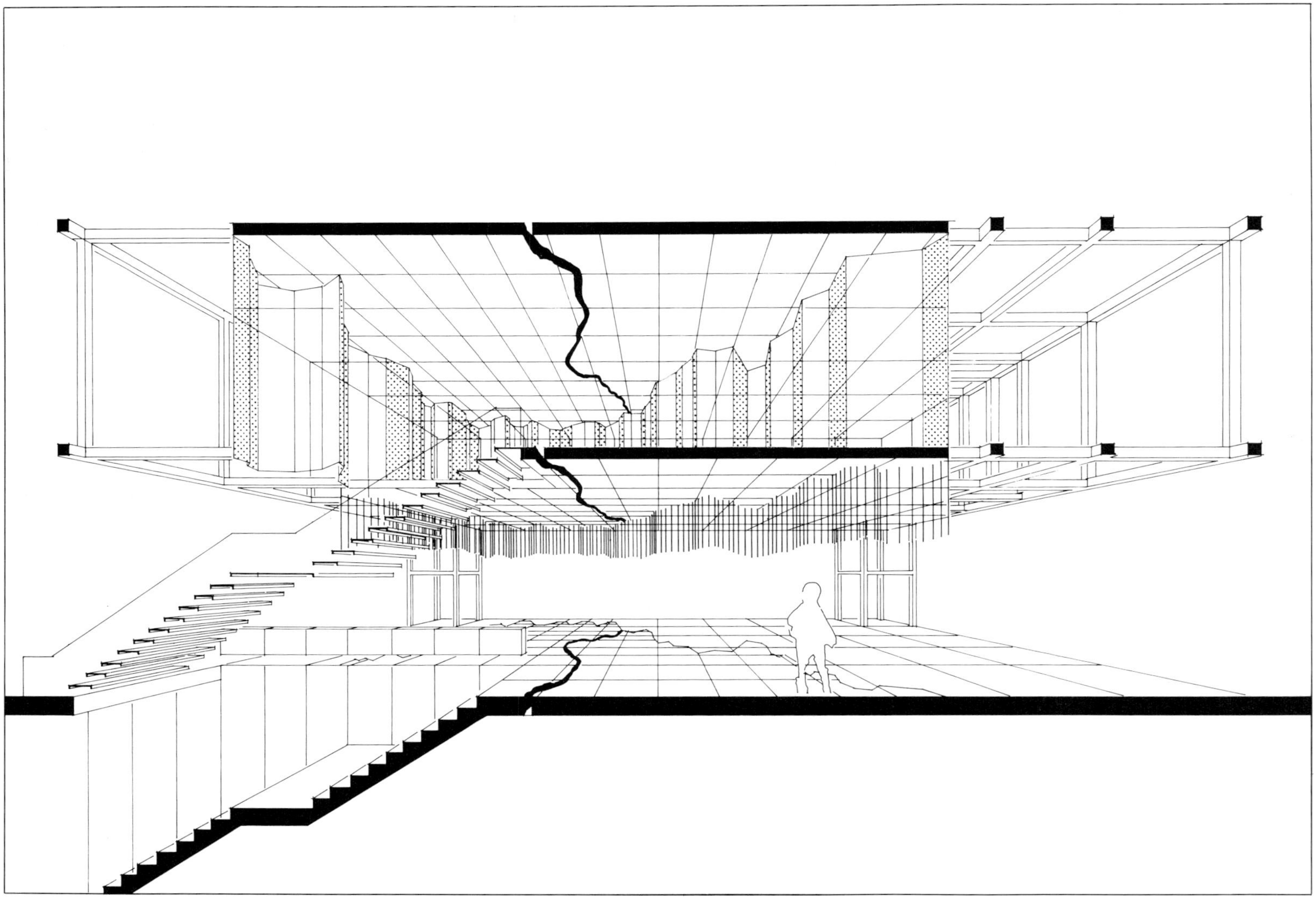

Entwurf für das
Islamische Zentrum in
Madrid.
Die divergierenden
Ausrichtungen von
Grundstück und
Mekka-Orientierung
führten zur
Durchdringung der
Baukörper.

Ausflugslokal auf
einer Mülldeponie,
die zum Freizeitpark
umgestaltet wurde.
Die verfremdete
Würfelform als
Symbol.

Architekten:
von Gerkan, Marg
und Partner Bock,
Stanek.

Dialog mit den Richtungen des Ortes
Der Entwurf für das Islamische Zentrum in Madrid
war durch den Verlauf der Erschließungsstraße und
die Grundstücksgrenzen in seiner orthogonalen Ausrichtung festgelegt. Die Orientierung der Moschee
nach Mekka wich von dieser Richtung ab. Die
Überlagerung beider Ausrichtungen bestimmte die
Durchdringung der Baukörper und damit die
Grundrißstruktur.

Dialog mit der Bedeutung des Ortes
Der Entwurf des Ausflugsrestaurants auf dem Gip-
fel der zu einem Freizeitpark umgestalteten Mülldeponie in Berlin-Lübars sollte die neugewonnene
Bedeutung des Ortes auf doppelte Weise symboli-
sieren: Die Verfremdung des auf die Spitze gestell-
ten Würfels bildet durch seine elementare und
kristalline Form einen Kontrapunkt zur weichen
Kontur des Hügels und verdeutlicht den Gegensatz
zur amorphen Masse des Mülls sowie den Widerspruch des Verfallenen und Toten zum Lebendigen
aktiver Freizeitgestaltung.

Die Funktion

Bedingungen der Nutzung

Das Schimpfwort »Funktionalismus«

Funktion ist ein Schlüsselwort, an dem sich der momentane Umbruch im Bewußtsein für Architektur festhakt. Dieser Begriff war für mehrere Jahrzehnte das dominierende Synonym in der Wertskala des Baugeschehens. Seiner überragenden Bedeutung verdankt die letzte Epoche der Architekturgeschichte die Bezeichnung »Funktionalismus«. Mittlerweile wurde dieser Name zu einem Schimpfwort, mit dem man in Bausch und Bogen alle Sünden in unserer gebauten Umwelt belegt.
Was hat diese Diskreditierung des Begriffes Funktion bewirkt?
Meines Erachtens ist es die einseitige und engstirnige Interpretation des Funktionalen in der Architektur. Leistung, ökonomische Effizienz, physische Gebrauchstüchtigkeit und Wachstum waren die Leitziele, an denen sich die Gesellschaft der vergangenen Jahrzehnte orientiert hat. Im Sinne dieser Wertzuschreibungen wurde auch die Funktion der Architektur gesehen. Materielle Gebrauchstüchtigkeit und quantitativ erfaßbare Zweckmäßigkeit waren die beherrschenden Kriterien, nach denen Architektur entworfen und bewertet wurde. In diesem Sinne galt diejenige Architekturform als erstrebenswert und richtig, die mit einem Minimum ökonomischen Aufwands ein Maximum des Nutzens erbrachte: also die Leistungsform, da Leistung das Verhältnis von Aufwand zu Nutzen ausdrückt.
Maximierung des Nutzens oder, pointierter ausgedrückt, des Profits ist jedoch kein Phänomen der Gegenwart; die Gründerzeitjahre waren in dieser Hinsicht viel effektiver. Die dichtgedrängte Miethausbebauung mit engen Innenhöfen und Lichtschächten legt hierfür beredtes Zeugnis ab. Zu jener Zeit dienten aber stuckverzierte Fassaden und pompöse Treppenaufgänge dem gleichen Zweck. Für den Profit wurden disfunktionale Schönheit und repräsentativer Luxus als gleichermaßen notwendig erachtet. Diese Attribute entsprachen den bürgerlichen Nutzungsanforderungen ebenso wie der Lieferanteneingang und die Räume für das Dienstpersonal.
Solange aus Gründen gesellschaftlicher Repräsentation und luxuriöser Ansprüche des Großbürgertums auch unfunktionale Teile der Architektur nutzbringend erschienen, bestand keine Veranlassung, den Aufwand auf das ausschließlich Zweckhafte zu reduzieren. Dies hat erst die soziale Komponente bewirkt. Den Prinzipien der Gleichheit und einer gerechten Verteilung mußte jeder ökonomische Aufwand geopfert werden, der keinem rationalen Zweck diente. Die Größe der Wohnungen reduzierte sich auf die notwendigen Abmessungen, um Betten, Schränke, Eßtisch und eine Sitzgruppe aufzustellen und die Bedürfnisse der Hygiene und des Kochens zu befriedigen. Die Höhe der Räume wurde ebenso minimiert wie die Breite von Treppen und Fluren. Als »maß«-gebendes Kriterium galt die Funktion – verstanden im Sinne physischer Brauchbarkeit. Wände und Decken wurden glatt geputzt, Fußböden mit strapazier-

Wohnhausfassade
nach dem Prinzip
maximierten Nutzens
bei minimiertem
Aufwand.

Wissenschaftszentrum
Berlin.
Architekt:
James Stirling.
Die Unfunktionalität
des Bürogrundrisses
als Abfallprodukt
einer formalistischen
Idee.

fähigen und pflegeleichten Materialien belegt. Auch bei Fenstern und Türen entfielen alle Profilierungen und Verzierungen.

Die gleichen Grundsätze galten natürlich auch für die äußere Erscheinung der Häuser, die Gliederung der Baumassen und die Gestaltung der Fassaden. Als funktionsgerecht im Sinne einer Minimierung des ökonomischen Aufwands galt das, was sich einfach und billig herstellen ließ.

Diese Prinzipien beschränkten sich nicht auf Wohnhäuser, sondern betrafen öffentliche Gebäude und Bauten der Wirtschaft gleichermaßen. Die Zielsetzungen sozialer Bildungs- und Gesundheitspolitik sorgten auch beim Schul-, Universitäts- und Krankenhausbau dafür, daß funktionelle Effizienz und Massenproduktion oberste Priorität hatten. Dieser Funktionalismus war die gebaute Funktion des gesellschaftlichen und politischen Wertsystems.

Auf diese Zielsetzungen war die Gestalt-Theorie von Sullivans Devise »form follows function« geradezu maßgeschneidert. Sicher hat es zur gleichen Zeit viele verschiedene Theorien und Praktiken gegeben, nach welchen Regeln architektonische Form zu schaffen sei; diejenige ästhetische Lehrmeinung, welche die Form als ein Produkt der Funktion betrachtete, lieferte jedoch das logische Gerüst für Ignoranz und Ablehnung gegenüber Form und Ästhetik als eigenwertige Kategorien. Der Form wurde nur so viel Berechtigung zugestanden, wie sich aus der vermeintlichen Notwendigkeit der Funktion herleiten ließ.

Es erscheint mir wichtig zu betonen, daß dieser Funktionalismus nicht gegen den Willen der Menschen über die Welt verbreitet wurde, sondern das Ergebnis gesellschaftlicher Zielsetzungen darstellte.

In dem Moment nun, da diese Zielsetzungen fragwürdig werden, geraten die Leitbilder von gestern zu den Schreckensbildern von heute. Von den meisten wird jedoch verkannt oder verdrängt, daß die nunmehr als inhuman, rücksichtslos und gestaltarm erkannte Architektur der jüngsten Vergangenheit

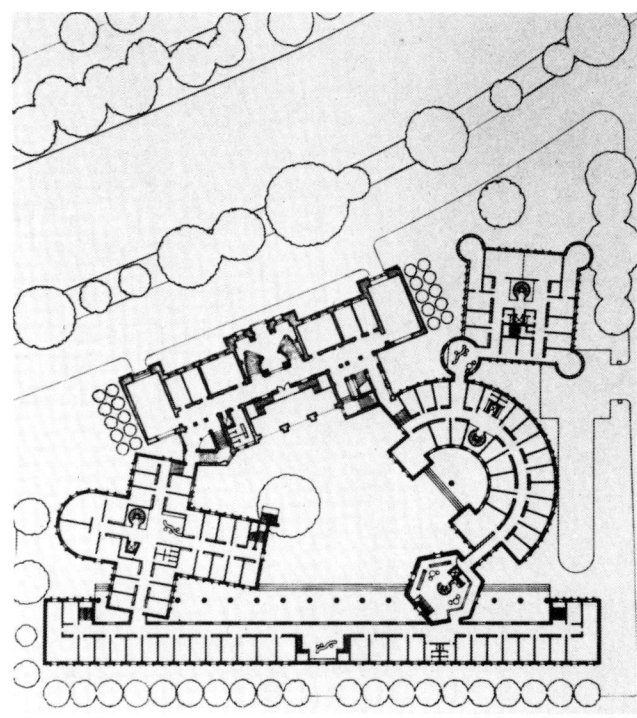

diejenige ist, welche die Mehrheit der Gesellschaft wollte. Die Architekten waren die Vollzugsgehilfen, viele gegen ihre eigene Überzeugung. Das kann man ihnen vorwerfen, nicht jedoch, daß sie gegen den erklärten Willen ihrer Auftraggeber gehandelt hätten. Wer das behauptet, verkennt, in wessen Händen die Macht liegt, darüber zu entscheiden, was und wie gebaut wird.

Da für viele der Funktionalismus die Wurzel allen Übels ist, schütten sie das Kind mit dem Bade aus und meinen, Architektur müsse unfunktional sein, um gemäß den neuen Leitbildern human, rücksichtsvoll und gestalterisch qualitätvoll zu sein.

In »fortschrittlichen« architekturtheoretischen Erörterungen wird die Funktion verpönt und der Form oberste Priorität zugemessen. Je weniger die Form an eine Funktion gebunden ist, je unfunktioneller sie sich darbietet, desto höher wird ihr künstlerischer Wert eingeschätzt.

Die Dogmatik des Funktionalismus wechselt direkt über zur Dogmatik des Formalismus.

Architektur als zweckgebundene Kunst

Es steht aber außer Frage, daß Architektur immer an eine Funktion gebunden bleibt. Architektur ist keine zweckfreie Bildhauerei in gigantischen Dimensionen, sondern angewandte Kunst, die einer sozialen Brauchbarkeit zu dienen hat. Das gilt für ein Wohnhaus gleichermaßen wie für ein Bürogebäude, eine Schule oder ein Krankenhaus. Auch ein Gotteshaus dient einem Zweck. Aus den religiösen Ritualen ergeben sich funktionelle Anforderungen an das Bauwerk: Liturgie, Versammlung der Gemeinde, Andacht und Gebet.

Funktionserfüllung ist die elementarste Bedingung der Architektur. Jeder Anlaß für das Entstehen eines Hauses ist ein Nutzungsbedürfnis. Deswegen gibt es keinen plausiblen Grund, dieses Haus nicht für eine sinnvolle Nutzung zu konzipieren. Allerdings gibt es berechtigte Meinungsunterschiede darüber, welche Art der Nutzung sinnvoll ist – welche Funktion einer inhaltlichen Bestimmung angemessen ist.

Funktionalität kann man in einem ausschließlich quantitativ-materiellen Sinne verstehen wie in den zurückliegenden Jahrzehnten. Diese Interpretation ist auf Leistung orientiert. Die adäquate Form ist die Leistungsform. Ein kompaktes Bürohochhaus mit einer zentralen Fahrstuhlanlage gewähr»leistet« bessere organisatorische und betriebliche Abläufe als eine lockere Pavillonbauweise mit langen Wegen für die Mitarbeiter und den Aktentransport.

Bezieht man in die Funktionalität andere Komponenten, wie Arbeitsplatzqualität, Milieu, Wohnlichkeit und Erlebnisvielfalt, ein, so kann eine weniger leistungsbezogene Form trotzdem bessere Funktion bieten.

Es ist absurd, die Funktion zu verteufeln und sich von antifunktioneller Architektur eine humanere Umwelt zu erhoffen. Vielmehr ist es notwendig, der Funktionalität selbst veränderte Wertkategorien zuzumessen – die quantitativen Maßstäbe der Leistungserfüllung durch qualitative Kriterien des Lebensraumes zu ersetzen.

Hauptverwaltung Deutsche Shell AG, Hamburg.
Architekten: von Gerkan, Marg und Partner.
Die »Leistungsform« eines Bürohauses für 2000 Mitarbeiter.

Bürohaus der Bundesversicherungsanstalt in Berlin.
Architekten: Rave und Rave.
Die Funktionalität der großen Baumasse wird durch die künstlerische Gestaltung beherrscht.

Dies ist jedoch nicht allein Aufgabe der Architekten. Sie können mit ihren Entwürfen nur Angebote liefern. Ob und wieweit diese Angebote die funktionellen Anforderungen erfüllen, hängt davon ab, nach welchen Wertordnungen unsere Gesellschaft ihren Lebensraum geordnet und gestaltet sehen möchte.

Diese Feststellung soll die besondere Verantwortung der Architekten nicht schmälern. Sie können durch erfüllungsbereite Anpassung an die tatsächli-

Projekt für die
VW-Hauptverwaltung
in Wolfsburg.
Architekten:
von Gerkan, Marg
und Partner.
Veränderte Bedingungen
der Funktionalität
erlauben auch neue
Bürohauskonzeptionen.

könne sich auf technische und materielle Funktionalität beschränken, so fatal ist es, funktionslose Architektur zu predigen.

Form und Funktion

Auch die Architektur des Funktionalismus war keineswegs das Ergebnis einer selbstgesteuerten Gestaltungsautomatik. Bei Handwerkszeugen mit eindimensionalem und einfachem Nutzungszweck, wie Hammer, Zange oder Säge, ist die Form eine unmittelbare Folge der optimierten Funktion. In diesen Fällen determiniert die Funktion eine eindeutige Form. Dies gilt bereits bei Gegenständen mit geringfügig größerer Komplexität nicht mehr. So einfach die Funktion des Sitzens auch erscheint, so unendlich groß ist die Zahl unterschiedlicher Stuhlformen. Es gibt keine Stuhlform, die sich aus der Funktion des Sitzens logisch ableiten ließe. Die Materialeigenschaften von Holz, Stahl oder Kunststoff, die Herstellungsmethoden und vor allem der Geschmack sind gleichermaßen formbestimmende Faktoren.

In der Blütezeit des Funktionalismus wurde »die gute Form« als Wertbegriff geprägt, der als Markenzeichen für die funktionelle Gestaltung von Haushalts- und Elektrogeräten galt. Die Elektrofirma Braun war mit ihrer Produktpalette beispielhaft dafür.

Was mit dem Begriff »die gute Form« ausgezeichnet wurde, entsprach dem Geschmacksempfinden der zeitgenössischen Tasteleader: ornamentlose und elementar einfache Formen, technisch, kühl und möglichst farblos. Die Behauptung, daß die Formen der schwarzen und weißen Radiokisten im Gegensatz zu den als Stilmöbel verkleideten Musiktruhen, logisch und konsequent aus der Funktionalität entwickelt worden wären, ist eine ideologische Fiktion.

Architektur ist um ein Vielfaches komplexer als jedes Design-Objekt, sei es Stuhl, Elektrogerät oder Auto. Mit dem Grad der Komplexität wächst

chen oder vermeintlichen Bedürfnisse der Gesellschaft fehlgeleitete Zielsetzungen unterstützen und verstärken. Sie können aber ebenso durch kreative Innovation neue Lösungen vorlegen und damit modellhaft verändernd auf das Bewußtsein und die Ziele der Gesellschaft einwirken.

Mit dieser Führungsrolle verbindet sich zugleich die Versuchung, als Heilsverkünder Ideologien einer schöneren Welt zu verbreiten – die verschlissenen Dogmen von gestern zu verteufeln, um sie durch neue zu ersetzen.

Wir brauchen keine neuen Ideologien und Patentrezepte für eine bessere Umwelt. Was wir brauchen, ist die Einsicht, daß Architektur und Städtebau angewandte Kunst sind. Die Bindung an eine sinnvolle Nutzung ist dabei ebenso unabdingbar wie die kreative künstlerische Leistung. Denn Architektur ist mehr als nur Funktionserfüllung von Behausungsbedürfnissen. Funktionalität ist nur eine von vielen, wenn auch die wesentliche Bedingung für Architektur. Die kreative Leistung muß die Synthese aller Bedingungen zu einem Ganzen bewirken. So unsinnig die Annahme war, Architektur zugleich die Unabhängigkeit der Form von der Funktion. In der Architektur sind Form und Funktion zwei gleichwertige Komponenten, die teils unabhängig voneinander, teils in gegenseitiger Bedingtheit das Wesen eines Gebäudes bestimmen. Nicht nur Funktion bedingt eine Form, auch Form bedingt Funktion. Die Funktion wird mindestens in gleichem Maße durch die Form beeinflußt, wie sich umgekehrt die Form aus funktionellen Bedingungen herleitet. Die Funktion allein kann keine logische Form erzeugen.

Ich kann mir kaum eine Bauaufgabe vorstellen, die stärker funktionalen Anforderungen unterliegt als Passagierterminals von Flughäfen. Trotzdem sind die architektonischen Formen dieser Gebäude sehr unterschiedlich. Soweit sie Gemeinsamkeiten aufweisen, sind diese nicht funktionell bedingt, sondern von anderen Komponenten bestimmt.

Diese Komponenten können aus einer zeitabhängigen stilistischen Auffassung resultieren. So ist das Erscheinungsbild des Flughafens Berlin-Tempelhof ebenso vom Zeitgeist der Nazi-Ära geprägt, wie die Form des Flughafens Paris-Orly ein Kind des sogenannten internationalen Stils ist.

Die formprägenden Komponenten können aber auch aus der künstlerischen Intention des Architekten entspringen.

Die von Eero Saarinen entworfenen Flughafengebäude in Washington und New York belegen, in welchem Maße die Funktion von einer dominierenden architektonischen Form beherrscht wird. Bemerkenswert ist dabei, daß die Funktionstüchtigkeit dieser Gebäude von den meisten Passagieren besser eingeschätzt wird als die mancher gestaltlosen Abfertigungsmaschinen. Hier ist die Funktion eher der Form gefolgt, und zwar auf eine Weise, die ihr selbst dienlich war.

Da also die Architekturform nicht eindeutig durch die Funktion bestimmt wird, ist ihre Findung – das Entwerfen – auf andere Bedingungen angewiesen. An den Beispielen des entwerferischen Dialogs mit den Bedingungen des Ortes habe ich klarzumachen versucht, welche Bedeutung die Auseinandersetzung mit den situationsspezifischen Gegebenheiten für unsere Arbeit hat. Diese ortstypischen Bedingungen gibt es bei Flughafenanlagen jedoch selten. Sie stehen schon aufgrund ihres großen Flächenbedarfs als Solitärbauten außerhalb aller städtebaulichen und landschaftlichen Abhängigkeiten. Um so mehr Gewicht haben die subjektiven und »künstlerischen« Leitbilder des Entwerfers. Ich schätze mit großer Hochachtung Architekten wie Scharoun, Aalto, Utzon oder Wright, die aus ihrem künstlerischen Impetus »bedingungslose« Formen geschaffen haben. Wir haben uns dazu nur ganz selten berufen gefühlt; statt dessen haben wir uns selbst Bedingungen auferlegt.

Flughafenterminal TWA, New-York. Architekt: Eero Saarinen. Ein großer Vogel als symbolische Form, der die Funktion auf bemerkenswert gelungene Weise folgt.

Lärmschutzkabine für
Probeläufe von
Flugzeugmotoren.
Architekten:
von Gerkan, Marg
und Partner.
Die Gebäudeform
basiert auf der
Geometrie einer
Dreieckspyramide.

Geometrie als Mittler zwischen Form und Funktion

Unser Architekturbüro war häufig mit Entwurfs-
aufgaben konfrontiert, die außer den funktionellen
Anforderungen keinen sonstigen gestaltprägenden
Bedingungen unterworfen waren. Hierzu zählen
besonders die Planungen von Flughafenterminals.
Wir haben in diesen Fällen keine willkürlichen oder
symbolischen Formen gesucht, sondern uns der
Geometrie als Mittler zwischen Funktion und Form
bedient. Alle unsere Flughafenentwürfe sind von
den Gesetzmäßigkeiten der Geometrie beherrscht.
Dabei steht keine bestimmte geometrische Grund-

form im Vordergrund. Wir haben nicht etwa eine
Sechseckideologie entwickelt, nur weil das von uns
gebaute Tegeler Projekt dieses Grundmuster aufweist. Vielmehr dient uns die Gesetzmäßigkeit
verschiedener geometrischer Elementarformen
(Kreis, Quadrat, Dreieck, Sechseck) als ordnendes
und strukturierendes Medium, durch das wir die
Funktionen in eine räumliche und baukörperliche
Form bringen. Das gilt für die große Gesamtform
gleichermaßen wie für jedes Detail.
Die innere Logik und klare Gesetzmäßigkeit geometrischer Strukturen bilden eine Analogie zu
unserer funktionellen Maxime, die auf elementare
Einfachheit ausgerichtet ist.

FLUGSTEIGRING WEST
FLUGSTEIGRING OST
TOWER
TANKSTATION
FEUERWEHR
PARKHAUS
ZENTRAL-
GEBÄUDE
FRACHT
BORDKÜCHE
FRACHT
POST
PARKPLATZ WEST
BETRIEBSTECHNIK
ENERGIE-
ZENTRALE
ERWEITERUNGSZONE OST
U-BAHN

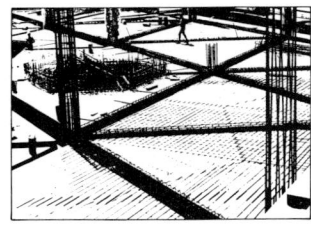

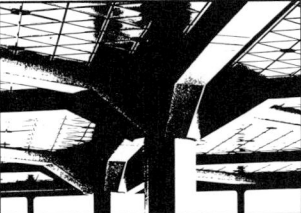

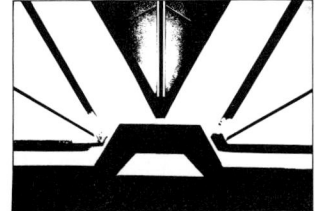

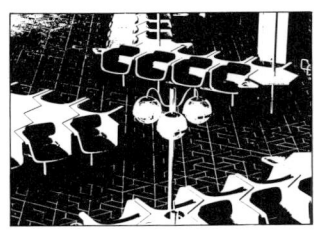

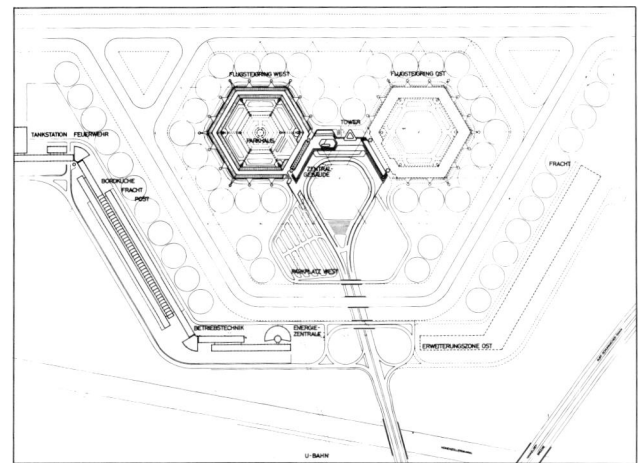

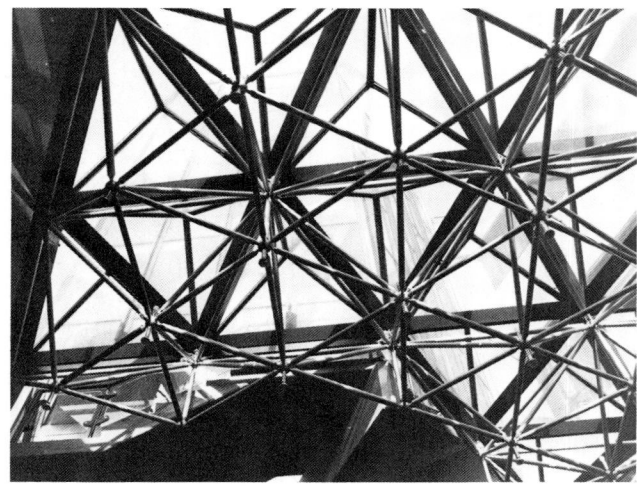

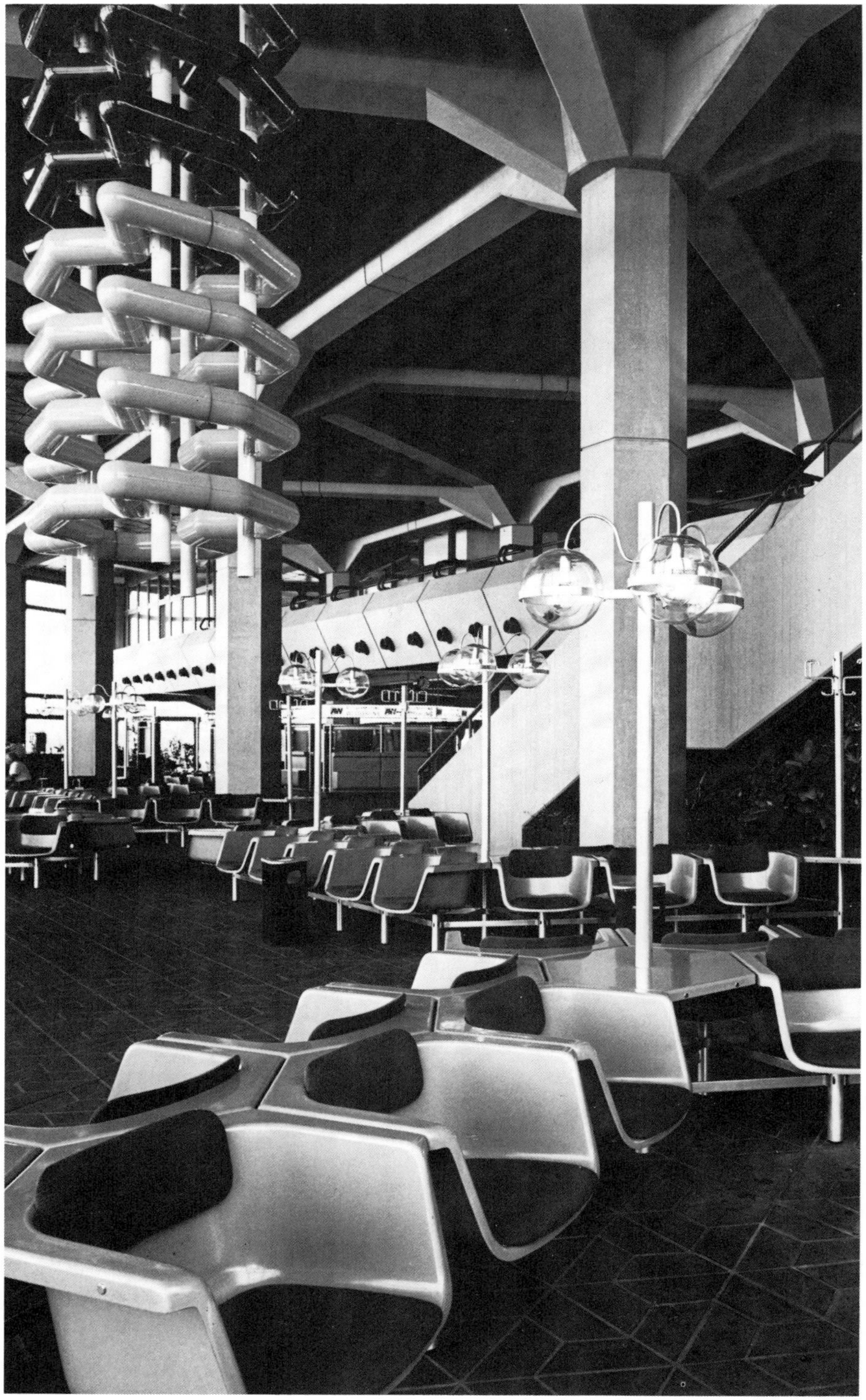

Berlin-Flughafen
Tegel.
Architekten:
von Gerkan, Marg
und Partner.
Jedes Bauglied fügt
sich in die vorgegebene
geometrische
Struktur.
Die geometrische
Logik ordnet auch
alle Teile des
Bauwerks:
Konstruktionen,
Fußböden, Decken,
Treppen und
Einrichtungsgegenstände.

Die Funktionen eines Flughafens sind derart komplex und in ihren gegenseitigen Abhängigkeiten so ambivalent, daß abstrakte Lösungsmodelle von Teilfunktionen einer konkreten hierarchischen Ordnung bedürfen, um zu einem gesamtheitlichen Organismus zusammenzuwachsen. Die geometrische Regelhaftigkeit vermag funktionelle Bezüge zu ordnen, die in einer freien und ungebundenen Form der Zufälligkeit überlassen blieben. Je komplexer ein funktionell-räumlicher Organismus ist, desto notwendiger bedarf er einer klaren inneren Ordnungsstruktur.

Wir haben bei der eigenen Entwurfsarbeit erfahren, wie stark ein formales Gerüst funktionelle Bezüge zu determinieren vermag, welch rückwirkende Ordnungskraft von formalen Gesetzmäßigkeiten auf die betrieblichen und organisatorischen Zusammenhänge ausgehen kann.

Wir haben die Funktionen als analytische Mosaiksteinchen betrachtet, deren synthetisches Zusammenfügen zu einer sinnvollen Gesamtform nach den Regeln geometrischer Gesetze erfolgt. Dabei war es unser Bestreben, die Gesamtform so weit vorzustrukturieren, daß auch alle zukünftigen Entwicklungen und weiteren Bauabschnitte Teile eines Ganzen bleiben. Nur durch ein derart klares und in sich konsequentes Ordnungsgerüst kann sichergestellt werden, daß nicht durch Veränderungen und Erweiterungen in kurzer Zeit bauliches und räumli-

ches Chaos entsteht, wie es auf fast allen großen Flughäfen der Welt vorherrscht. Auch die einzelnen Bauelemente – Konstruktionen, Decken, Fußböden, Treppen und Einrichtungsgegenstände – sind als Teile des Ganzen aus der gleichen geometrischen Logik entwickelt. Damit ist ein großes und komplexes Bauwerk bis zum kleinsten Detail einer formalen Disziplin unterworfen. Gleichwohl ist es unser Anliegen, weder ein funktionelles System noch ein formales Prinzip zum Dogma werden zu lassen.

Unser oberstes Ziel ist, jedem Bauwerk eine inhaltsbezogene Identität zu verleihen, die weder von funktioneller Eingleisigkeit noch von einem gestalterischen Dogma diktiert wird.

Die Funktion
gesellschaftlicher Bedingungen

Architektur entsteht immer aus dem Zusammenwirken vielfältiger Einflußkomponenten. Die Funktion ist neben den Bedingungen des Ortes und dem Gestaltungswillen des Entwerfers eine der wichtigsten Komponenten. Die Funktion repräsentiert die Nutzungsanforderungen, also die Wünsche und Bedürfnisse der Benutzer und Bewohner von Architektur. Deswegen ist es unsinnig, die Funktionalität der Architektur anzuprangern. Sie ist lediglich das Symptom; die Ursachen liegen in den Bedingungen, welche die Gesellschaft stellt. Durch die gestalterische Fähigkeit des Architekten können diese Bedingungen unterschiedlich interpretiert, aber nicht ignoriert werden.

Wenn sich unsere Gesellschaft eine andere Architektur wünscht, dann muß sie ihre Bedingungen und Nutzungsanforderungen ändern. Sie muß vor allem erkennen, daß Architektur mehr ist als nur ein nützliches Gebrauchsgut, das man je nach Geschmackstendenz ornamentlos rastert oder mit historisierenden Kulissen kaschiert. Die Architekturform ist eine Funktion des gesellschaftlichen Wollens.

Funktionen ohne Ordnungsgerüst sind unordentlich. Flughäfen und Gewerbeansiedlungen sind deswegen meist chaotisch: Flughafen Zürich-Kloten.

140

Ideologien im Tidenwechsel

Theoretische Bedingungen

Ähnlich den Pendelbewegungen in der Ästhetik sind auch die Architekturtheorien einem ständigen Tidenwechsel unterworfen: Jeder ausgeprägten Strömung in die eine Richtung folgt eine Gegenströmung. Da diese theoretischen Leitbilder jeweils mit einem absoluten Totalitätsanspruch auftreten und das gesamte Architekturgeschehen in ihre Botmäßigkeit zwingen, will ich sie die ideologischen Bedingungen der Architektur nennen.

Zwischen den ideologischen Bedingungen und denen des Geschmacks bestehen meist direkte innere Wechselbeziehungen.

Jedes Baugeschehen ist Gegenstand von kritischen Analysen, Deutungen und Wertungen. Diese kritische Auseinandersetzung mit dem »Ist« der jeweiligen Gegenwart ist zugleich Nährboden und Triebfeder für ein neues »Soll«. Aus der Erkenntnis von Fehlern werden neue Leitbilder entwickelt, Ideale besser funktionierender Städte, billiger zu erstellender Bauten, gerechterer Befriedigung von Wohnbedürfnissen oder einer humaneren Umwelt. Immer dann, wenn die Wirklichkeit besonders verfahren und kompliziert erscheint, ist der Weg für neue Ideale bereitet, aus denen Ideologien entstehen. Ideologien versprechen Besserung auf einem schnellen und spektakulären Wege.

Der Versuchung, neue Heilslehren zu erfinden, unterliegen zunächst diejenigen, die in diesen Konflikt verstrickt sind, also Architekten und Planer. Dabei scheint es eine verbreitete Eigenschaft der Architekten zu sein, ihre eigenen Ziele für die der Allgemeinheit zu halten.

Soweit diese Ideale tatsächlich mit den jeweiligen gesellschaftspolitischen Zielen korrespondieren, erlangen sie durch Gesetze und Erlasse schnell eine normative Allgemeingültigkeit. Auf diese Weise ist das Baugeschehen ständig einer bevormundenden Reglementierung unterworfen. Die geistigen Zulieferanten dieser Ideologien sind Planer und Architekten. Sie erdenken die neuen Ideale, die sich im pragmatischen Baugeschehen zu Dogmen verfestigen. Obgleich die inhaltlichen Zielsetzungen der Dogmen permanent nach dem Prinzip des Tidenwechsels ausgetauscht werden, bleibt ihre normative Allgemeingültigkeit.

Die tiefen Spuren, welche die wechselnden Dogmen in unserer gebauten Umwelt hinterlassen haben, sind an einigen Beispielen zu verdeutlichen. Auf diese Weise soll erkennbar werden, wie sich die Ideale theoretischer Leitbilder durch ideologische Dogmatik auf die gebauten Ergebnisse ausgewirkt und wie sich die Hoffnungen und Verheißungen einer besseren und humaneren Umwelt oft in das Gegenteil verkehrt haben.

Um das Entstehen und die Bedeutung der Architekturdogmen zu verstehen, ist es notwendig, diese in einen historischen Kontext zu bringen. Erst die Korrespondenz zu den gesellschaftlichen Strömungen läßt erkennen, warum bestimmte Architekturideologien einen normativen Charakter für das Baugeschehen gewonnen haben.

Die Zeitspanne von 1945 bis heute läßt sich nach Entwicklung des Architekturgeschehens in vier Phasen gliedern:

141

1945 bis 1955 – Phase der Gegenwartsbewältigung,
1956 bis 1967 – Phase der Zukunftshoffnung,
1968 bis 1975 – Phase der Infragestellung,
1976 bis heute – Phase der Rückbesinnung.

Die Abgrenzung der Phasen ist nur schwer auf ein bestimmtes Jahr zu fixieren, teilweise vollzieht sich über mehrere Jahre eine Überlagerung von zwei entgegengesetzten Strömungen. Im übrigen markieren diese Zeitspannen den geistigen Hintergrund und die Veränderungen des ideologischen Überbaus. Die reale bauliche Manifestation vollzieht sich demgegenüber mit einigen Jahren Verschiebung. Deswegen ist das, was zu einer bestimmten Zeit theoretisch diskutiert wird, nicht identisch mit dem, was zur gleichen Zeit gebaut wird. Ideologien haben einen zeitlichen Vorlauf gegenüber ihrer gesellschaftlichen und politischen Wirksamkeit. So kommt es, daß markante Beispiele einer Strömung erst fertiggestellt werden, wenn der Tidenwechsel bereits stattgefunden hat und die Strömung mittlerweile in die entgegengesetzte Richtung driftet.

Hansaviertel in Berlin, 1956. Statt Straßenraum Solitärbauten. Hygiene war wichtiger als städtisches Ambiente.

1945 bis 1955 –
Phase der Gegenwartsbewältigung

Nach den gewaltigen Zerstörungen des Zweiten Weltkriegs hatte die quantitative Befriedigung elementarer Behausungsbedürfnisse absoluten Vorrang. Noch nie sind auf so engem Raum, wie ihn die Bundesrepublik Deutschland darstellt, in so kurzer Zeit so viele Wohnungen entstanden. Die eklatante Wohnungsnot, verstärkt durch die Millionen obdachloser Flüchtlinge aus dem Osten, war der Anlaß, schneller zu handeln als zu denken.

Während in Ostdeutschland bis zu Chruschtschows neuer Weichenstellung im Jahre 1954 der Stalin-Klassizismus das stilistische Leitbild war, reihte sich Westdeutschland in die Phalanx des »internationalen Stils« der westlichen Welt ein.

In der zurückliegenden Epoche des Hitlerregimes war das Bauen in extremer Weise politisch ideologisiert worden. Ein eklektisch aufgewärmter Mega-

Klassizismus für die Repräsentationsbauten und der »Blut und Boden«-Stil waren die verordneten Metaphern der Umweltgestaltung.

So wie man nach 1945 die Menschen entnazifizierte, wurde auch die Architektur von allen Überlieferungen der jüngsten Vergangenheit gesäubert. Die Verteufelungsstrategien der Nazis wurden mit einer Zurückverteufelung beantwortet. Das flache Dach, während der Nazizeit verpönt, wurde zum Prüfstein der neuen Baugesinnung. Das »Neue« wurde mit uneingeschränktem Totalitätsanspruch verfolgt:

Die neue Stadt wurde getreu den CIAM-Grundsätzen funktionsgerecht gegliedert und autogerecht geplant. Man bestückte sie mit Solitärbauten, die in Zeilen oder Teppichmustern angeordnet wurden. Besonnung und Durchlüftung der Wohnungen waren wichtiger als stadträumliches Ambiente.

Die neue Sachlichkeit wurde zu einem Stil der Ornamentlosigkeit und prägte als Massenprodukt des Vulgärfunktionalismus das Bild ganzer Städte.

Durch Bausparwesen, Lücke-Plan und ein ganzes Arsenal von staatlichen Förderungsmaßnahmen wurde der Wunsch nach dem eigenen »Häuschen mit Garten« millionenfach erzeugt und tausendfach befriedigt. Gegenüber den billigen und flächensparenden Reihenhäusern in meist monotoner Addition wurde die freistehende »Kaffeemühle« auch dann bevorzugt, wenn sie in nicht minder stereotyper Gleichförmigkeit auftrat und obendrein eine starke Zersiedelung der Landschaft zur Folge hatte.

Bei dem Herstellungsprozeß der Bauten selbst hatten noch die überkommenen handwerklichen Regeln der Baukunst Gültigkeit.

Normiert und standardisiert wurden lediglich die Wohnungsgrundrisse, die Fassaden und die städtebauliche Anordnung der Baukörper, während sich das Bauen selbst nach der alten Methode des Stein-auf-Stein vollzog. Die Rolle des Architekten wurde ganz in den Dienst der Quantitätsbewältigung gestellt. Baukünstlerische Innovationen waren genauso wenig gefragt wie neue Ideen für andere Wohn- und Lebensformen.

1956 bis 1967 –
Phase der Zukunftshoffnung

Durch das deutsche Wirtschaftswunder wurde es möglich, die quantitativen Erfolge des Wohnungsbaus in den anderen Bereichen des Bauens fortzusetzen. Auf diese Weise entstanden in einer wahren Wachstumseuphorie Schulen, Universitäten, Krankenhäuser und Verwaltungsbauten in immer größeren Dimensionen. Die theoretische Basis dieser Mammutprojekte wurde durch eine Ideologie geliefert, die mittels Zentralisierung und Konzentration größere Effektivität verhieß, bessere Bildungschancen für alle Bevölkerungsschichten, wirkungsvollere Gesundheitsversorgung, größere soziale Sicherheit, eine optimalere Organisation und Verwaltung des gesellschaftlichen Lebens.

Als ob Stadtraum und Landschaft unerschöpflich

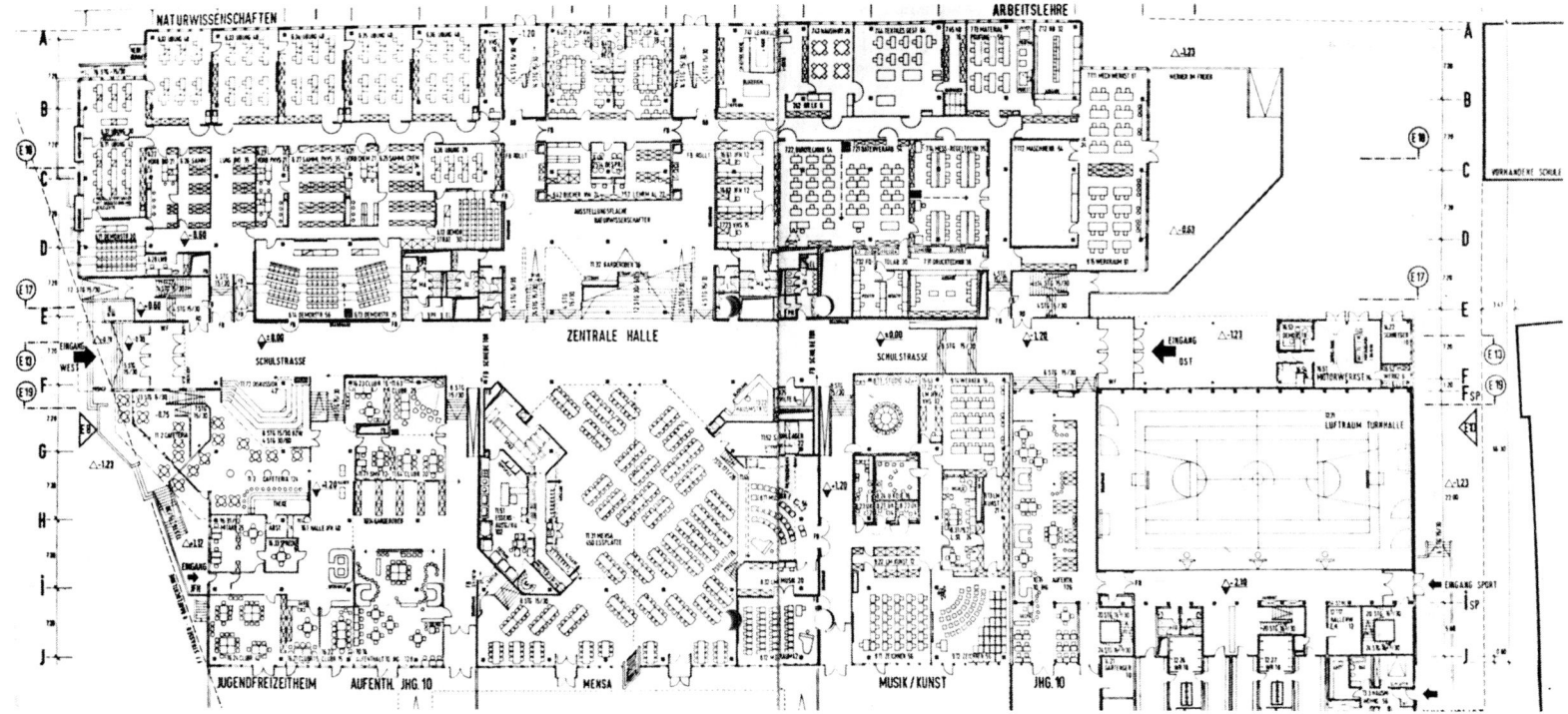

wären, wurden die Erfolge der Stadtplanung in Kubikmetern neu gebauter Häuser und in Kilometern neuer Straßen gemessen.

Das Hochhaus wurde Anfang der sechziger Jahre zum Symbol baulicher Potenz. In ihm vereinigten sich die wesentlichen Merkmale des Zeitgeists: Wachstumsglaube, technologische Faszination, maximierte Ausnutzung und das Bedürfnis nach funktionsgerechter Gestaltung eines solitären Einzelobjekts. Die Hoffnungen waren auf eine bessere Zukunft gerichtet, sie stützten sich auf einen unerschütterlichen Glauben an die technischen und ökonomischen Möglichkeiten.

In der Stadtplanung wurde die unheilvolle Ideologie von der »städtebaulichen Akzentsetzung« für jedes Objekt neu strapaziert. So kam es, daß viele deutsche Innenstädte zu einem Kaleidoskop zusammengepferchter Akzente entarteten.

Die Phase von 1960 bis 1970 wurde zu einem Jahrzehnt der Planungsgläubigkeit, der götzenhaften Verehrung von Zahlen, Statistiken und wissen-

schaftlichen Prognosen. Die Stadtplanung verselbständigte sich als eine wissenschaftliche Disziplin, die mit Zahlen und zweidimensionalen Planungen operierte, ohne praktischen Bezug zur Bautätigkeit. Dadurch wurde die stilistische Gestaltungsarmut zusätzlich blutleer. Die Architekturideologien bemühten gleich ein ganzes Arsenal planungstheoretischer Zauberformeln: Flexibilität und Variabilität, Vorfabrikation, Reproduzierbarkeit, Serie und Typus waren hochbewertete Ideale, die als Instrumente zur Erfüllung der Zukunftshoffnungen dienen sollten.

Gleichzeitig wurden die Dogmen der vorangegangenen Phase verworfen. Die bis dahin heiligen Regeln des Schulbaus – Querlüftung und zweiseitige Belichtung der Klassenräume – wurden außer Kraft gesetzt. An ihre Stelle traten Klimamaschinen und Leuchtstofflampen. Entscheidend waren die Kompaktheit und Nutzungsneutralität der großen Lernfabriken, in denen die Hälfte aller Räume im Dunkeln lagen.

Bildungszentrum in Berlin-Charlottenburg.
Die Ideologie der Flexibilität und pädagogischen Veränderbarkeit führte zu fabrikartigen Grundrissen mit vielen dunklen Innenräumen.

Märkisches Viertel
in Berlin.
Aus der neuen
Ideologie der
Urbanisierung
entstanden
Hochhäuser in
gestaffelten Ketten
und Reihen.

Ingenieurleistungen
des Verkehrs feierten
Triumphe und
zerstörten die Städte
als Lebensraum.

Im Bürohausbau grassierte die Großraumideologie. Durch die Zusammenfassung von 300 bis 500 Arbeitsplätzen in einem einzigen Raum sollte ein Höchstmaß an organisatorischer Flexibilität und arbeitstechnischer Effizienz erreicht werden.

In den Innenstädten wurden die Straßen hemmungslos verbreitert, um in Verbindung mit Brücken und Tunnelbauwerken eine maximale Leistungsfähigkeit für den Verkehr zu bieten. Dabei wurden Straßenbäume ebenso radikal entfernt, wie Bürgersteige verkleinert wurden und städtische Plätze sich in Tiefgaragen verwandelten.

Ingenieurleistungen des Verkehrs feierten Triumphe; die Vernichtung des Lebensraumes in den Städten war ideologisch hinlänglich abgesichert. Ohne einen entsprechenden ideologischen Überbau und die aus ihm hergeleitete planerische Legitimation hätte sich die Zerstörung der Städte nicht annähernd so radikal vollziehen können.

Auch im Wohnungsbau erfolgte ein grundlegender Tidenwechsel. Die aus der Gartenstadtidee entwik

kelte Ideologie der aufgelockerten und durchgrünten Stadt in den fünfziger Jahren hatte den Verlust der Straße als städtischen Raum mit sich gebracht. Die Schriften von Jane Jocobs[16] und Alexander Mitscherlich[17], die Anfang der sechziger Jahre erschienen, lieferten das theoretische Rüstzeug für eine neue Stadtbauideologie, die darauf orientiert war, durch großformatige Häuser wieder Stadträume zu bilden und mittels Verdichtung »Urbanität« herzustellen. Hamburgs Osdorfer Born, Berlins Märkisches Viertel oder Münchens Perlach sind Beispiele für die Realisierung dieses neuen Dogmas. Hochhäuser entstanden jetzt nicht mehr als solitäre Einzelobjekte, sondern wurden in gestaffelten Ketten und Reihen angeordnet. Die dazwischenliegenden Straßenräume waren jedoch aufgrund der Besonnungsrichtlinien so weiträumig und massenhaft angefüllt mit Autoabstellplätzen, daß ein städtischer Kommunikationsraum nicht entstehen konnte.

Auch die nach der Maxime kürzeste Wegverbin

dungen, optimale Anfahrbarkeit, große Umsatz-
zahlen und billige Bauweise angelegten Gemein-
schaftseinrichtungen und Einkaufszentren konnten
in ihrer zweckrationalen Nüchternheit keinen Ersatz für städtische Boulevards und Plätze bieten.

Die Ideologien, die sich auf Wachstum, Leistung
und Effizienz gründeten, erwiesen schnell, daß die
Zukunftshoffnung sich zu einseitig nur auf den uti-
litaristischen Aspekt bezog und dabei die psychologischen Komponenten vernachlässigte. Ästhetik,
Milieu und andere Gefühlswerte hatten in dem
ökonomischen und zweckorientierten Ideologiege-
bäude keinen Platz.

Eine Anekdote mag die Fragwürdigkeit der Dog-
matisierung in der Architektur verdeutlichen:
Aus Technikgläubigkeit und in der Hoffnung, durch
Industrialisierung und Typisierung billiger bauen zu
können, verfügte die Hamburger Baubehörde für
die Schulneubauten, daß das konstruktive Raster
des Rohbaus gegenüber den Elementen des Ausbaus versetzt sein müßte. Sie folgte damit einem
ideologischen Trend, mit dem bereits Hunderte von
Schulen und Universitätsbauten in ganz Deutschland errichtet worden waren.

Wir erhielten, als Folge eines Wettbewerbs, den
Auftrag, in einem Berufsschulzentrum eine von drei
Schulen zu planen. Da wir in dem Gestaltungsrah-
men für das gesamte Schulzentrum Ziegelbauweise
festgelegt hatten, gab es für die amtlich verfügte
Trennung von Rohbau- und Ausbauraster keine
sinnvolle Begründung, da Ziegelsteine gleichermaßen Rohbaukonstruktion und Ausbauelemente darstellen. Nur unter größten Mühen und nach langem
kontroversen Schriftwechsel durften wir gegen
diese amtliche Bestimmung verstoßen. Die Architekten der Nachbarschule fügten sich jedoch dem
Dekret.

Kurz vor Fertigstellung der Schulen besuchte der
Hamburger Bausenator, ein praktizierender Arzt,
die Baustelle. Bei der Nachbarschule bemerkte er
kritisch, daß jeweils mitten vor einem Fenster Stützen standen – eine Folge der geforderten Trennung.
Er gab seinem Erstaunen darüber Ausdruck, daß es
den Architekten nicht gelungen sei, die Stützen so
in den Bau zu integrieren, daß sie nicht störend vor
den Fenstern stehen, und verwies auf das positive
Beispiel unserer Schule, wo er Gleiches nicht gesehen hatte. Auf die Erläuterungen seiner Baubeamten, daß er selbst als Präses der Baubehörde
durch amtlichen Erlaß diese Maßnahme verfügt
hatte, antwortete er mit einer sofortigen Liquida-
tion dieser Bestimmung. Fortan durften Hamburgs
neue Schulbauten wieder so gebaut werden, wie es
die jeweilige Konstruktion sinnvoll erscheinen
ließ.

Was sich hier im Kleinen zugetragen hat, ist symptomatisch für das Planungsgeschehen im Großen.
Ideale und sinnvolle Zielsetzungen verfestigen sich
allzu schnell zu dogmatischen Ideologien. Sie in-
doktrinieren sinnvolle Entscheidungen und schränken den kreativen Planungsfreiraum ungebührlich
ein.

1968 bis 1975 –
Phase der Infragestellung

Die Berliner Studentenunruhen des Jahres 1968
läuteten die Ära der selbstkritischen Besinnung ein,
ähnlich wie in den anderen Ländern der westlichen
Welt. Die Leitsterne Wachstum, Leistung, technischer Fortschritt und die götzenhafte Anbetung der
Quantitäten wurden zunehmend in Frage gestellt.
Der Ölschock des Jahres 1973 wurde zur existenz-
bedrohenden Demonstration verfehlter Zielsetzungen der zurückliegenden Jahre mit ihrer überschwenglichen Jagd nach »mehr« und »größer«.
Die Schwächen der Leistungs- und Wohlstandsgesellschaft ließen sich nirgendwo besser aufzeigen als
durch die zersiedelten Landschaften und die Unwirtlichkeit der Städte.
»Umweltzerstörung« und »verbaute Umwelt«
machten die gestern noch gefeierten Erfolge zu
Straftaten. Hochhäuser wurden zum Inbegriff städ-

tebaulichen Verbrechens. Während offiziell noch der Bau großer Zahlen von Wohnungen, Krankenhausbetten und Studienplätzen als Siegesmeldungen verbreitet wurden, übten sich die Architekten bereits darin, Asche auf das Haupt ihrer Kollegen zu streuen: *mea culpa, except me*. Die ehernen Regeln des Funktionalismus wurden in Frage gestellt, hatte sich doch der Ausverkauf von Stadt und Landschaft gleichermaßen wie die Banalisierung der Gestaltung hinter dem Schutzschild dieser ideologischen Ziele verborgen.

In der deutschen Architekturszene schlug der Katzenjammer des allgemeinen Bewußtseins zuerst an den Hochschulen durch. Viele Studenten und einige Professoren entwickelten Verweigerungsstrategien und bastelten an neuen Gegenideologien.

An den Hochschulen erarbeitete man nicht mehr Lösungen, sondern beschäftigte sich mit den Problemen selbst. Problembewußtsein war wichtiger als fachliches Know-how. Statt Entwürfe zu zeichnen, wurden soziologische Aufsätze geschrieben. »Infragestellen« hieß die Zauberformel nicht nur in Architekturdiskussionen. Im Vordergrund stand der sozialkritische Aspekt. Viele neue Planungstheorien und soziologische Methoden wurden entwickelt.

Die neuen Architekturideologien waren stark politisch gefärbt. Da die als falsch erkannten Ideale der vergangenen Phase direkt mit den Fehlern des Kapitalismus in Verbindung gebracht werden konnten, wurden die Ziele der politischen Linken zu den Eckpfeilern der neuen Dogmatik. Politische Argumente dienten als Schlüssel zu einer besseren und menschlicheren Architektur. Die Analyse der Ursachen erfolgte nach einem Primitivschema der Kapitalismuskritik, wonach alles Übel in der Kapitalkonzentration, der monopolistischen Machtakkumulation und Ausbeutung der unterprivilegierten Benutzer durch die Mächtigen in Wirtschaft und Technokratie liegen sollte.

Alle Bereiche des Planens und Bauens wurden mit einem politischen Fadenkreuz ins Visier genommen. Entsprechend sahen die Architekturstudenten und Hochschulabsolventen die freischaffenden Architekten in erster Linie als Arbeitgeber und damit als Klassenfeind und betrachteten sie als Anwälte der falschen Sache[18].

Besonders »fortschrittliche« und ideologiegläubige Architekten versuchten, als Sozialplaner durch ihre baukünstlerisch zumeist unbeholfenen Entwürfe Gesellschaftskritik zu vollziehen. Diesen Projekten blieb allerdings eine bauliche Realisierung ebenso versagt wie fast allen Modellen von Mitbestimmungs- und Beteiligungsarchitektur.

Die Diskrepanz zwischen Theorie und Praxis, zwischen Ideologie und realem Baugeschehen war in dieser Phase besonders kraß. Über die Sozialverpflichtung der Architektur, über wissenschaftliche Planungsmethoden, explizite Beurteilungskriterien, Objektivität und Bedürfnisgerechtigkeit wurde viel geredet und geschrieben. Konkrete Spuren in der gebauten Umwelt haben diese eher akademisch-idealistischen Dogmen kaum hinterlassen. Während an den Hochschulen und in Fachartikeln üppig und freizügig mit sozial engagierten Reizworten umgegangen wurde, rollten in Stadt und Land noch die Bulldozer für weitere Mammutprojekte. Sie waren bereits zehn Jahre zuvor politisch beschlossen und mittlerweile im üblichen Stop-and-Go durchgeplant worden.

Die entscheidendere Auswirkung dieser Phase des Zweifels bestand in der Verhinderung von neuen Großprojekten, weiterer Schnellstraßen und Stadtautobahnen, Flächensanierungen und hemmungsloser Landschaftszersiedelung. Die entscheidende politische Kraft, die diese Verhinderungen bewirkte, ging von Bürgerinitiativen aus. Die von einer Baumaßnahme direkt oder indirekt Betroffenen schlossen sich zu Interessengemeinschaften zusammen, nutzten mit Unterstützung kundiger Rechtsanwälte ihre rechtlichen Möglichkeiten oder die formalen Fehler der Planer aus, um Projekte zu verhindern oder zeitlich stark zu verzögern. Sie mobilisierten durch Kundgebungen, Demonstrationen und Flugblätter die Öffentlichkeit für ihre Interessen und wurden damit auch in den politischen Beschlußgremien zu einem wirksamen Entscheidungsfaktor.

Aus unserer heutigen Sicht, mit knapp zehn Jahren zeitlichem Abstand, kann man konstatieren, daß dadurch unserer Umwelt viel zusätzliches Unheil erspart geblieben ist, auch wenn manche sinnvolle und notwendige Baumaßnahme verhindert oder ungebührlich verzögert worden ist.

1976 bis heute – Phase der Rückbesinnung

Das Denkmalschutzjahr 1975 war die offizielle Bestätigung der Nostalgiewelle. Das Wort »Umwelt« wurde mittlerweile zu einem magischen Begriff in der Politik. Gleichzeitig vollzog sich auf der ideologischen Ebene der Architektur ein totaler Umbruch. Jetzt wird nicht mehr in Frage gestellt, sondern verteufelt. Alle Ideale von gestern, die quantitativen Erfolge und zweckrationalistisch optimierten Bauwerke werden gleichermaßen wie Wissenschaftsgläubigkeit, Planungstheorien und Sozialverpflichtung verdammt. Die Vergangenheitsbezogenheit durchdringt die Architekturtheorie auf allen Ebenen. Der Milieuwert alter Städte, die feingliedrige Maßstäblichkeit historischer Bauten dienen ebenso als erstrebenswerte Vorbilder wie Palladio und Schinkel als Architektenpersönlichkeiten.

Diese Phase, in der wir uns heute noch befinden, hat zwei Ebenen, die jedoch beide den vergangenheitsbezogenen Ideologien verpflichtet sind, nur auf unterschiedliche Weise: eine theoretisch-akademische Ebene und eine praktisch-reale.

Auf der theoretischen Ebene ist Architektur wieder zur Kunst avanciert, zumindest in Sonntagsreden, bei Diskussionen und Show-Veranstaltungen. Ästhetische Aspekte, vorwiegend solche der graphischen Vision von Architektur, dominieren dabei gegenüber den sozialen, funktionalen, ökonomischen und konstruktiven Komponenten.

Bebauung des Petersplatzes in Rom. Architekt: Leon Krier. Graphische Vision einer poetischen Monumentalarchitektur.

Formale Verfremdungen genießen um so mehr künstlerische Wertschätzung, je stärker sie eine Antifunktionalität des Entwurfs bewirken. Historische Analogien werden zur Rechtfertigung gestalterischer Willkür strapaziert und Zitate als antike Versatzstücke dramatischer Bühnendekoration dutzendfach drapiert. Diese theoretische Szene spielt sich in Deutschland vorerst fast ausschließlich auf dem Papier ab: bei Gutachten und Wettbewerben, Veröffentlichungen und Vorträgen.

Es ist zu hoffen, daß viele Projekte dieser intellektuellen Formenspielerei auch gebaut und damit der Feuerprobe einer Nutzung ausgesetzt werden. Anderenfalls steht zu befürchten, daß sie zu Märtyrern der Architekturgeschichte werden, an denen sich die »profanen« Beispiele realisierter Architektur messen lassen müssen.

Auf der praktisch-realen Ebene des aktuellen Architekturgeschehens ist das Bild vielschichtiger. Trotz unterschiedlicher Strömungen gibt es jedoch gemeinsame Leitziele, die den Ideologien der

vergangenen Phasen diametral entgegengesetzt sind:
- Stadtreparatur statt Flächensanierung,
- »small ist beautiful« statt größer und höher,
- Anpassung statt Selbstbehauptung,
- stärkeres Gewicht städtebaulicher und gestalterischer Aspekte gegenüber funktionellen und ökonomischen.

Hochhäuser sind ebenso verpönt wie Solitärbauten, die bestenfalls auf der »grünen Wiese« geduldet werden. Statt dessen werden alte Baublöcke restauriert und neue erfunden. Wir haben eine Welle der Blockarchitektur. Städtebauliche Einfügung, maßstäbliche Gliederung und höhenmäßige Begrenzung haben Vorrang gegenüber funktionell-organisatorischen und teilweise sogar ökonomischen Aspekten.

Alle diese veränderten Merkmale der Gegenwartsarchitektur korrespondieren mit einem neuen Bewußtsein in der Öffentlichkeit und in den politisch wirksamen Kräften. Nicht nur die Architekten haben sich aus kritischer Erkenntnis eines Besseren besonnen. Dieser Gesinnungswandel bliebe so lange wirkungslos, wie er im Allgemeinbewußtsein keine Resonanz fände. Ich behaupte sogar, daß es sich gar nicht um einen Gesinnungswandel der Architekten handelt, sondern um eine grundlegende Wandlung der gesellschaftlichen Werte, von der die Architekten mitbetroffen sind und auf die sie reagieren.

Man könnte die Wandlung vorbehaltlos gutheißen, wenn sie nicht abermals ideologische Züge hätte – wenn das eine Extrem nicht durch ein entgegengesetztes abgelöst würde. Dies ist der Fall, wenn die bisherigen Betonkisten des Vulgärfunktionalismus durch Disneylandattrappen eines Pseudohistorismus ersetzt werden, an die Stelle von Waschbetonplatten Fachwerkimitationen treten und durch Gestaltungssatzungen mittelalterliche Stadtgestaltung diktiert wird.

Trotz positiver Einschätzung des derzeitigen Wandels muß man mit Sorge sehen, daß überholte Ideologien durch neue ersetzt werden und die Architektur abermals dogmatischen Zwängen ausgesetzt ist.

Es geht jedoch nicht darum, ob diese oder jene Ideologie falsch oder richtig ist. Wichtig ist vielmehr die Erkenntnis, daß jede Ideologisierung der größte Fehler ist, den wir unserem architektonischen Schaffen auferlegen können.

Die Objektivität des Subjektiven

Bedingungen des Entwerfens

Die zwei Maßstäbe der Architektur

Architektur ist nur in beschränktem Umfang den Gesetzmäßigkeiten der Wissenschaft und deren Rationalität unterworfen. Überwiegend ist Architektur ein Gegenstand des subjektiven Ermessens. Sowohl das Entwerfen von Architektur als auch ihre Beurteilung vollziehen sich deswegen nach zwei sehr unterschiedlichen Maßstäben.

Der eine Maßstab beruht auf der Basis von Erkenntnissen. Dieser ist in seinen Kriterien absolut und objektiv. Diejenigen Elemente in der Architektur, die sich an ihm orientieren, sind »richtig« oder »falsch«, wie in der Mathematik eine Lösung richtig oder falsch ist. Für alle bauphysikalischen, bautechnischen oder baurechtlichen Probleme der Architektur gilt dieser Maßstab.

Die Isolierung einer Wand kann man richtig oder falsch lösen, die Breite einer Garageneinfahrt ausreichend oder zu klein bemessen, die Höhe einer Balkonbrüstung richtig oder falsch festlegen, den Querschnitt einer Wasserleitung funktionsgerecht oder falsch wählen. Für alle diese Belange gibt es mehr oder minder abgesicherte Erkenntnisse und damit objektive Kriterien. Diese objektiven, also auf Erfahrung beruhenden Maßstäbe sind in einer Fülle von gesetzlichen Bestimmungen und DIN-Normen festgelegt.

Allerdings sind viele Bereiche der Architektur, die sich keineswegs eindeutig in diesem Sinne als richtig oder falsch beurteilen lassen, trotzdem durch gesetzliche Bestimmungen geregelt worden. Aus

einer tatsächlichen oder vermeintlichen Übereinstimmung in den Zielsetzungen sind viele subjektive Kriterien zu objektiven Maßstäben erhoben worden. Das Spektrum dieser Verrechtlichung des Bauens reicht von der Festlegung der Mindestabstände zwischen Gebäuden über die geforderte Mindestgröße von Fenstern in Wohnräumen bis zu einer Reglementierung jedes einzelnen Wohnraumes in Länge, Breite und Höhe. Viele dieser verabsolutierten Maßstäbe des Bauens beruhen auf mittlerweile überholten Zielsetzungen und erweisen sich für eine sinnvolle Architektur eher als hinderlich denn als hilfreich.

Der zweite Maßstab beruht auf der Basis von Zielen oder Prioritäten. Er ist deshalb nicht absolut, sondern relativ. Seine Kriterien sind subjektiv, da sie sich auf das persönliche Ermessen gründen. Für diese an Zielsetzungen oder Wertvorstellungen orientierten Maßstäbe der Architektur gibt es keine richtigen oder falschen Entscheidungen, sondern nur Lösungen, die relativ besser oder schlechter als andere Lösungen eingeschätzt werden.

Entwerfen erfordert Orientierung an Zielen und das Setzen von Prioritäten.

Ob ein Haus viele große Fensteröffnungen erhalten soll oder nur wenige kleine, hängt von der Zielsetzung ab, wieviel Tageslicht in das Innere der Räume eindringen soll und welcher Energieverlust durch die Fenster in Kauf genommen wird.

Die Entscheidung darüber, ob in einer Schule die Klassenräume eine große Raumhöhe erhalten oder auf das Mindestmaß beschränkt bleiben, hängt davon ab, welche Prioritäten hinsichtlich des Raumklimas der Klassenzimmer und der Baukosten gesetzt werden.

Ob eine Wohnung größer oder kleiner gebaut werden soll, hängt davon ab, ob der Wohnkomfort oder der Preis der Wohnung Vorrang hat.

Die meisten Eigenschaften von Architektur liegen im Bereich dieses zweiten Maßstabs, werden also an Zielen gemessen. Deswegen ist Architektur weder eine reine Wissenschaft noch eine reine Kunst. Man könnte sie, je nach Standpunkt, als wissenschaftliche Kunst oder künstlerische Wissenschaft bezeichnen. Dementsprechend unterschiedlich sind auch die Auffassungen darüber, wie Architektur zu entwerfen ist. Der wissenschaftliche Standpunkt geht davon aus, daß sich die entwerferische Lösung mit den methodischen Mitteln rationaler Erkenntnis erarbeiten ließe. Der künstlerische Standpunkt hingegen behauptet, daß Architekturentwürfe das Resultat intuitiver Eingebung und kreativer Schöpfung seien.

Jeder Eingeweihte weiß jedoch, daß beide Komponenten beim Architekturentwurf zusammenwirken. Trotzdem weichen die Meinungen in Lehre und Praxis erheblich voneinander ab. Es gibt weder für das Entwerfen in der Praxis eine annähernd einheitliche Methode noch eine übereinstimmende Entwurfslehre. Meines Wissens ist Architektur auch die einzige berufliche Disziplin, die sowohl an wissenschaftlichen Hochschulen als auch an Kunstakademien gelehrt wird. Bezeichnenderweise existiert auch kein einziges Lehrbuch für das Entwerfen von Architektur. Bücher, die in ihrem Titel diesen Anspruch erheben, sind in der Regel Sammlungen technischer Daten, konstruktiver und stilistischer Fakten oder Beispiele von ausgeführten und entworfenen Projekten, nicht jedoch methodische Anweisungen zum Entwerfen selbst. Auch Lehrbücher zum technischen Zeichnen, für darstellende Geometrie, Perspektiv- oder Freihandzeichnen betreffen lediglich die Entwurfsdarstellung, jedoch nicht das Entwerfen selbst.

Auch meine eigenen Entwurfsbemühungen und deren didaktische Umsetzung sind ein ständig neues Experimentieren. Die unendliche Vielfalt gestalterischer Lösungsmöglichkeiten für eine einzige Aufgabe und die Unterschiedlichkeit der Wege, die zu diesen Lösungen führen, üben eine unerschöpfliche Faszination aus. Jede Entwurfsaufgabe erweist sich als ein neues geistiges Abenteuer.

Das Entwurfsphänomen Architektur

Für eine Betrachtung der Bedingungen des Entwerfens ist es erforderlich, sich über das Phänomen dessen, was entworfen werden soll, Klarheit zu verschaffen.

Zur bildhaften Veranschaulichung des Phänomens Architektur bedient sich Franz Füeg der Begriffe aus der allgemeinen Systemtheorie[19]. Um die übersummenhafte Wirkungsweise eines Systems zu verdeutlichen, benutzt Füeg das Beispiel einer vollautomatisch gesteuerten Heizungsanlage. Er nennt vier Elemente dieses Systems:

1. ein Thermometer, welches die Temperatur mißt und Impulse abgibt.
2. die Heizungsanlage, welche die Wärme erzeugt;
3. das Kabel, welches die Verbindung für die Übermittlung des Befehls herstellt;
4. der Schalter, der die Impulse empfängt und die Heizungsanlage regelt.

Jedes dieser Elemente hat Eigenschaften, die jedoch durch ihre bloße Addition noch nicht das System einer automatisch geregelten Heizungsanlage ausmachen. Erst durch einen ganz bestimmten funktionellen Zusammenhang der Elemente entsteht die »Systemeigenschaft« der Heizungsanlage. Diese Systemeigenschaft kommt keinem der Elemente allein zu, sondern nur ihrem Zusammenwirken. In diesem Sinne wird als System eine Menge von Elementen bezeichnet, zwischen denen eine Wechselbeziehung mit einer bestimmten Wirkungsweise besteht.

Füeg nennt diese Wirkungsweise »Struktur«. Eine Struktur bestimmt die Art und Weise, wie Elemente geordnet sind, um zusammenwirken zu können. Die Struktur eines Systems ist stets immateriell, während die Elemente sowohl materiell als auch immateriell sein können, zum Beispiel Bauelemente oder Vorgänge.

Die konstante Temperaturregelung entsteht durch die immaterielle Struktur des Zusammenwirkens, nicht jedoch durch die einfache Summation der Elementeigenschaften. Dabei ist das System auf jedes einzelne Element angewiesen. Es verliert seine Struktur in dem Moment, wo auch nur ein einziges Glied fehlt.

Füeg stellt dar, daß Architektur aus mehreren solcher Systeme besteht, und deswegen definiert er sie als »Obersystem«.

Die Statik der Tragkonstruktion basiert auf einem physikalischen System, welches dem Prinzip der Tragwerkstruktur unterworfen ist. Die Baustoffe basieren auf einem technischen System, welches den strukturellen Gesetzmäßigkeiten der Materialeigenschaften folgt. Geld und Kosten werden durch ein ökonomisches System bestimmt, welches durch die Struktur von Wirtschaft und Markt geregelt wird.

Nutzung und Gebrauch ergeben ein anthropologisches oder soziales System, welches von der Gesellschaftsstruktur bestimmt wird. Der Ästhetik ist ein Wahrnehmungssystem zugeordnet, das den strukturellen Eigenschaften der Sinnesorgane und der Geschmacksbildung verbunden ist.

Dieses sind nur einige der Teile, aus denen das »Obersystem« der Architektur besteht. Jedes Teilsystem ist aus einer Vielzahl von Elementen strukturell vernetzt. Aber auch das Ganze der Architektur ist nicht nur eine Addition der Teilsysteme; diese sind gleichermaßen miteinander verflochten. Es ist unmöglich, eine Architektur nach ihren Elementen, deren struktureller Verflechtung und gegenseitigen Abhängigkeit zu analysieren und vollständig zu beschreiben. Das beweist den hohen Grad der Komplexität von Architektur.

Beispiel für ein Architektursystem

An einem möglichst einfachen und wenig komplexen Beispiel will ich versuchen, die strukturellen Zusammenhänge der Elemente sowie der aus ihnen gebildeten Teilsysteme deutlich zu machen. Nehmen wir exemplarisch das Klassenzimmer einer Schule.

Auf die Anforderungen des Programms antwortet der Entwurf mit den Teilsystemen der Grundriß- und Gebäudestruktur. Raumgröße, Raumhöhe und Raumform stehen aber im Zusammenhang mit einer Reihe weiterer Teilsysteme:
– dem statisch-konstruktiven System,
– dem System der Akustik,
– dem System des Wärmehaushalts und Energiebedarfs,
– dem optischen System der Sichtbeziehungen und der Lichtverhältnisse,
– dem ökonomischen System der Kosten
– und nicht zuletzt, durch Raumproportionen und Raumstimmung, dem Wahrnehmungssystem.

Jedem dieser Teilsysteme stehen direkte Nutzungsanforderungen gegenüber: akustische, optische, ökonomische, technische, hygienische usw.

Allein die Anordnung und Größe der Fenster in einem Klassenzimmer müssen als entwerferische Antwort auf ein ganzes Bündel von teilweise kontroversen Fragestellungen gesehen werden. Eine gute und gleichmäßige Ausleuchtung der Arbeitsplätze erfordert große Fensterflächen, die möglichst an beiden Längsseiten des Klassenraumes oder als Oberlichter in der Decke angeordnet sind. Da einfallendes Sonnenlicht Blendungserscheinungen hervorruft und in den Sommermonaten eine unerwünschte Aufheizung des Raumes bewirkt, müssen die Fenster möglichst nach Norden gerichtet oder mit einem wirkungsvollen Sonnenschutz ausgestattet sein. Anderseits ist der Einfall von wenigen Sonnenstrahlen zugunsten der Raumstimmung erwünscht und spart während der Wintermonate sogar Energie. Für eine gute Durchlüftung während der Pausen sind gegenüberliegende Fenster, die sich schnell öffnen lassen, die beste Lösung, für den Wärmeverbrauch hingegen die schlechteste.

Vielleicht wird bereits deutlich, wie viele Entwurfsaspekte ein Klassenzimmer hat. Ich habe bewußt ein so einfaches Beispiel gewählt, weil bei komplexeren Architekturaufgaben, etwa einer Wohnung, die Wechselwirkungen kaum noch übersichtlich darstellbar sind. Das Klassenzimmer ist im Verhältnis zur Gesamtheit einer Schule jedoch nur ein untergeordnetes Teilsystem. Es ist in die funktionellen Anforderungen eines Schulprogramms eingebunden, in dem Zuordnungen verschiedener Nutzungsbereiche, äußere und innere Erschließung, räumliche Veränderungen, technische Versorgung und vieles mehr festzulegen sind. Aus der Gesamtdisposition für die Schule ergeben sich Bindungen und Abhängigkeiten für fast alle Entwurfselemente eines Klassenzimmers. Umgekehrt hat die entwerferische Lösung eines Klassenzimmers Rückwirkungen auf die Gesamtheit der Schule.

Die Grenzen methodischen Entwerfens

Die Abhängigkeiten und gegenseitigen Wechselwirkungen jeder einzelnen Teilentscheidung im Entwurfsvorgang sind rational kaum erfaßbar. Die Anzahl der potentiellen Lösungsmöglichkeiten ist nahezu unendlich groß. Um so mehr widerstrebt es der Rationalität des menschlichen Geistes, das Entwurfsergebnis willkürlicher Zufälligkeit zu überlassen. Deswegen ist er bestrebt, das »Erfinden« von Architektur nach einer logischen Handlungsweise zu vollziehen. Durch ein methodisches Vorgehen sollen die Handhabung der Elemente und deren Verknüpfung rational steuerbar und Willkürhandlungen ausgeschaltet werden.

Christopher Alexander, ein Protagonist des methodischen Entwerfens, begründet seine Auffassung damit,

– daß Entwurfsprobleme viel zu komplex für die reine Intuition sind,
– daß viel zuviele Informationen berücksichtigt

werden müssen, die der einzelne Entwerfer gar nicht parat haben kann,
– daß die Zahl der Probleme ständig zunimmt und
– daß sich die Entwurfsprobleme immer schneller verändern und damit die verbürgten Erfahrungen versagen[20].

Alexander will die Vielzahl der Variablen in eine logische Entscheidungsstruktur einbinden. Ich bin im Gegensatz dazu der Auffassung, daß gerade die Komplexität einem logistischen Entscheidungsmuster Grenzen setzt.

Aus mehreren Gründen ist eine objektive Systematisierung des Entwerfens nicht möglich. Jede zu entwerfende Form steht in Beziehung zu einem Kontext. Die Form verkörpert die Summe der Eigenschaften, die dem Kontext entsprechen. Also geht es zunächst darum, den Kontext eines Entwurfsproblems klar zu definieren. Die erste Ungereimtheit eines explizit methodischen Vorgehens besteht aber bereits darin, daß es nicht möglich ist, Nutzungsanforderungen lösungsneutral und abstrakt zu formulieren. Der Kontext ist teilweise oder überwiegend von bekannten Lösungsbeispielen vorgeprägt.

Bei Architekturwettbewerben ist es ein hinlänglich bekanntes Dilemma, daß die Wettbewerbsprogramme weitgehend aus bekannten und konventionellen Lösungen abgeleitet sind und damit den innovativen Freiraum für neuartige Lösungen einschränken. Damit wird aber bereits die Reinheit der Methode gravierend beeinträchtigt, weil in den Nutzungsanforderungen willkürliche Elemente aus der subjektiven Erfahrung des Programmaufstellers dominieren. Es ist zum Beispiel kaum vorstellbar, daß jemand die Nutzungsanforderungen für den Entwurf eines Stuhls lösungsneutral aufstellt, ohne gleichzeitig seine konkreten Vorstellungen von der Form eines Stuhls einfließen zu lassen.

Die zweite Schwierigkeit besteht darin, daß Nutzungsanforderungen an einen komplexen Entwurfsgegenstand widersprüchlich sind. Entwurfsprogramme beinhalten immer mehrfache Zielkonflikte. Ich habe dies am Beispiel der Fenster eines Klassenzimmers deutlich zu machen versucht. Bei komplexeren Problemstellungen sind diese Zielkonflikte viel umfangreicher. In dem Maße aber, in dem Zielkonflikte zu unverträglichen Teillösungen führen, ist es erforderlich, Zielprioritäten und damit eine hierarchische Wichtung der Teilziele vorzunehmen. Da es für diese Wichtung und Hierarchisierung der Teilziele keine objektiven Kriterien gibt, werden sie nach dem persönlichen Ermessen des Programmaufstellers oder des Entwerfers vorgenommen und sind somit abermals subjektiv vorbestimmt. Insoweit ist bereits die Vorbereitungsphase, in der die Problemstellung des Entwurfs abgegrenzt werden soll, weitgehend subjektiv und willkürlich. Es liegt auf der Hand, daß die Antwort, also der Entwurf, nicht objektiver sein kann als die Fragestellung selbst.

Versteht man das Entwerfen von Architektur als eine Koordination der Elemente zu Teil- und Obersystemen, so ist das Wissen um die Eigenschaften der Elemente und die Gesetzmäßigkeiten der Systeme eine wichtige Voraussetzung. Deswegen wird von Verfechtern methodischer Vorgehensweisen der Informationssammlung und -aufbereitung ganz besondere Bedeutung beigemessen. Es steht außer Frage, daß das heute verfügbare Elementwissen im Bereich des Bauwesens von einer einzelnen Person nicht annähernd vollständig beherrscht werden kann. Deswegen sind methodische Vorkehrungen, die diese Informationen durch ein interdisziplinäres Team bereitstellen oder über eine Datenbank abrufbar machen, jedem Einzelentwerfer quantitativ haushoch überlegen.

Seit der großen Welle der Kopierer und elektronischen Datenspeicher sind wir förmlich einer Manie des Datensammelns verfallen. Wir ertrinken zusehends in einer Flutwelle des technischen Know-how.

Ich habe aber Zweifel, ob es richtig ist, möglichst viele Informationen verfügbar zu haben.

Ein Kernpunkt des Entwerfens liegt im Treffen zielgerichteter Entscheidungen. Die Zielorientie-

rung wird aber durch ein Übermaß an Detailwissen erschwert. Je mehr Informationen uns zur Verfügung stehen, desto größer ist die Wahrscheinlichkeit der Desorientierung bei der Zielfindung.

Das entscheidende Problem liegt nicht darin, möglichst alle Informationen verfügbar zu machen, sondern deren Relevanz zu erkennen, also einen Filter zu finden, der für einen Entscheidungsprozeß wichtige von unwichtigen Informationen zu trennen vermag.

Man denke nur an die Werbung, die unter dem Vorwand der Informationsvermittlung in Wahrheit Bedürfnisse erzeugen möchte, die ohne die entsprechende »Unterrichtung« gar nicht vorhanden wären. »Die Technostruktur produziert laufend Ziele, die nicht unbedingt unsere eigenen sind«, schreibt Peter Atteslander[4]. Hinzu kommt, daß die meisten Informationen, die uns eine ausgeklügelte Datenbank zur Verfügung stellt, ausschließlich quantitativer und technologischer Art sind, während das Wissen um die qualitativen Merkmale und soziologischen Konsequenzen von Teilentscheidungen weitaus wichtiger wären. Alle Ansätze zu Entwurfsmethoden sind grundsätzlich technologischer Art.

Programmaufstellung und Informationssammlung sind innerhalb des Entwurfsprozesses vorbereitende Maßnahmen. Sie haben analytischen Charakter. Der entscheidende Akt des Entwerfens besteht jedoch in der Synthese, dem Finden von Teilsystemen und deren Zusammenfügung zu einem ganzheitlichen Konzept. Das Idealbild methodisch-systematischen Entwerfens geht davon aus, daß sich diese Synthese aus der Aufgabenstellung und einer Analyse der Informationen ableiten ließe. Hierin liegt der entscheidende Irrtum und damit die Grenze der Methodologie. Systematiker gehen einfach von der Anwendung wissenschaftlicher Methoden aus und empfehlen, die Komplexität einer Architekturaufgabe in Simplexitäten zu zerlegen, an die Stelle eines komplexen Gesamtziels leichter erfaßbare Teilziele zu setzen, diese zu hierarchisieren und in ihrer Bedeutung zu wichten. Sowohl das

Bilden von Teilzielen als auch deren Wichtung stellen jedoch einen höchst subjektiven Akt dar, da sie entscheidend von den impliziten Zielsetzungen des Entwerfers abhängen.

Karl R. Popper bemerkt zu Recht: »Wahrheiten hängen von den Prämissen ab«, und stellt fest, daß diese nicht eindeutig verifizierbar sind und es deswegen keine objektiv richtige Planung geben kann. Er sagt, daß jede Beobachtung von einer Theorie beeinflußt wird, also von einem persönlichen Leitbild geprägt ist. Aus Beobachtungen und Fakten lassen sich keine Problemlösungen ableiten, vielmehr müssen Lösungen erraten werden, um dann durch Fakten bewiesen oder widerlegt werden zu können[21].

An dieser Stelle muß erneut auf die Übersummenhaftigkeit des Entwurfsganzen im Verhältnis zu seinen Teilen, der Struktur eines Systems gegenüber der reinen Addition der Eigenschaften von Elementen hingewiesen werden. Eine vermeintlich optimale Lösung ist nie die Summe von Teiloptima, sondern immer der Verbund von Kompromissen, allerdings mit zusätzlichen, nur dieser einen Lösung zugehörigen Eigenschaften. Optimale Lösungen von Teilproblemen stehen immer im Konflikt zueinander. Je mehr eine Teillösung optimiert wird, desto mehr müssen von anderen Teilzielen Abstriche gemacht werden. Insofern scheitert auch jede Methode immer an der Tatsache, daß die Summe optimaler Teillösungen keine Gesamtlösung zu ergeben vermag. Die Entscheidungen im Entwurfsprozeß können lediglich mit ganzheitlichen alternativen Lösungen getroffen werden, indem diese rückkoppelnd anhand von Daten und Zielsetzungen überprüft werden.

An der Schwelle der Umsetzung von der analytischen Erkenntnis zur Synthese der Formfindung versagt jede Wissenschaftlichkeit. Hier ist Architektur gleichermaßen Kunst wie die freie Kunst oder die Politik. Sie ist auf die kreative Innovation angewiesen, um eine ganzheitliche Lösung zu entwerfen, die sich mit keinerlei wissenschaftlichen Mitteln erarbeiten läßt.

Mit dieser Feststellung will ich jedoch nicht einer unsystematischen Vorgehensweise das Wort reden oder gar behaupten, daß jeder Entwurf ein Zufallsergebnis sein muß. Entwerfen ist gleichermaßen an eine strukturierende Methodik gebunden wie die Sprache an die Grammatik. Niemand käme aber auf die Idee, von der Grammatik zu erwarten, daß sich aus ihr ein Essay oder ein Gedicht herleiten ließe.

Die Hoffnungen der Wissenschaftsgläubigkeit

Methodologische Theorien hatten ihre Hauptblütezeit Mitte der sechziger Jahre. In dieser Zeit begann sich zuerst eine kritische Auseinandersetzung mit der Umweltgestaltung lautstark zu artikulieren. Man fand auch schnell eine schlüssige Erklärung für die Ursachen der verfehlten Planungen: Es waren die willkürlich aus dem »hohlen Bauch« getroffenen Entscheidungen der Architekten. Deswegen hefteten sich alle Hoffnungen an die neu verkündeten Methoden einer wissenschaftlich expliziten, bedürfnisgerechten und transparenten Planungsmethodik. Kreativität, Intuition oder gar künstlerische Schöpfung waren absolut verpönt. Alles mußte rational erfaßbar, kommunikationssicher und meßbar sein. Deswegen verfiel man sogar auf den unsinnigen Gedanken, Qualitäten zu quantifizieren. Um alternative Architekturentwürfe vergleichend bewerten zu können, wurden Qualitäten unterschiedlicher Kategorien (Funktion, städtebauliche Einfügung, Gestaltung usw.) in Quantitäten transformiert, um sie untereinander addierbar zu machen. Auf diese Weise entstand anstelle eines komplexen und ambivalenten Urteils eine Gesamtpunktzahl, die das Verhältnis zu den Bewertungsergebnissen anderer Lösungen präzise angab. Mit Architekturentwürfen wurde umgegangen wie mit Mathematikarbeiten einer Schulklasse.

Man benotete alles kurz und klein und merkte gar nicht, daß man einer Scheinobjektivität aufgesessen war. Was über den Absolutheitsanspruch der Zahl rational anmutete, war in Wahrheit eine Täuschung, mit der sich vortrefflich manipulieren ließ, weil quantitative Aussagen bei der allgemein verbreiteten Zahlengläubigkeit eine weitaus höhere Autorität hatten als verbale Aussagen. Die Benotung planerischer Lösungen entbehrte sowohl eines absoluten als auch eines relativen Bezugssystems. Deswegen wurde bei der Notengebung gleichermaßen unrational vorgegangen wie bei einer Beurteilung durch wertende Begriffe. Man schenkte diesen Methoden der Scheinobjektivierung eine uneingeschränkte Wertschätzung, obgleich hinlänglich bekannt war, daß alle ähnlichen Versuche bei Waren- oder Autotests zu keinem objektiven Bewertungsergebnis führten.

Die Programme von Architektenwettbewerben wurden mit Kriterienlisten versehen, in denen die Teilziele bereits vorgewichtet waren. Mancher Architekturstudent mußte glauben, man brauchte diese Listen nur richtig auszufüllen, um automatisch zu einem guten Entwurfskonzept zu kommen. Die Lehrprogramme besonders fortschrittlicher Entwurfsprofessoren boten immer perfektere Entwurfsrezepte feil. Gleichwohl wurden die Entwurfsergebnisse selbst immer trivialer und einfallsloser. Jeder verließ sich auf das Rezept und meinte, Intuition und Kreativität seien der Methode nur abträglich.

In dem Maße, wie die Rezepte an Perfektion gewannen, verloren sie jedoch an brauchbarer Anwendbarkeit. Sie waren zunehmend planungstheoretische Leerformeln, die sich für die praktische Anwendung bei der Formfindung als völlig unbrauchbar erwiesen.

Die Euphorie der Wissenschafts- und Zahlengläubigkeit verstieg sich sogar in die Erwartung, man könne objektive Planungsergebnisse erzielen, die den »wahren« Bedürfnissen der Benutzer optimal entsprächen. Dabei ignorierte man zwei elementare Erkenntnisse:

– daß es eine Utopie ist, in einer pluralistischen Gesellschaft eindeutige und für alle gültige Ziele zu finden, und

– daß das größere Problem nicht darin liegt, die Bedürfnisse der Nutzer und Betroffenen zu ermitteln, sondern deren vielfältige Widersprüchlichkeit entwerferisch und planerisch umzusetzen.

Der Computer als Erfindungsmaschine

Die elektronische Datenverarbeitung, die zur gleichen Zeit in fast allen Bereichen eine explosionsartige Verbreitung fand, war für diese Welle der Gläubigkeit an die totale Rationalität geradezu das gefundene Fressen. Für den verpönten »hohlen Bauch« und die anrüchige künstlerische Subjektivität gab es keinen besseren Ersatz als die vermeintlich objektive Unfehlbarkeit des Computers. Fachzeitschriften und Fachbücher ergingen sich in Lobeshymnen über die Erneuerung des Entwerfens und Planens mit Hilfe der elektronischen Datenverarbeitung. Man merkte nicht, daß man den Mythos der Irrationalität gegen eine Fata Morgana der Rationalität eingetauscht hatte. Die meisten protagonistischen Abhandlungen über das Computerentwerfen redeten jedoch um den heißen Brei herum. Sie schilderten die ungeahnten Möglichkeiten der Informationsspeicherung, der Aufbereitung statistischer Daten, der schnellen Informationssuche, des automatischen Zeichnens mittels Plotter, der prozeßgesteuerten Planung bis hin zu visuellen Darstellungsmöglichkeiten und räumlichen Simulationen auf Bildschirmen. Sie redeten von Netzwerkplanung und operierten mit Pfeildiagrammen sowie Ziel- und Bewertungsmatrizen. Über den entscheidenden Vorgang des Entwerfens, wie nämlich all die vielen Informationen, Daten, Netzplanverknüpfungen, Bewertungssysteme und Zielkonfliktauswertungen in ein konkretes Entwurfsergebnis transformiert werden könnten, schwiegen sie sich aus. Trotzdem äußerte J. Barnett 1965 geringschätzig: »Architekten gefallen sich in der Behauptung, ein Computer könne nichts Schöpferisches produzieren«, und behauptete, dies sei das letzte Aufbegehren eines Berufsstandes, der sich in seiner Existenzgrundlage bedroht sieht.

Obgleich die Computertechnik inzwischen gewaltige Fortschritte gemacht und die Entwicklung mehrere Generationen hinter sich gebracht hat, ist mir bis heute kein schöpferisches Produkt eines Datenrechners bekannt geworden. Die wenigen in der Literatur zu findenden Entwurfsbeispiele kann man nur als armselig und dilettantisch bezeichnen.

Mittlerweile spricht auch niemand mehr von dem Computer als einer Erfindungsmaschine, statt dessen ist vom computerunterstützten Entwerfen die Rede. Zweifellos bietet die Technik der elektronischen Datenverarbeitung Möglichkeiten, als Hilfsmittel im Entwurfsprozeß eingesetzt zu werden. Diese Möglichkeiten beschränken sich jedoch im wesentlichen auf die Vor- und Nachbereitung des Entwurfsvorgangs. Sie betreffen die Informationssuche und Auswertung statistischer Daten, also eine Aufbereitung der Entwurfsvariablen. Eine wesentliche Schwierigkeit liegt jedoch in der Informationsselektion, also der Unterscheidung zwischen wesentlichen und unwesentlichen Informationen. Diese Relevanzsortierung ist deswegen wichtig, weil für jeden Entwurf zwar Hunderte von Informationen beachtet werden müssen, die Mehrzahl jedoch für den Entscheidungs- und Synthesevorgang des Entwurfs von untergeordneter Bedeutung ist, also keine Relevanz hat.

Auch Architekturstudenten, die im Entwerfen noch ungeübt sind, pflegen sich häufig mit irrelevanten Faktoren zu beschäftigen. Sie sind durch die Überfülle des Elementwissens, das sie frisch erworben haben, befangen gegenüber der eigenen Entscheidungsfreiheit, Wesentliches von Unwesentlichem zu trennen. Diese notwendige Selektion ist in der Entwurfslehre genauso schwer zu vermitteln wie in einem Computerprogramm zu berücksichtigen.

Bei Laien ist häufig die irrtümliche Auffassung anzutreffen, daß die zeichnerische Darstellung in Grundriß und Aufriß, Fassaden und räumlichen Schaubildern den Entwurf selbst darstellt. Deswegen setzen sie die manuelle Arbeit des Zeichnens gleich mit der Entwurfsleistung. Dies ist jedoch falsch, weil das Entwerfen ein immaterieller Vorgang des Entscheidens, Suchens und Probierens ist, in dem viele Alternativen durchgespielt werden. Erst die endgültig gewählte Lösung kann auch zeichnerisch dargestellt werden. Hierfür, also für die Aufbereitung des Entwurfs, können computergesteuerte automatische Zeichenanlagen und Simulationsprogramme, mit denen zweidimensionale Grund- und Aufrißdarstellungen auf dem Bildschirm räumlich visualisiert werden, ein wesentliches Hilfsmittel darstellen.

Der Computer ist als Entscheidungsmaschine ebenso untauglich wie als Instrument für politisches Handeln. Beides, das Lösen entwerferischer Probleme ebenso wie die Lösung gesellschaftlicher Konflikte, kann auf die komplexe Fähigkeit des menschlichen Geistes, ganzheitliche Konzeptionen zu erdenken und hieran orientierte Entscheidungen zu treffen, nicht verzichten.

Der Wert des Subjektiven

Mit dem Begriff »Objektivität« verbinden sich Ideale, die auf Gerechtigkeit, Gleichheit und Unfehlbarkeit orientiert sind. Deswegen gilt Objektivität als ein erstrebenswertes Qualitätsmerkmal der Demokratie. Die Regeln der Demokratie sind darauf ausgerichtet, das gesellschaftliche Leben möglichst objektiv zu gestalten, das heißt die Interessen und Meinungen aller zu berücksichtigen und die politischen Leitziele von der Mehrheit bestimmen zu lassen. In diesem Sinne gilt auch beim Planen und Entwerfen unserer Umwelt Objektivität als ein wertvolles Ziel. Diese Zielsetzung strebt zweierlei an:

– den Planungs- und Entwurfsprozeß selbst zu objektivieren, das heißt also, möglichst alle einseitigen und subjektiven Elemente zu eliminieren, und

– ein objektives Entwurfsergebnis zu erzielen, das

heißt eine Lösung, die der Mehrheit der Nutzer und Betroffenen entspricht.

Deswegen wurde Subjektivität über eine lange Zeit geradezu verteufelt.

In den vorangegangenen Ausführungen habe ich darzulegen versucht, welche Grenzen der Wissenschaftlichkeit beim Entwerfen gesetzt sind und daß Innovation und Kreativität unerläßlich und nicht durch rationale Methoden zu ersetzen sind. Innovation und Kreativität sind aber höchst subjektive Phänomene.

Selbstverständlich kann auch eine Gruppe von Individuen schöpferische Leistungen hervorbringen. Entscheidend hierfür ist aber, daß das Team gleichgesinnt ist. Nur dann ist es möglich, daß Einzelideen sich zu einer konzeptionellen Ganzheit zusammenfügen. Gehen die Mitglieder eines Entwurfsteams von entgegengesetzten Zielsetzungen aus, wird das Entwurfsergebnis zwangsläufig entweder ein Kompromiß sein, oder ein einzelner wird mit seiner Idee über die anderen dominieren. Dann handelt es sich aber nicht um echtes Teamwork.

Die Absicht, Entwurfsprozesse zu objektivieren, geht jedoch davon aus, daß in einem Planungsteam möglichst unterschiedliche Auffassungen und unterschiedliche fachliche Disziplinen vertreten sind, um die subjektiven Einflüsse des einzelnen zu neutralisieren. Ich habe mehrfach in solchen Planungsteams, meist auf Wunsch der Auftraggeber, mitgearbeitet.

Entweder setzte sich eine Persönlichkeit mit ihrer subjektiven Auffassung durch, wobei die anderen anpassungsbereit folgten oder sich resignierend manipuliert fühlten, oder das Ergebnis war ein Kompromiß, der sowohl für die Teammitglieder als auch »objektiv« gesehen unbefriedigend blieb. In diesen Fällen wurden Zielkonflikte nicht ausgetragen und im Sinne eines Bekenntnisses zu eindeutigen Vor- und Nachteilen entschieden, sondern durch eine »Sowohl-als-auch-Lösung« kaschiert. Das gilt besonders für alle Planungsergebnisse, die von interdisziplinär besetzten Kommissionen erarbeitet wurden. Nach meinen Erfahrungen in derartigen Kommissionen für die Planung der Bundeshauptstadt Bonn und für die Trabantenstadt Billwerder-Allermöhe bei Hamburg habe ich deswegen später auch jede Mitwirkung bei ähnlichen Aufgaben abgelehnt.

Die Ziele der sogenannten partizipatorischen Planung sind noch höher gesteckt. Ausgehend von der Auffassung, daß die meisten Planungsergebnisse nutzerfeindlich und nur von den Zielvorstellungen des Planers bestimmt seien, soll ein objektives, also den Interessen der Betroffenen adäquates Ergebnis dadurch erzielt werden, daß diese an der Planung beteiligt werden, also partizipieren.

Die Mitbeteiligung eines Bauherrn an dem Entwurf seines Hauses ist eine Selbstverständlichkeit. Das ist hier jedoch nicht gemeint.

Die Forderung nach partizipatorischer Planung wird meist dann erhoben, wenn sich Zielkonflikte auftun. Diese können unterschiedlicher Art sein. Sie beginnen bei jedem einzelnen, der mehrere nicht miteinander vereinbare Wünsche hat, die in der Vielschichtigkeit menschlicher Bedürfnisse angelegt sind. Die nächsthöhere Ebene von Zielkonflikten ergibt sich immer dann, wenn mehrere Nutzer in einem gemeinsamen Haus oder einer Gruppe von Häusern wohnen möchten. Die breiteste Ebene von Zielkonflikten existiert bei der Stadtplanung. Hier treffen die divergierenden Interessen von Einzelpersonen und Personengruppen sowie Institutionen und öffentlichen Einrichtungen gleichermaßen aufeinander wie unterschiedliche Zielsetzungen einzelner Fachdisziplinen der Planung selbst. Ich bin der Überzeugung, daß das Dilemma unserer Stadtplanung nicht auf einen Mangel an Mitbeteiligung von Betroffenen und Interessengruppen zurückzuführen ist, sondern ein Ergebnis eben dieser Partizipation darstellt. Unsere heutigen Städte sind Kriegsschauplätze eines planerischen Prozesses, in dem Zielkonflikte unterschiedlicher Interessen ausgetragen werden und zu einem stückhaften Kompromiß führen. Was den Städten fehlt, ist ihre konzeptionelle Ganzheit, der sich die einzelnen Belange unterordnen. Man mag diesen Zustand noch so beklagen, er ist aber das Abbild unserer demokratischen Gesellschaftsordnung mit ihrer inneren Widersprüchlichkeit.

Der Glaube, Planung ließe sich durch noch mehr Mitbeteiligung objektivieren und widerspruchsfrei machen, ist eine Fiktion.

Trotz ihrer eindeutigen Mängel und Schwächen bekenne ich mich zu der notwendigen Objektivität, weil sie unauflöslich mit unserem Demokratieverständnis verbunden ist. Gleichzeitig wehre ich mich jedoch gegen eine Diffamierung der Subjektivität, die für Entwurfs- und Entscheidungsprozesse von unersetzlichem Wert ist. Unsere Gesellschaft sollte die Möglichkeiten der Intuition nutzen und sie durch ihr Verhalten herausfordern, anstatt sie zu unterdrücken. Sie sollte Aufgaben, deren Lösung auf die schöpferische Kraft von Individuen angewiesen ist, diesen übertragen und ihrer persönlichen Verantwortung unterstellen. Das bedeutet nicht, daß sie sich der subjektiven Willkür einzelner ausliefert. Durch die hoheitlichen Funktionen ihres Staatsapparats hat sie hinlängliche Möglichkeiten der Kontrolle. Zwischen Kontrolle und Bevormundung besteht aber ein wesentlicher Unterschied.

Für Subjektivität einzutreten, ist nicht populär, weil gemeinhin geglaubt wird, sie schließe Objektivität aus. Das ist jedoch keineswegs der Fall, im Gegenteil – erst der bewertende Vergleich alternativer subjektiver Lösungen erlaubt es, politische und gesellschaftliche Entscheidungen auf eine objektive Basis zu gründen. Da es weder wahre Bedürfnisse der Gesellschaft gibt noch wahre Lösungen ihrer Probleme, ist eine Entscheidung um so besser, je mehr unterschiedliche Lösungsmodelle sie ihrem Urteil zugrunde legt.

Jedes Bemühen, die Gestaltung unserer Umwelt von subjektiven Einflüssen freizumachen, ist lediglich ein Make-up der Objektivität.

Die Alternative

Bedingungen des geistigen Wettstreits

»Die Vielfalt unterschiedlicher Richtigkeiten ist eine Voraussetzung für demokratische Entscheidungen«, schreibt Max Bächer[22].
Es gibt keine objektiv richtigen oder falschen Entwurfslösungen. Der beste Weg, um aus einer unendlichen Zahl von möglichen Entwurfslösungen diejenige herauszufinden, welche den Wertvorstellungen der Gesellschaft oder der Nutzer am besten entspricht, besteht darin, möglichst viele subjektive Lösungen einer vergleichenden Begutachtung zu unterziehen. Da die charakteristischen Eigenschaften eines Entwurfs in der Übersummenhaftigkeit seiner Konzeption liegen, ist es unerläßlich, konkrete Entwürfe zur Verfügung zu haben und nicht etwa verbale Absichtsbekundungen. Ich habe immer wieder feststellen können, daß sich die Wünsche von Bauherren bei der vergleichenden Betrachtung mehrerer Entwürfe stark veränderten. Dies ist ein Beweis dafür, daß die Kenntnis unterschiedlicher Lösungsmöglichkeiten neue und nicht vorausgesehene Nutzungsqualitäten erkennen läßt und die Nutzungsanforderungen beeinflußt. Dieser Prozeß der Rückkopplung stellt nicht nur für den Bauherrn einen wichtigen Lernvorgang dar, sondern ist auch ein wesentlicher Schritt auf dem Wege zur besten Entwurfslösung. Betrachtet man den Entwurfsprozeß als einen Dialog, in dem durch die Nutzungsanforderungen Fragen formuliert werden, auf die mehrere Entwürfe unterschiedliche Antworten geben, so verändern diese die Fragestellung selbst. Alternative Lösungen bieten ein Höchstmaß an demokratischen Entscheidungen.

Verfahren alternativen Entwerfens

Lösungsvarianten können mit unterschiedlichen Verfahren erarbeitet werden. Jeder Entwerfer wird, auch wenn er ganz allein arbeitet, unterschiedliche Lösungsmöglichkeiten ersinnen und eine Auswahl treffen. Fast alle Entwurfsvorgänge gehen diesen Weg eines Wechselprozesses:
In einem ersten Schritt werden mehrere alternative Lösungsansätze konzipiert, die in einem zweiten Schritt auf ihre Tragfähigkeit überprüft werden. Dabei ergibt sich eine Selektion von einer oder mehreren Lösungen, die oftmals stark divergieren. In einem dritten Schritt werden Untervarianten erzeugt oder Kombinationen unterschiedlicher Lösungen angestrebt. Das Ziel ist es, alle erkannten oder für wichtig gehaltenen Vorteile verschiedener Konzeptionen zu erhalten und die jeweiligen Nachteile zu vermeiden. Dieser iterative Prozeß zwischen Lösungsfindung und Lösungsbewertung vollzieht sich normalerweise in mehreren Phasen, wobei die einzelnen Etappen nicht immer klar und eindeutig voneinander getrennt sind. Der endgültige Entwurf – allzuoft fällt es schwer, sich für einen endgültigen zu entscheiden, weil Vor- und Nachteile einzelner Lösungen aus der eigenen Befangenheit kaum noch abwägbar sind – ist eine Einschränkung der eigenen Wahlfreiheit. Mit diesem endgültigen Entwurf sind jedoch alle Alternativen ausgeschieden. Das bedeutet den Verzicht auf die Freiheit, andere Lösungswege zu gehen, als es der Entwurf vorschreibt.

Die Vorstellung, ein genialer Architekt könne im ersten Anlauf mit einer Skizze die Vision seines Entwurfs festhalten, ist eine klischeehafte Fiktion. Sogenannte erste Ideenskizzen, die eine unverwechselbare Ähnlichkeit mit dem endgültig gebauten Resultat aufweisen, sind allzu häufig erst hinterher entstanden. Architekten führen gerne den Beweis, sie hätten in einer spontanen Intuition bereits die endgültige Lösung erdacht. Das muß wohl damit erklärt werden, daß der Nimbus des Architekten als eines genialen Visionärs sich besonderer Wertschätzung erfreut. Bei rückschauender Betrachtung eigener Entwürfe kann ich zwar häufig feststellen, daß in einer ersten Skizze bereits die grundlegenden Gedanken des endgültigen Konzeptes festgehalten sind, sie durch den anschließenden Arbeitsprozeß jedoch meistens stark modifiziert wurden.

Für die meisten bedeutenden Bauaufgaben werden Entwürfe mehrerer Architekten einer vergleichenden Beurteilung unterzogen. Das häufigste Verfahren hierfür ist der Architektenwettbewerb, für den es verbindlich festgelegte Regeln gibt. Viele Bauherren unterwerfen sich diesen Wettbewerbsregeln jedoch nur ungern und ziehen es vor, über andere Verfahren zu alternativen Entwürfen zu kommen. Zum Beispiel lassen sie für ihre Bauabsicht von mehreren Architekten gutachterliche Vorentwürfe fertigen, aus denen sie dann die ihnen am geeignetsten erscheinende Lösung auswählen. Da bei diesem Verfahren jeder Vorentwurf voll honoriert werden muß, sind derartige konkurrierende Gutachten für den Auslober eine kostspielige Angelegenheit. Immer wieder wird deswegen von privaten, aber auch von öffentlichen Auslobern versucht, die viel niedrigeren Gebühren für beschränkte Wettbewerbe anzubieten, jedoch die verbindlichen Regeln des Wettbewerbswesens zu umgehen. Die Berufsordnung der in Kammern organisierten Architekten verbietet es ihren Mitgliedern, Leistungen unter den Honorarsätzen der Gebührenordnung zu erbringen. Sie wachen unter Androhung von Disziplinarmaßnahmen darüber, daß in solchen Verfahren die Architekten entweder angemessen honoriert werden oder ein ordentlicher Wettbewerb veranstaltet wird. Für diese Kontrollfunktion sind sie jedoch auf die Information ihrer Mitglieder angewiesen, die dieser Pflicht aber häufig nicht nachkommen, weil sie damit ihre Auftragschance zu gefährden fürchten. Deswegen gibt es einen verbreiteten Schwarzmarkt konkurrierender Alternativplanungen. Die mangelnde Berufsmoral der Architekten gereicht ihnen hier selbst zum Schaden und ist auch meistens wenig erfreulich.

In einigen Fällen, speziell solchen, bei denen die Zielsetzungen der Planung selbst weitgehend unklar sind, werden kooperative Verfahren veranstaltet. Mehrere Gruppen meist interdisziplinär zusammengesetzter Planer arbeiten in einem offenen Verfahren zusammen mit dem Auslober und Obergutachtern zunächst an einer einvernehmlichen Zielfindung und liefern dann konkurrierende Entwurfslösungen.

Strenge Regeln und schlechte Sitten

Architekturwettbewerbe sind Veranstaltungen des geistigen Wettstreits, in denen neuen Ideen Realisierungschancen bereitet werden. Sie sind damit eine Art Jungbrunnen der Architektur.

Wettbewerbe sind zugleich die einzige Möglichkeit für die Architekten, sich durch ihre geistige Leistung und schöpferische Arbeit zu qualifizieren, unabhängig von dem Renommee ihres Namens, der Größe ihrer Büros und ihren persönlichen Beziehungen. Das Wettbewerbswesen ist der Markt schlechthin, auf dem Architekten ihre Leistungen über Qualität anbieten können. Durch die Anonymität des Verfahrens ist für alle eine echte Chancengleichheit gewährleistet. Wettbewerbe bieten jungen Architekten den Einstieg zur beruflichen Selbständigkeit. Sie sind zugleich der anerkannte Qualifikationsmesser für Entwurfsbefähigung. Deswegen gründet sich die Reputation fast aller berühmten Architekten auf Wettbewerbserfolge.

Da die an einem öffentlichen Wettbewerb teilnehmenden Architekten für ihre Leistungen überhaupt nicht und bei einem beschränkten Wettbewerb nur gering honoriert werden, ist das Verfahren strengen Regularien unterworfen. Diese sind in der GRW – Grundlagen und Richtlinien für Wettbewerbe – festgelegt. Die erste Fassung der GRW wurde 1954 zwischen dem BDA (Bund Deutscher Architekten) und dem Deutschen Städtetag vereinbart. Nach der Einrichtung von Architektenkammern in den einzelnen Bundesländern wurde im Verhandlungswege mit dem Bundesbauministerium eine Verbesserung der Wettbewerbsordnung angestrebt. Ohne daß es zu einem einvernehmlichen Konsens kam, wurde 1977 die neue GRW vom Gesetzgeber einseitig und gegen den Einspruch der Architektenschaft erlassen. Ich will hier nicht auf die kritischen Punkte eingehen, sondern lediglich anmerken, wie bedauerlich es ist, daß eine amtliche Wettbewerbsordnung existiert, die von den Architekten nicht gutgeheißen wird und obendrein in den einzelnen Bundesländern unterschiedlich ausgelegt wird.

Die einvernehmlichen Grundfesten des Wettbewerbswesens sind:

1. eine klare Aufgabenstellung, die ihren Niederschlag im Wettbewerbsprogramm findet;
2. eindeutig definierte Leistungen, die von allen Wettbewerbern erbracht werden müssen, wobei aus Gründen der Chancengleichheit auch von keinem darüber hinausgehende Leistungen in die vergleichende Beurteilung einbezogen werden dürfen;
3. Anonymität der Wettbewerbsarbeiten, um sicherzustellen, daß ausschließlich sachbezogene Aspekte für die Auswahl maßgebend sind;
4. verbindliche Bearbeitungsfristen, die von allen Teilnehmern eingehalten werden müssen;
5. ein unabhängiges Preisgericht, das aus einer ungeraden Zahl von Mitgliedern zusammengesetzt ist, wobei die Fachpreisrichter einen Juroren mehr stellen als die Sachpreisrichter, also die Vertreter des Auslobers, der Nutzer, politischer Institutionen oder hoheitlicher Sachwalter;
6. die Auslobung von mehreren Preis- und Ankaufssummen, die in einer hierarchischen Reihenfolge den Verfassern der besten Wettbewerbsarbeiten zuerkannt werden;
7. ein verbindliches Auftragsversprechen des Auslobers, das zusichert, einen oder mehrere Preisträger des Wettbewerbs mit den Architektenleistungen zu beauftragen.

Im einzelnen variieren diese Grundregeln, je nachdem, ob es sich um einen Ideen- oder Realisierungswettbewerb handelt, derselbe in einer oder mehreren Stufen abgewickelt wird, der Teilnehmerkreis unbeschränkt offen für alle Architekten, regional begrenzt und nur für freischaffende Architekten zugänglich ist oder ein bestimmter, namentlich benannter Kreis von Architekten eingeladen wird.

Diese Regeln, denen sich der Auslober gleichermaßen wie die teilnehmenden Architekten unterwerfen müssen, sollen gewährleisten, daß dem großen ideellen und materiellen Aufwand der Architekten ein angemessenes und faires Verfahren gegenübersteht.

Um die freiwillige Leistung der Architekten ermessen zu können, ist es hilfreich, die wirtschaftliche Basis von Wettbewerben näher zu betrachten. 1978 wurden in der Bundesrepublik Deutschland etwa 350 Wettbewerbe ausgelobt. Die dafür erbrachten Planungsleistungen erforderten einen finanziellen Aufwand der Architektenschaft von insgesamt ca. 150 Millionen DM. Dieser »Investition« der Architekten standen nur etwa 10 bis 15 Millionen DM an Preis- und Ankaufssummen gegenüber, womit sich das Verhältnis zwischen Aufwand und Ertrag im günstigsten Falle 10:1 verhält. Für jeden einzelnen Teilnehmer ist der maximale Gewinn, den er erzielen kann, der Erlös des von ihm erbrachten Einsatzes, in wenigen Fällen etwas besser, häufiger jedoch schlechter.

Der Zeitaufwand an Arbeitsstunden beläuft sich, je nach Größe des Wettbewerbs und Effizienz des Büros, zwischen 200 und 500 Stunden, was Personalkosten in Höhe von 12 000 bis 90 000 DM verursacht. Hinzu kommen Nebenkosten für Modell- und Reproduktionsarbeiten, die zwischen 3000 und 15 000 DM schwanken. Damit belaufen sich die Gesamtkosten für jeden Teilnehmer eines Wettbewerbs zwischen 15 000 DM Minimum und etwa 100 000 DM als Maximum. Im Durchschnitt kann man davon ausgehen, daß jede einzelne Wettbewerbsarbeit einem Gegenwert von etwa 30 000 DM entspricht. Bei mittelgroßen Wettbewerben mit einer durchschnittlichen Beteiligung stellt die erbrachte Arbeit etwa den Gegenwert von einer Million DM dar. In Extremfällen, zum Beispiel bei weltoffenen Wettbewerben, wie der Nationalbibliothek in Teheran mit 601 Teilnehmern, beläuft sich die Gesamtinvestition aller Architekten, die an diesem Wettbewerb teilgenommen haben, auf ca. 600 × 50 000 = 30 Millionen DM. Der erste Preis betrug ganze 50 000 Dollar.

Würden die teilnehmenden Architekten lediglich auf die ausgelobten Preissummen spekulieren, täten sie besser daran, ihr Geld am Roulette-Tisch einzusetzen, weil dort die Chancen um ein Vielfaches besser sind. Trotzdem beteiligen sich Tausende von Architekten gegen jede kaufmännische Logik an Wettbewerben.

Wenn es auch keine altruistischen Motive sind, welche die Architekten zur Teilnahme an Wettbewerben bewegen, so stellt dieses Mißverhältnis zwischen Aufwand und Ertrag doch einen ungewöhnlichen Fall in unserer Leistungsgesellschaft dar. Kritiker des Wettbewerbs, die darauf verweisen, daß kein Architekt gezwungen ist, riskante Investitionen zu tätigen, verkennen zweierlei:

- daß Architekten sehr wohl dazu gezwungen sind, wenn sie interessante Bauaufgaben bearbeiten wollen und sich nicht in den Dschungel unerfreulicher Botmäßigkeiten bei Direktaufträgen begeben wollen, und
- daß Wettbewerbe nicht nur dazu dienen, Architektenaufträge zu vergeben, sondern eine im Interesse der gesamten Gesellschaft notwendige Alternativenbildung darstellen, welche die Grundlage für demokratische Entscheidungen abgibt.

Diese Tatsache stellt eine hohe moralische Verpflichtung für Auslober und Preisrichter dar. Trotzdem wird leider häufig nicht nur die Moral diskreditiert, sondern selbst die Regeln des Verfahrens werden allzuoft sträflich mißachtet.

Nur knapp 20 Prozent aller in Deutschland existierenden Architekturbüros beteiligen sich regelmäßig an Wettbewerben. Von diesen haben nur 40 Prozent mehr als einmal Erfolg, gewinnen also einen Preis oder Ankauf. Insgesamt sind das nicht mehr als 8 Prozent aller Architekten. Aber nur 15 Prozent dieser bzw. 1,2 Prozent aller Architekturbüros gewinnen einmal oder häufiger einen ersten Preis, gelangen also auf diesem Wege zu der direkten Chance, über Wettbewerbe einen Auftrag zu erhalten. Man könnte hieraus schlußfolgern, das ganze Wettbewerbswesen sei eine elitäre Angelegenheit von Wettbewerbsfüchsen. Trotzdem ist es zugleich das Debütantenparkett der Anonymen und Unbekannten.

Warum treten selbst die etablierten und guten Architekten für Wettbewerbe ein? Sie müßten im Hinblick auf die geringen Chancen und das Renommee ihres Namens daran interessiert sein, daß interessante und große Aufgaben direkt vergeben werden. Das liegt wohl daran, daß bei der freihändigen Vergabe von Architektenaufträgen andere Kriterien gelten als bei Wettbewerben. Anstelle der geistigen Leistung und guter Architektur zählen Anpassungsbereitschaft und Willfährigkeit bis hin zur Anbiederung in der Rolle eines Erfüllungsgehilfen. Nicht die beste Lösung ist ausschlaggebend, sondern die Kontaktpflege zum potentiellen Auftraggeber. Nicht das sachbezogene Engagement spielt eine Rolle, sondern Lokalpatriotismus, Parteibuch und andere Begünstigungen, vor allem aber das reibungslose Funktionieren des Architekten.

Der sicherste Weg zu guter Architektur geht meistens über den Wettbewerb,
- weil bei einem korrekten und anonymen Verfahren nur die Sache zählt;
- weil ein erster Preis ein objektives Qualitätssiegel

ist, das erlaubt, Dinge durchzusetzen, die im offenen Kleinkrieg um die Auftraggebergunst meistens gar nicht erst vorgeschlagen werden können;

– weil Preisgerichtsurteile Befugnisse an technokratisch und hierarchisch eingeengten Verwaltungsbeamten geben, die unter normalen Bedingungen viel zu sehr in Vorschriften, Programmen und Zielkonflikten befangen sind (der Juryentscheid eines Wettbewerbs wirkt wie ein Prellbock gegenüber dem Bundesrechnungshof),

– und weil die vermeintlich besseren Alternativen nicht als idealisierte Wunschbilder in den Köpfen existieren, sondern mit ihren konkreten Nachteilen im Wettbewerbsverfahren ausgesondert wurden.

Leider haben sich im Wettbewerbswesen viele schlechte Sitten verbreitet, die bei anhaltender Tendenz eine Selbstzerstörung dieser Einrichtung heraufbeschwören können. Eine besonders sträfliche Unsitte ist das Ausloben von Bauwettbewerben, ohne daß eine wirklich ernsthafte Bauabsicht vorliegt und die finanziellen Mittel für eine Realisierung zur Verfügung stehen. Mehr als 30 Prozent aller Wettbewerbe werden nicht realisiert. Wir hatten in den Jahren 1980 und 1981 das Glück, 17 Wettbewerbe zu gewinnen, von denen lediglich sechs zu konkreten Planungsaufgaben geführt haben. Ob diese tatsächlich gebaut werden, steht bei vier Projekten sogar in Frage.

Viele Wettbewerbe werden von Auslobern nur zur geistigen Ausplünderung von Architekten benutzt. Besonders extrem sind die Verhältnisse in Berlin, wo für fast jedes bedeutendere Grundstück bereits mehrere Wettbewerbe veranstaltet wurden, ohne daß irgend etwas gebaut worden ist.

Bei den meisten städtebaulichen Ideenwettbewerben steht der geforderten geistigen Leistung kein annähernd adäquates Potential an Planungsaufträgen gegenüber. Die Architekten dürfen zur Gefälligkeit von Politikern und Stadtbauräten einige Kreativitätsübungen zum Nulltarif abliefern.

Auch bei den Wettbewerbsprogrammen hat sich

eine Untugend verbreitet. Die Aufgabenstellungen werden mit unsinnigen und für die Alternativenbildung unwichtigen Anforderungen überfrachtet, meistens durch eine übertriebene Festschreibung von Teilzielen, die sich einengend auf die Varietätserzeugung auswirken. Zielkonflikte, die jeder baulichen Aufgabenstellung innewohnen, werden kaschiert oder verdrängt, statt offen ausgesprochen zu werden.

Der Katalog der Leistungsanforderungen, die von jedem Teilnehmer zu erbringen sind, weitet sich immer mehr aus und umfaßt überflüssige Berechnungen, Einzelnachweise, Detailaussagen und technische Teiloptimierungen. Ich habe häufig erlebt, daß der überwiegende Leistungsanteil eines Wettbewerbs Dinge betraf, die vom Preisgericht anschließend nicht einmal zur Kenntnis genommen worden sind, geschweige denn für die Urteilsfindung auch nur von untergeordneter Bedeutung gewesen wären.

Eine spezielle Untugend vieler Preisgerichte liegt in ihrer Unentschiedenheit, statt eines ersten Preises mehrere gleichrangige Plazierungen einstimmig zu vergeben. Die Einstimmigkeit kommt nur deswegen zustande, weil sie von den Wettbewerbsbestimmungen bei jeder Abweichung von der ausgelobten Reihenfolge gefordert wird. Damit wird ein totales Einvernehmen vorgetäuscht, das überhaupt nicht vorhanden ist; im Gegenteil, je zerstrittener ein Preisgericht ist, desto schneller findet es zu einem einstimmigen faulen Beschluß, der eine klare Entscheidung umgeht. Statt sich in intensiver Diskussion auf eine Arbeit zu einigen oder gar im Dissens und durch Kampfabstimmung einen Sieger zu küren, gehen Preisgerichte immer häufiger den eleganten Weg, durch Einstimmigkeit jeder Entscheidung auszuweichen und das Problem weiterzugeben.

Ein Preisgericht besteht mit gutem Grund aus mehreren Personen, damit aus der Vielzahl subjektiver Urteile ein intersubjektives Gesamturteil entstehen kann. Aufgabe und Pflicht der Fachpreisrichter ist dabei in besonderem Maße, ihr persönliches Urteil mit deutlicher Entschiedenheit einzubringen und innerhalb der demokratischen Spielregeln zu behaupten, statt einen harmonischen Gleichklang der Unentschiedenheit anzusteuern.

Es muß den Preisrichtern zur Pflicht gemacht werden, klare Entscheidungen zu treffen und eindeutige Empfehlungen, unter Umständen mit knappen Mehrheiten, auszusprechen, statt ihre Uneinigkeit durch einstimmige Nichtentscheidungen zu kaschieren. Jede Entwurfsaufgabe beinhaltet Zielkonflikte, und jede individuelle Entwurfslösung wichtet diese Ziele und setzt Prioritäten. Das Preisgericht hat die Verpflichtung, sich zu bestimmten Zielprioritäten zu bekennen und nicht bei der einen Arbeit den Städtebau zu loben, bei der anderen gute Funktionen zu entdecken und der dritten zu bescheinigen, daß sie die beste Fassade habe, um diesen Eintopf dann dem freien Spiel der Kräfte zu überlassen. Die Folge dessen ist Mittelmaß, sind faule Kompromisse und sachfremde Entscheidungen.

Eine gravierende Unsitte betrifft das Auftragsversprechen des Auslobers. Allzu häufig wollen sich Auslober ihren Verpflichtungen zur Beauftragung eines Preisträgers entziehen. Sie schränken den Auftrag so stark ein, daß der Architekt seiner ganzheitlichen Verantwortung enthoben und ihm die Möglichkeit genommen wird, das Architekturwerk in allen Teilen als Gestalter zu beeinflussen. Auslober neigen dazu, unersprießliche Arbeitsgemeinschaften mehrerer Architekturbüros zu verlangen oder eine Zusammenarbeit mit Bauämtern und Bauabteilungen zu erzwingen, um damit die Kompetenzen des Architekten entscheidend einzuschränken.

Diese Nichteinlösung oder gravierende Einschränkung des Auftragsversprechens stellt eine grobe Vertragsverletzung gegenüber den teilnehmenden Architekten dar, die ihre Vertragsverpflichtung in Form einer beurteilungsfähigen Wettbewerbsarbeit bereits erfüllt haben.

Man hat oftmals den Eindruck, daß Auslober den eigentlichen Sinn von Wettbewerben selbst vereiteln. Statt möglichst viele verschiedene und innovative Lösungen zu ihrem Bauproblem angeboten zu bekommen, engen sie diese Möglichkeiten durch zementierte Programmanforderungen, in denen unwesentliche Dinge festgeschrieben werden, ein. Sie verlangen den zeichnerischen Nachweis endloser Raumbelegungspläne, die ohnehin längst überholt sind, verschleiern Zielkonflikte, statt sie offenzulegen, fordern die Erfüllung vorgefaßter Vorstellungen und formularmäßige Pflichterfüllung, statt zu neuen Lösungen zu ermuntern. Indem sie unsinnige Leistungen und das zeichnerische Nachvollziehen bereits getroffener Entscheidungen verlangen, wecken sie den Eindruck, es käme ihnen auf die Quantität des Papiers und nicht auf die Qualität der Konzeption an.

Die quantitative Vorprüfung der eingereichten Arbeiten wird meistens mit viel zu großem Aufwand an Arbeit und Zeit betrieben, ohne einen auch nur adäquaten Einfluß auf die Entscheidung auszuüben. Ein Vorprüfungsperfektionismus hat sich etabliert, der sich selbstgefällig in dicken Schwarten mit Tausenden von Zahlen, Graphiken und Tabellen dokumentiert.

Preisgerichte nehmen davon meist keine Notiz und reagieren ihr schlechtes Gewissen in nachhaltigen Dankesbekundungen für die »überaus sorgfältige und beispielhafte Vorprüfung« im Protokoll ab.

Pro und kontra Architektenwettbewerb

Obgleich die Architekten sich bei Wettbewerben mit ihren Geschenken an die Gesellschaft verausgaben, nehmen die Beschenkten dieses Präsent nur ungern an. Auf der Seite der potentiellen Auslober von Wettbewerben ist gegenüber den formalisierten Verfahren eher Zurückhaltung, Skepsis oder gar Ablehnung anzutreffen. Dafür werden verschiedene Vorbehalte und Bedenken geltend gemacht. Ich will diese kritische Einstellung anhand der häufigsten Argumente diskutieren:

1. Bauherren, die aus ausschließlich kommerziellen oder betriebsorganisatorischen Überlegungen an einer möglichst schnellen und billigen Realisierung ihres Projekts interessiert sind, sehen in einem Wettbewerb lediglich eine Vermehrung der ohnehin vorhandenen Hindernisse durch Baugesetze, politische Rücksichten und Bürgerinitiativen. Ihnen ist nicht so sehr an der besten architektonischen Lösung gelegen, sondern vielmehr daran, mit einem Architekten ihres Vertrauens, der in ihrem Sinne reibungslos funktioniert und bei Politikern und Bauämtern die Weichen zu stellen versteht, das Projekt schnell und kostengünstig fertigzustellen.

Diese Einstellung ist deswegen verantwortungslos, weil jede Baumaßnahme einen Teil des allgemeinen Lebensraumes darstellt und damit einer Verpflichtung gegenüber der Öffentlichkeit unterliegt. Unsere Umwelt ist ein zu wichtiges Gut, als daß sie nach dem erstbesten Entwurf verbaut werden darf. Öffentliche wie private Bauherren sind verpflichtet, nach der besten Lösung zu suchen. Dies geht nur über eine qualitative Auslese.

2. Häufig wird erklärt, Bauten, die über Wettbewerbe entstehen, seien im Durchschnitt auch nicht besser als andere. Diese Behauptung ist schlichtweg falsch, auch wenn nicht zu leugnen ist, daß Wettbewerbe keine Garantie für gute Architektur sind. Oft werden aber Entwürfe im Laufe der späteren Planung durch Fremdeinwirkung seitens des Bauherrn oder durch Genehmigungsbehörden stark entstellt. Deswegen ist für die Qualifikation eines Architekten nicht nur entscheidend, daß er gute Entwürfe erarbeiten kann, sondern auch, daß er das Stehvermögen besitzt, diese in der Realisierungsphase durchzusetzen.

Gemessen an der Durchschnittsarchitektur, zeichnet sich die Auslese über Wettbewerbe durch hohe Qualität aus. Ein Beweis dafür sind die allerorts erhältlichen Architekturführer, in denen auf gute Bauten hingewiesen wird. Der überwiegende Teil dieser Bauten ist durch Wettbewerbe entstanden.

Ich gebe zu, daß viele Wettbewerbsergebnisse enttäuschend sind. Dafür gibt es triftige Gründe. Oft wird aus Lokalpatriotismus oder berufsständischer Interessenspolitik die Zahl der Teilnehmer viel zu eng begrenzt, oder es wird die unsinnige Forderung gestellt, daß die Teilnehmer bereits über einschlägige Erfahrungen mit bestimmten Bauaufgaben verfügen müssen. Es ist ein weit verbreiteter Trugschluß, daß nur derjenige eine gute Sparkasse entwerfen könne, der mindestens zwei gebaut hat. Der Fundus von Erfahrungen mit bestimmten Nutzungsanforderungen stellt im Entwurfsprozeß nur eine von mehreren Qualifikationskomponenten dar, die sich obendrein oftmals eher als hinderliche Befangenheit erweist.

Häufig ist das Wettbewerbsergebnis auch enttäuschend, weil es keinen handfesten Anreiz mit verbindlichen Auftragszusagen gibt oder bereits während der Laufzeit des Wettbewerbs bekannt wird, daß die Realisierung des Projekts zweifelhaft ist.

3. Viele Auslober äußern die Befürchtung, daß sie durch die Anonymität des Verfahrens als ersten Preisträger einen unerfahrenen Architekten beschert bekommen. Dieses befürchtete Sicherheitsrisiko ist die zwangsläufige Kehrseite der Medaille, die jungen Architekten die Chance zum Einstieg in die Selbständigkeit bietet. Meistens wird aber die Unerfahrenheit durch überdurchschnittliche Einsatzbereitschaft und Engagement ausgeglichen. Bei begründeten Zweifeln kann der Auslober jedoch auch den zweiten oder dritten Preisträger beauftragen oder eine Arbeitsgemeinschaft mehrerer Preisträger anstreben. Für besonders Ängstliche gibt es die Möglichkeit, Wettbewerbe mit namentlichen Einladungen zu veranstalten. Allerdings sind deren Ergebnisse meist nicht besser als bei offenen Wettbewerben.

4. Ein besonders häufiges Argument gegen den Wettbewerb ist die Zeit, die dieses Verfahren beansprucht. Das ist in der Regel deswegen unbegründet, weil die Zeitknappheit, unter der Planungen leiden, meist fiktiv zustande kommt. Die im Vor-

weg notwendigen politischen Entscheidungen werden verzögert oder verdrängt. In fast allen mir bekannten Fällen vergehen nach der Wettbewerbsentscheidung Monate oder sogar Jahre ungenutzt, bevor die Planung weiterläuft. Das im Kapitel 5 beschriebene Stop and Go bei öffentlichen Bauvorhaben ist nicht die Ausnahme, sondern die Regel.

Eine wesentliche Zeitersparnis kann bei der Vorbereitung von Wettbewerben erreicht werden, wenn man auf den übertriebenen Perfektionsanspruch bei der Programmerarbeitung verzichtet.

5. Manchmal wird behauptet, Wettbewerbe seien zu teuer. Dies ist geradezu unsinnig, weil mit einem Kostenaufwand, der bei durchschnittlich 0,5 Prozent der Bausumme liegt, ein Spektrum alternativer Lösungsmöglichkeiten zur Auswahl steht, das die Auswahl der qualitativ und wirtschaftlich besten Lösung ermöglicht und dadurch den Aufwand um ein Mehrfaches kompensiert.

6. Von Kritikern des Wettbewerbswesens wird oft geltend gemacht, daß beim Erarbeiten der Entwurfslösung kein Dialog zwischen Bauherr und Architekt stattfindet. Dieses Argument ist durchaus berechtigt, weil die Formalisierung des Verfahrens eine vorzeitige Programmfestlegung erfordert, auf welche die Rückkopplungen aus den möglichen Lösungen nicht einwirken können. Hierin liegt fraglos ein Nachteil des Wettbewerbs, weil der Auslober sich gezwungen sieht, seine Nutzungsanforderungen auch dann präzise zu formulieren, wenn das Programm erst durch die Idee einer Lösung bestimmt werden soll. Einen Ausweg aus diesem Dilemma bietet der Ideenwettbewerb mit einer weitgehenden Programmoffenheit. Der notwendige Dialog zwischen Bauherr und Architekt kann nach erfolgter Entscheidung mit dem beauftragten Preisträger nachvollzogen werden. In der ersten Phase geht es dann nur um die konzeptionelle Idee, während die baureife Lösung danach erarbeitet wird.

7. Der schwerwiegendste, jedoch häufig nicht klar ausgesprochene Grund für die Ablehnung eines Wettbewerbs ist die Befürchtung des Auslobers, durch die Formalien des Verfahrens in seiner Handlungsfreiheit eingeengt und durch die unabhängige Entscheidung des Preisgerichts majorisiert zu werden. Häufig hörte ich von Bauwilligen, die das Für und Wider von Wettbewerben abwägten: »Da ich das Projekt bezahlen muß, lasse ich mir doch nicht vorschreiben, mit welchem Architekten ich zusammenarbeiten muß, und von einem Preisgericht diktieren, welches der beste Entwurf ist.« Auch an dieser Stelle muß man darauf hinweisen, daß Bauen kein Privatvergnügen ist, sondern eine Verpflichtung gegenüber der Öffentlichkeit darstellt. Jede Verantwortlichkeit gegenüber der Allgemeinheit ist mit Einschränkungen der individuellen Handlungsfreiheit verbunden.

Tatsächlich ist die Einschränkung des Handlungsspielraums auch nur geringfügig. Als Gegenleistung dafür, daß der Auslober Dutzende von Entwurfslösungen für ein Honorar, das er ansonsten für ein bis zwei Lösungen bezahlen müßte, erhält, muß er sich lediglich fairen Spielregeln fügen. Er wird nicht gezwungen zu bauen, er kann im Preisgericht in eigener Person und durch Unterstützung von Fachleuten seines Vertrauens die Auswahl entscheidend beeinflussen und hat obendrein die Möglichkeit, nach Aufhebung der Anonymität unter mehreren Preisträgern eine Auswahl zu treffen.

Allerdings bin ich der Auffassung, daß ein Bauherr, der konkrete Vorstellungen über eine bestimmte Architektur und einen bestimmten Architekten hat, diesen auch direkt beauftragen sollte. Wichtig ist nur, daß die Auswahl nach architektonischen Qualitätskriterien erfolgt und nicht der »billige Jakob« gesucht wird, der sich als reibungsloser Erfüllungsgehilfe ohne sachliches Engagement anbietet.

Es gibt aber auch Bauherren, die deswegen ein Interesse an Wettbewerben haben, weil sie diese als taktische Manöver einzusetzen verstehen. Ich will dies an einem Beispiel deutlich machen: Eine Bauträgergesellschaft möchte im Interesse der Profitmaximierung auf einem gerade erworbenen Grundstück mehr, höher und mit anderer Nutzung bauen, als es der rechtsgültige Bebauungsplan erlaubt. Sie beruft neben einigen freischaffenden Architekten die Spitzen der kommunalen Bauverwaltung und der politischen Repräsentanten ins Preisgericht. Im Programm formuliert sie ihre Maximalwünsche, stellt jedoch die vorhandenen Widersprüche zur Bauordnung in das Ermessen der Teilnehmer. Diese, namhafte Architekten gemischt mit hauseigenen, erkennen, daß das Problem der Fragestellung nicht primär in der Findung einer inhaltsbezogenen Konzeption, sondern im Vabanquespiel zwischen »Soll« und »Darf« liegt und verwenden ihr Ingenium, um entweder die Schwäche der Bauordnung nachzuweisen oder deren Mißachtung durch eine »reife Lösung« zu überspielen. Das unter Zeitdruck stehende Ad-hoc-Gremium des Preisgerichts ist zu vertieften Grundsatzerörterungen nicht aufgelegt, sondern sieht seine Aufgabe in der Bestätigung eines durch die Vorprüfung vorbereiteten Selektionsprozesses. Da es keine oder nur schlechte vorschriftenkonforme Lösungen zur Auswahl hat, ist es um so eher geneigt, Vorschriftsmißachtung zu sanktionieren. Der Auslober hat auf diesem Wege eine unüberwindliche Hürde des Baugenehmigungsverfahrens überwunden. Diese Methode ist nicht von mir erfunden, sondern entspricht häufig geübter Praxis.

Das Wettbewerbswesen hat aber auch im Hinblick auf seinen Hauptzweck – gute Architektur hervorzubringen – durchaus Schwächen. Speziell in Deutschland, wo im Vergleich zu anderen Ländern relativ viel Wettbewerbe veranstaltet werden, vollzieht sich durch die öffentliche Ausstellung der preisgekrönten Entwürfe und ihre aktuelle Veröffentlichung in Fachzeitschriften ein problematisches Trendsetting. Neue Ideen und bestimmte stilistische Elemente, denen man den Erfolg der betreffenden Entwürfe zuschreibt, werden wie Aktientips an der Börse gehandelt. Wettbewerbe üben in den Modeerscheinungen der Architektur einen unheilvollen Verstärkereffekt aus. Durch sie werden neue Trends in Windeseile von Nord nach Süd und von West nach Ost transportiert. Etliche Architekten haben eine besondere Fähigkeit entwickelt, die Ideen und Handschriften anderer Kollegen zu kopieren oder sogar mehrere verschiedene Vorbilder zu einem Entwurfseintopf zu verarbeiten. Leider sind Preisgerichte häufig nicht gegen diese Anfechtungen einer vermeintlichen Fortschrittlichkeit gefeit. Auf diese Weise wird der Wettbewerb diskreditiert, weil die erwünschte Vielfalt unterschiedlicher Alternativen durch wenige Einheitsmaschen ersetzt wird. Wettbewerbe müssen eine Aufforderung zum persönlichen und subjektiven Bekenntnis sein. Ihre Existenzberechtigung steht und fällt mit dem Mut der Teilnehmer und Preisrichter zum Risiko. Nur wenn neue Wege beschritten werden und Anerkennung finden, hat der große materielle und geistige Einsatz einen Sinn.

Dolf Schnebli weist in seiner Laudatio für das Wettbewerbswesen auf die alte Tradition geistiger Wettstreite hin. Er erwähnt Wettstreite unter Poeten im antiken Griechenland, Künstler- und Architektenwettbewerbe in der Renaissancezeit und erinnert an die Sängerwettstreite der Meistersinger von Nürnberg. Er kommt zu dem Schluß, daß das Ziel all dieser Wettstreite unter Fähigen der Gedanke sei, das Bestmögliche zu erreichen. Sich-gegenseitig-Messen sei eine dem menschlichen Wesen entsprechende Eigenschaft, und sie wirke sich in jedem Falle leistungssteigernd aus. Er sagt, daß für ihn der Lerneffekt und die Weiterbildung durch Wettbewerbe bereits deren Berechtigung begründen. »Wenn man durch die Arbeit am Wettbewerb nichts lernt, hat man verloren, selbst wenn man dabei unglücklicherweise den 1. Preis gewänne[23].«

Wettbewerbe sind kein Allheilmittel für eine bessere Umwelt. Die Verfahren haben manche Mängel und Schwächen. Die Kritik gilt jedoch nicht dem Wettbewerb als einem fairen, geistigen Wettstreit mit eindeutigen und klaren Spielregeln, sondern der Tatsache, daß diese Regeln immer häufiger und grundsätzlicher mißachtet und ausgehöhlt werden. Letztlich ist jeder Wettbewerb nur so gut wie diejenigen, die ihn vorbereiten, die daran teilnehmen und die ihn entscheiden.

Die funktionale Leistungsbeschreibung

Ein häufiger Kritikpunkt am Wettbewerbswesen bezieht sich auf das unabsehbare Kostenrisiko, das mit der ausgewählten Lösung verbunden sei. In der Tat gibt es viele prominente Bauvorhaben, deren Entwurfslösungen auf dem Wettbewerbswege ermittelt wurden und die während der Realisierungsphase wegen ständiger Kostensteigerungen zu brisanten Politknüllern wurden. Meines Erachtens wird hier jedoch auf unzulässige Weise ein ursächlicher Zusammenhang zwischen Wettbewerb und Baukostenentwicklung hergestellt. In der Regel sind die Kostensteigerungen nicht in den Unwägbarkeiten des Wettbewerbsentwurfs begründet, sondern wie bei vielen anderen spektakulären Großprojekten darauf zurückzuführen, daß während der Realisierungsphase die Nutzungsanforderungen ständig gesteigert und verändert werden, das Programm vergrößert und die Bauzeit durch verzögerte politische Entscheidungen unnötig stark verlängert wird. Das Kongreßzentrum in Berlin ist hiervon gleichermaßen betroffen wie die Universitätsklinik in Göttingen oder die Olympiaanlage in München. Trotzdem ist die Meinung, Wettbewerbe stellten im Hinblick auf die späteren Baukosten ein großes Risiko dar, besonders bei Politikern ein tief verankertes Vorurteil.

Da man bei öffentlichen Bauvorhaben trotzdem aus gutem Grund nicht auf alternative Entwurfslösungen verzichten möchte, wurde in einigen Bundesländern ein Verfahren ersonnen, welches das Kostenrisiko von vornherein ausschalten soll. Man beschrieb die Programmwünsche für die Bauvorhaben sehr präzise und detailliert und nannte dies funktionale Leistungsbeschreibung. Dieser minuziöse Anforderungskatalog wurde Generalunternehmern der Bauwirtschaft zusammen mit oder ohne Architekten übergeben. Auf dieser Basis hatte eine meist beschränkte Anzahl von Bietern gegen ein Entgelt sowohl eine entwerferische Lösung zu liefern als auch ein schlüsselfertiges Kostenangebot zum Festpreis abzugeben.

Dieses Verfahren wurde in den vergangenen Jahren bei allen Universitätsbauvorhaben im Lande Niedersachsen praktiziert. Da ich hierbei persönliche Erfahrungen sammeln konnte, beziehe ich meine kritischen Betrachtungen auf die niedersächsische Variante der funktionalen Leistungsbeschreibung.

Ich bin der Meinung, daß bei diesen Verfahren die Ausschaltung des vermeintlichen Kostenrisikos eindeutig zu Lasten der Architekturqualität geht. Da der einmal festgelegte Entwurf nachträglich keinerlei Änderung erfahren darf, weil dadurch die Vertragsgrundlage für den Festpreis gefährdet würde, ist es erforderlich, bereits vor Erarbeitung von Entwurfslösungen die Nutzungsanforderungen bis in die letzte Einzelheit zu beschreiben. Eine zwangsläufige Folge hieraus sind überzogene Programmanforderungen unreflektiert übernommener Nutzerwünsche, die auch dann nicht korrigiert werden können, wenn sich durch die Entwurfslösungen rückkoppelnd bessere Erkenntnisse einstellen. Alles, was quantitativ erfaßbar ist, wird gleich zu Beginn des Verfahrens unabänderlich festgeschrieben. Variablen in dem Prozeß sind dann nur noch die Qualität des Entwurfs und die Kosten. Da jedoch beides im Verbund angeboten werden muß, liegt es nahe, daß die Qualität von den Kosten diktiert wird und nicht die Kosten eine Folge der Qualität sind. Dies gilt in Niedersachsen um so mehr, als die Kostenobergrenze vom Auslober bereits festgesetzt wird und sich der Wettbewerb nur noch unterhalb dieser Grenze abspielen darf.

Da in diesem kombinierten Wettbewerb geistiger Leistungen und Preise der Architekt nur als Subunternehmer der Baufirma arbeiten kann, ist sein Interesse an guter Architektur zwangsläufig den wirtschaftlichen Interessen der Baufirma untergeordnet und für die Realisierungsphase keinerlei unabhängige Kontrollfunktion durch einen Treuhänder des Bauherrn mehr gegeben.

Der größte Trugschluß des Verfahrens beruht jedoch auf der Annahme, daß durch die Zusammenarbeit von Architekt und Bauunternehmer letzterer durch seine kostengünstige Produktionsmethode Einfluß auf den Entwurf nehmen könne. Die Vorstellung geht von der Fiktion aus, jeder Unternehmer habe besondere Methoden, mit denen er die geforderten Leistungen kostengünstig anbieten könne, und der Architekt müsse mit seinem Entwurf auf diese unterschiedlichen Baumethoden Rücksicht nehmen. Diese Annahme ist deswegen unsinnig, weil, abgesehen von geringen Unterschieden bei der Rohbauerstellung, die Unternehmer mit den gleichen Methoden arbeiten und für viele Gewerke sogar die gleichen Subunternehmer einschalten. Entwurfslösung und Preis sind nur zufällig miteinander gekoppelt. Ursächliche Wechselwirkungen gibt es so gut wie keine, weil die Marktkomponente jedes einzelnen Generalunternehmers für den angebotenen Preis von weitaus höherem Gewicht ist als die spezifischen Merkmale eines Entwurfs.

Statt sechs Entwürfe, die vorher keiner qualitativen Auslese unterzogen wurden, mit nur jeweils einem Preisangebot zu erhalten, wäre es viel sinnvoller, für zwei oder drei Entwürfe jeweils sechs Preisangebote vorliegen zu haben. Auf diese Weise ließe sich die Qualität der Architektur von den Unwägbarkeiten und Zufälligkeiten des Marktes trennen.

Besonders bedenklich ist der immens große Aufwand, der von jedem Anbieter erbracht werden muß, nicht um die Qualität der von ihm angebotenen Leistung zu steigern, sondern um die quantitative Pflichterfüllung aktenfüllender Detailbeschreibungen und technischer Daten zu befriedigen. Die Entschädigung, die jeder Anbieter erhält, ist für ihn nur knapp kostendeckend, stellt jedoch, da sie sechsmal gezahlt werden muß, für das Projekt eine Belastung dar, die 10- bis 20mal so hoch ist wie die Kosten eines normalen Wettbewerbs. Deswegen ist das Verfahren weder im Hinblick auf eine gute Architektur noch im Interesse gesamtwirtschaftlicher Belange sinnvoll. Es dient lediglich dazu, frühzeitig Festlegungen zu treffen und damit scheinbar das Kostenrisiko auszuschalten.

Alle Probleme der Kostensteigerungen bei in der Realisierung befindlichen Bauvorhaben hängen meistens ursächlich damit zusammen, daß der ursprüngliche Leistungsumfang eines Projekts während der Laufzeit quantitativ und qualitativ verändert wird und die verlängerte Bauzeit infolge verzögerter Entscheidungen den Baufirmen das Recht zu Nachtragsforderungen gibt. Beides könnte man bei üblichen Wettbewerbsverfahren gleichermaßen ausschließen.

Wichtungen und Wertsetzungen

Zur Kritik von Beurteilungsverfahren

Immer wieder taucht bei Wettbewerben die Diskussion über geeignete und gerechte Methoden der Urteilsfindung auf. Von Wettbewerbsteilnehmern, speziell denen, die nicht erfolgreich waren, wird der Vorwurf erhoben, Preisgerichte würden emotional, unsystematisch und willkürlich zu ihrem Urteil finden. Laienpreisrichter, die im Lesen von Plänen nicht geübt und im Erkennen von planerischen Qualitätsmerkmalen nicht erfahren sind, fühlen sich von routinierten Fachpreisrichtern überfahren und im Gebrauch der Fachsprache unsicher. Deswegen wird immer wieder die Forderung laut, die Entscheidungsprozesse zu objektivieren und ein für alle Beteiligten nachvollziehbares und transparentes Verfahren festzulegen.

Mit der Objektivierbarkeit von Beurteilungsverfahren verhält es sich jedoch ähnlich wie mit derjenigen des Entwerfens. Alle expliziten und wissenschaftlichen Methoden erweisen sich als mehr oder minder untauglich. Ich will das am Beispiel einer sogenannten expliziten Beurteilungsmethode deutlich machen:

Für ein programmiertes Bauproblem reichen mehrere Teilnehmer Lösungen ein, mit denen sie ihre Wertvorstellungen implizit zum Ausdruck bringen. Eine Jury soll diese Lösungen bewerten und ein Urteil fällen. Da die Jury-Mitglieder ebenfalls unterschiedliche Wertsysteme haben, wird ein Verfahren gewählt, das die einzelnen Teilurteile arithmetisch erfassen soll. Zunächst wird das erstrebte Gesamturteil in Teilurteile untergliedert. Diese beziehen sich auf bestimmte Merkmale der eingereichten Lösungen. Die einzelnen Merkmale erhalten, um ihre gegenseitige Relation zu gewährleisten, unterschiedliche Wichtungen.

Jedes Jury-Mitglied kann nun anhand dieser Kriterien die einzelnen und unterschiedlich gewichteten Merkmale nach einem vorgegebenen System benoten. Diese Noten werden mit den Wichtungen multipliziert und deren Resultate bei jedem Preisrichter summiert. Zum Schluß werden die Endsummen aller Jury-Mitglieder zusammengezählt.

Durch die starke Differenzierung eines solchen Punktsystems ergibt sich automatisch eine Rangfolge der bewerteten Lösungen. Hierdurch scheint die Bewertung unreglementierten Abstimmungen, emotionalen Pauschalurteilen oder der majorisierenden Eloquenz einzelner Preisrichter entzogen zu sein. Menschliche Schwäche und Unzulänglichkeit scheinen ausgeschaltet zu sein, die Unfehlbarkeit der Zahl dominiert. Ein Ideal scheint erreicht zu sein, doch dieser Schein trügt gewaltig.

Betrachten wir die einzelnen Schritte genauer auf ihren objektiven oder subjektiven Gehalt:

1. Die Wettbewerbsteilnehmer reichen ihre subjektiven Zielvorstellungen in Form von Zeichnungen und Erläuterungsberichten ein. Mit Ausnahme von Flächen, Volumina, Längen usw. sind diese Aussagen aber nicht meßbar, also qualitativer Art.

2. Die Elementierung des Urteils in einzelne Merkmale hat eine enorme Variationsbreite. Es lassen sich sowohl sehr wenige als auch sehr viele Merkmale bewerten. Bei der Auswahl können bestimmte Bereiche überbetont und andere vernachlässigt werden. Durch inhaltliche Überlagerungen entsteht eine besondere Unschärfe der Einzelkriterien. Die Beurteilung von Gestaltung, städtebaulicher Einfügung und Nutzungsangemessenheit ist inhaltlich überhaupt nicht getrennt möglich, zumal alle Merkmale nicht quantifizierbar sind. Auswahl und Zusammenstellung der Kriterien erfolgen nach ganz subjektiven Gesichtspunkten. Eine objektive und allgemeinverbindliche Merkmalsskala gibt es nicht.

3. Auch die Wichtung der Merkmale zueinander ist von individuellen Wertsystemen abhängig und deswegen extrem subjektiv.

4. Das Benoten oder Verteilen von Punkten ist der Vorgang, der die Pluralität von individuellen Sollvorstellungen durch das Einsammeln von Urteilspartikeln zu einem objektiven Gesamturteil subsumieren soll.

Jeder der Schritte ist überwiegend oder ganz subjektiven Gehalts und vom Wertsystem des Beurteilers abhängig. Allein die Addition von Teilurteilen unterschiedlicher Kategorien und Dimensionen ist höchst problematisch. Hier werden nicht nur Äpfel und Birnen zusammengezählt, sondern Kubikmeter und Weltanschauungen.

Qualitäten werden so lange nicht quantifizierbar sein, wie es unterschiedliche Qualitätsbegriffe gibt. Selbst quantifizierbare Größen werden durch qualitative Aspekte stark relativiert. Hundert Meter Weglänge durch einen langweiligen Flur sind nicht gleichzusetzen mit hundert Meter Weglänge durch eine erlebnisreiche Raumfolge. Wer will allgemeinverbindlich den Umrechnungsfaktor dafür bestimmen?

Ich habe bei einigen solcherart strukturierten Preisgerichtsverfahren mitgewirkt und dabei die Überzeugung gewonnen, daß die vermeintliche Objektivität und Transparenz eine Scheinobjektivität und Scheintransparenz ist. In Wirklichkeit vollzieht sich die Urteilsfindung jedes einzelnen Preisrichters immer über eine komplexe ganzheitsbezogene Betrachtung, der sich die Teilurteile unterordnen. Jeder merkt schnell, daß sich die rechnerische Bewertungsmethode vorzüglich als Manipulationsinstrument benutzen läßt. Dies wäre so lange unschädlich, wie die Beurteilungsergebnisse selbst davon nicht zum Nachteil beeinflußt würden. Genau das ist jedoch der Fall. »Die fortschrittliche und scheinobjektive Bewertungspraxis der vergangenen

Jahre hat zu einer katastrophalen Nivellierung geführt. Wenn alles gut lief, so führten die meisten Richtigkeiten zu den besten Ergebnissen, als ob alles recht sei, was richtig ist! Keine Chance für Outsider, keine Chance für Alternativen. . . . Aber stupide und stereotype Beurteilungskriterien helfen dazu, immer nur das Allgemeine zu erfassen und das Spezifische auszuklammern. Die vorprogrammierte Bewertungsmechanik kann zwar ein Verfahren sichern, zugleich aber auch Preisrichter lähmen und die Freiheit der Teilnehmer einschränken. So entsteht Einfalt statt Vielfalt, und es sind Glücksfälle, wenn Wettbewerbe noch die Innovation fördern und nicht verhindern«, hat Max Bächer anläßlich einer Preisrichtertagung geäußert[22].

Auch die Auffassung, die Entscheidungsobjektivität eines Preisgerichts würde durch die Zahl seiner Mitglieder zunehmen, prangert Max Bächer an: »Preisgerichte werden ja nicht durch die wachsende Anzahl von Preisrichtern besser, sondern nur arbeitsunfähiger. Bei allem Respekt vor dem Interesse der Betroffenen muß deutlich gemacht werden, daß überbesetzte Preisgerichte zu einer schädlichen Formalisierung der Meinungsbildung führen. . . . Die Entscheidung eines Preisgerichtes darf sowenig wie bei der öffentlichen Rechtsprechung gegenüber der Öffentlichkeit dadurch abgesichert werden, daß sämtliche politischen Gruppen an dieser Enscheidung mitwirken. Dann steht nämlich nicht die Qualität des Entwurfes, sondern seine politische Durchsetzbarkeit zur Diskussion. Damit entsteht eine Verzerrung der Entscheidung, die

nichts mehr mit dem Ziel des Wettbewerbs zu tun hat.«

Man kann einer guten Preisgerichtsentscheidung keinen besseren Dienst erweisen, als das Preisgericht mit hochqualifizierten und unabhängigen Fachleuten, möglichst nicht mehr als sieben oder neun, zu besetzen.

Jede persönliche Urteilsfindung bleibt gleichermaßen wie die Entwurfsleistung ein höchst subjektives Phänomen. Das beste Gesamturteil ist ebensowenig nur die Summe von optimierten Teilurteilen, wie der Entwurf mehr ist als die Summe von Teillösungen. Aus der Diskussion zwischen mehreren profilierten Preisrichterpersönlichkeiten und deren teils unterschiedlichen und teils einvernehmlichen Auffassungen ergibt sich ein intersubjektives Gesamturteil einer Jury.

Wettbewerbsteilnehmer bemängeln häufig, daß die prämiierten Arbeiten eines Wettbewerbs kein homogenes Meinungsbild erkennen lassen, also höchst unterschiedliche Lösungen bei der Prämiierung in bunter Reihenfolge auftauchen. Genau dies ist aber das Ergebnis eines im Meinungsbildungsprozeß gewonnenen Kompromisses. In den einzelnen Arbeiten spiegeln sich die unterschiedlichen Auffassungen verschiedener Preisrichter wider. Die Reihenfolge gibt meist einen Aufschluß über die Mehrheitsverhältnisse innerhalb des Gremiums. Letztlich sind auch Wettbewerbsentscheidungen nur so gut, so wagemutig oder so mittelmäßig wie die Mitglieder der Jury selbst.

Spezialist oder Generalist

Bedingungen des Architektenberufes und der Architektenausbildung

Ist der Architektenberuf überholt?

Die häufig anzutreffende Meinung, der Architektenberuf sei überholt, stützt sich auf die arbeitsteilige und technologische Entwicklung der jüngsten Vergangenheit. Ein Beruf, dessen Qualifikationsmerkmale generalistisch und unspezifisch sind, paßt nicht in das Bild einer fachlich überspezialisierten Arbeitswelt.

Nicht nur in Werbeagenturen werden jedem Tätigkeitsmerkmal spezifische Berufsbilder zugeordnet, die sich mit einer ganzen Flut von anspruchsvollen Bezeichnungen zieren: Kontakter, Texter, Layouter, Art Director, Sales Manager usw.

Auch ein Fernsehteam pflegt gleich mit einem halben Dutzend von Spezialisten aufzukreuzen, um einige Meter Film auf Zelluloid zu bannen.

Verglichen mit den Problemen des Bauens, sind jedoch Werbeanzeigen oder ein Fernsehfeature relativ einfache Aufgabenbereiche. Um so naheliegender wäre es, die sehr viel komplexere Materie der Architektur durch Experten zu bewältigen, die jeweils nur auf einen kleinen Teilbereich spezialisiert sind.

Das Spektrum reicht von kaufmännischen und juristischen Kenntnissen der Immobilienrendite und des Vertragsrechts über das technische Fachwissen von Materialeigenschaften und Herstellungstechniken bis zur Befähigung für die entwerferische Synthese. Das einschlägige Fachwissen hat in den vergangenen Jahrzehnten explosionsartig zugenommen. Hunderte neuer Baustoffe und komplizierter Herstellungstechnologien haben das Bauen gleichermaßen wie die immer spezifischeren Nutzungsanforderungen und ein Dickicht von Baugesetzen zu einer äußerst diversifizierten Disziplin gemacht. Da kein einzelner mehr die gesamte Menge des Fachwissens bereitzustellen vermag, folgt daraus zwangsläufig eine Spezialisierung.

Ursprünglich originäre Architektenleistungen werden deswegen von anderen besser und rationeller erbracht: von Statikern, Bauphysikern, Akustikern, Haustechnikingenieuren, Organisatoren, Soziologen, Psychologen usw. In vielen Bereichen ist der Architekt von Spezialisten überholt worden. Zusätzlich substituiert die Technik der elektronischen Datenverarbeitung berufliches Knowhow.

Auch die traditionelle Treuhänderfunktion des Architekten ist weitgehend durch Kontrollen von Behörden und Bauabteilungen abgelöst worden. Die Entscheidungs- und Verfügungskompetenz bei Angebotseinholungen, Auftragsvergaben, Geldausgabe und zeitlichen Dispositionen ist stark eingeschränkt und in ein Netz von Kontroll- und Abstimmungsmechanismen eingebunden.

An die Stelle vieler Einzelhandwerker sind Haupt- und Generalunternehmer getreten, welche die Koordination und ablaufmäßige Steuerung des Bauens durch ihr Management zu großen Teilen selbst erbringen.

Die Bauleitertätigkeit auf der Baustelle hat sich an den Schreibtisch verlagert. Sie wird durch Verwaltungsarbeit ersetzt, die sich in Aktennotizen, Verhandlungen und Abrechnungen niederschlägt. Plastikhelm und Zollstock wurden weitgehend durch Diktiergerät und Rechenmaschine ersetzt. Bauleitungsfunktionen sind in starkem Maße von anderen Berufsfachsparten okkupiert worden: Bauingenieuren und Organisatoren, deren Tätigkeitsschwergewicht in der Managementfunktion liegt. In England gibt es das Berufsbild des Quantity Surveyors. In den Vereinigten Staaten kennt man den Architekten als Bauleiter überhaupt nicht.

Insofern ist das klassische Berufsbild des Architekten als Allroundfachmann tatsächlich überholt.

Mißverständnis und Selbstverständnis

Das verbreitete Zerrbild vom allgewaltigen Baulöwen, der uneingeschränkt über Geldmittel und Bauarbeiter gebietet, war schon immer ebenso fiktiv wie die Vorstellung vom weltfremden Künstler, der mit genialen Skizzen Baudenkmäler in die Welt setzt. Vielen ist nicht einmal der Unterschied zwischen Architekt und Bauunternehmer geläufig. Dieses Mißverständnis ist immer wieder anzutreffen, wenn Bauwillige einen Architekten fragen, was sein Haus kostet, als ob dieser nicht nur den Entwurf, sondern auch die Baustoffe liefern und Bauarbeiter bezahlen würde. Klischeevorstellungen von lockerem Lebenswandel und leicht erworbenem Reichtum paaren sich mit Spekulationen über mysteriöse gesellschaftliche und politische Beziehungen.

Sie sind schon deswegen falsch, weil sich diese Zerrbilder auf den Architekten als freischaffenden Künstler projizieren. Aber nur 20 Prozent aller Architekten sind freischaffend. Davon haben nur 11 Prozent, also 2,2 Prozent aller Architekten, überdurchschnittlich hohe Einkommen.

Die Undeutlichkeit seiner Berufsmerkmale geben dem Architektenstand einerseits auf der Statusskala des gesellschaftlichen Ansehens den hochgehandelten Wert von Erfolg, Unabhängigkeit und Wohlleben in einer Starrolle;

andererseits diskreditieren diese Attribute seine fachliche Kompetenz und berufliche Verantwortung auf fatale Weise.

Lucius Burckhardt schreibt: »In der Tat hat der Architekt die Ära zwischen 1945 und 1965 mit größeren Chancen angetreten, als er sie verläßt. Er hat einen Vorschuß an Popularität, vergleichbar etwa dem der Dichter in der Romantik, dem Unternehmer in der Gründerzeit, dem Arzt in den 20er und 30er Jahren unseres Jahrhunderts und den Astronauten heute[24].«

Dieser Vorschuß ist – das muß man als Architekt selbstkritisch konstatieren – weitgehend verspielt worden. An dem Mißverständnis zwischen Öffentlichkeit und Architekten sind diese überwiegend selber schuld:

– Sie genießen den Nimbus der Undeutlichkeit und Vielschichtigkeit ihrer Rolle.
– Sie äußern sich zu ihrem Berufsbild widersprüchlich, verschlüsselt und unverständlich.
– Sie sonnen sich in eitler Individualität und meiden das »schmutzige« Geschäft der Politik.
– Sie demontieren ihren gesellschaftlichen Kredit als »Baumeister« durch pseudowissenschaftliches Imponiergehabe mit Fremdwortkavalkaden.
– Sie verdingen sich kritiklos und ohne Ambitionen als Erfüllungsgehilfen von Maklern.
– Sie spielen sich auf als »Gesellschafts-Ingenieure« und wollen die Welt mit ihren Ideologien beglücken.
– In der Phase des Zweckrationalismus verleugneten sie sich selbst, da sie ihre gestalterischen und künstlerischen Intentionen in anderer, meist technologischer, Verpackung verkauften.
– Heute, nachdem die Gestaltwerte unserer Umwelt neu entdeckt worden sind, treten sie gleich scharenweise als Modedesigner und Verkleidungskünstler auf, die für jeden Geschmack die passende Kreation erfinden.

Eine Allegorie mag die vor etwa zehn Jahren typische schizophrene Selbsteinschätzung der Architekten verdeutlichen:

Ein Bauherr fragt einen selbstbewußt dreinblicken-

den Herrn mit langen, welligen Haaren, großer Fliege und ausgebeultem Samtjackett:
»Sind Sie Außen- oder Innenarchitekt?«
Der Herr antwortet: »Nein, ich bin Entscheidungsvorbereiter. Wir arbeiten in einem interdisziplinären Team von Experten. Auf der Basis wahrnehmungstheoretischer Analysen der Bedürfnisstrukturen und nach deren Umsetzung in gestaltpsychologische Determinanten entwickeln wir Parameter, die über einen iterativen Varietätsprozeß Teiloptima erzeugen und mittels nutzwertanalytischer Rückkopplungen zu einem Gesamtoptimum geführt werden.«
(Pause!)
»Ach so, ich dachte schon, sie hätten diese scheußlichen Betonkisten gebaut.«
Eine derartige Selbstverleugnung des Berufsverständnisses, um sich dem Trend der damaligen Wissenschaftsgläubigkeit von Expertentum und Teamgeist anzupassen, war durchaus keine Ausnahme. Mittlerweile hat sich die Szene um 180 Grad gewandelt, abermals in Anpassung an den neuen Zeitgeist. Zunehmend gefallen sich Architekten in der Rolle eines kreativen Künstlers und gefälligen Umweltdesigners, selbst solche, deren Fähigkeiten in ganz anderen Bereichen liegen.

Man vergleiche im Gegensatz dazu, welches Bild Ingenieure, Ärzte und Anwälte von sich haben, und betrachte die Praktiken der Organisationen ihrer Berufsgruppen!

Befragungsergebnisse zeigten, daß die meisten Architekten der Entwurfstätigkeit zwar eine zentrale Bedeutung zumessen, tatsächlich aber nur sechs bis acht Prozent der Arbeitszeit für das Entwerfen aufgewandt werden oder – wie sie entschuldigend sagen – »übrigbleiben«. Diese Diskrepanz zwischen Anspruch und Realität ist ein Beweis für den Selbstbetrug, dem Architekten unterliegen. Ihre Vorstellung, Kronanwalt für die gestaltete Umwelt zu sein, steht im Widerspruch zu permanenter Anklage und persönlicher Distanzierung.

Selten bekennt sich ein Architekt zu dem von ihm geplanten Bauwerk. Immer wieder wird auf widrige Umstände, böse Behörden und uneinsichtige Bauherren verwiesen. So verständlich die Enttäuschung über die Diskrepanz idealer Zielsetzungen und realer Möglichkeiten auch sein mag, Architektur ist gleichermaßen wie Politik nicht zuletzt eine Kunst des Machbaren. Nur auf dieser Erkenntnis und einer positiven Einstellung zu der gesellschaftlichen Rolle der Architekten kann auch das berufliche Selbstverständnis basieren.

Experte wofür?

Der Berufsinhalt der Architekten hat sich grundlegend gewandelt. Eine Spezialisierung auf zwei Ebenen hat sich vollzogen: auf der Ebene von Tätigkeitsmerkmalen und auf der Ebene von Objektbereichen. Insofern läßt sich für den Architekten kein einheitlicher Aufgabenbereich benennen, für den er als Experte zu betrachten ist. Deswegen ist die Berufsbezeichnung »Architekt« gleichermaßen als Sammelbegriff zu verstehen wie die Bezeichnung »Jurist« oder »Kaufmann«.

Trotz weitgehend gleichartiger Ausbildung an Hochschulen, Akademien und Fachhochschulen unterscheiden sich die Tätigkeitsmerkmale grundlegend voneinander. Sie lassen sich in folgende Tätigkeitsbereiche gliedern:

1. Entwerfen. Zeichenarbeit beim Konstruieren und Gestalten von Bauwerken.
Diese Tätigkeit bildet in den Büros freischaffender Architekten den Schwerpunkt, sie ist aber gleichermaßen in Hochbauämtern, bei Baugesellschaften, Bauabteilungen großer Firmen und den technischen Abteilungen der Bauindustrie anzutreffen.
Dieser Bereich umfaßt meist auch die planerische Koordination anderer Fachdisziplinen.

2. Kostenberechnung, Ausschreibung und Koordination der Bautätigkeit.
Diese mehr verwaltungsmäßig strukturierten Aufgaben werden im üblichen Sprachgebrauch mit dem

Tätigkeitsbild des »Bauleiters« gekennzeichnet, wenngleich die eigentliche Leitung auf der Baustelle nur noch einen geringen Teil der Aufgaben betrifft. Die Koordination erfolgt weitgehend am Besprechungstisch und vollzieht sich über Schriftwechsel, Aktennotizen, Verträge und Ablaufplanungen.

Nur in wenigen Ausnahmefällen werden die beiden genannten Tätigkeitsbereiche von gleichen Personen abgedeckt. Das ist in Einmannbüros zwangsläufig der Fall, ansonsten hat sich hier in freien Büros in gleichem Maße wie bei Behörden oder in Bauabteilungen von Großfirmen die deutliche Trennungslinie zwischen »Entwerfern« und »Bauleitern« markiert.

3. Überwachungs- und hoheitliche Kontrollaufgaben.

In beträchtlichem Umfang ist es eine spezielle Aufgabe von Architekten geworden, die Tätigkeiten anderer Architekten zu überwachen und zu prüfen. Im Dienste von Bauaufsichtsämtern werden damit gleichermaßen hoheitliche Funktionen des Staates wahrgenommen, wie bei Finanz-, Planungs- und Hochbauämtern die Rolle des Bauherrn für öffentliche Bauvorhaben vertreten wird. Aber auch Baugesellschaften, Bauträger und größere Betriebe der Industrie und des Handels setzen für ihre stellvertretende Bauherrenfunktion vorzugsweise Architekten ein.

Daraus haben sich Tätigkeitsmerkmale entwickelt, die den Fachverstand als ein Moment im Bauprozeß einsetzen, das auf Konformität gegenüber Verwaltungsvorschriften, Baugesetzen und Investoren-Interessen ausgerichtet ist.

Die zweite Ebene der Spezialisierung ist inhaltlicher oder objektspezifischer Art. Am deutlichsten ist die Trennungslinie zwischen Stadtplanung und Hochbauplanung. Sie ist so weit fortgeschritten, daß an einigen Hochschulen bereits getrennte Ausbildungswege angeboten werden. Stadtplanern eröffnen sich nur noch begrenzte Möglichkeiten einer selbständigen oder angestellten Tätigkeit im freibe-

ruflichen Bereich. Sie finden ihr Aktionsfeld vorzugsweise in den kommunalen Planungsämtern.

Aber auch im Bereich der reinen Hochbauplanung hat durch die Kompliziertheit fachspezifischer Anforderungen eine weitgehende Spezialisierung Platz gegriffen. Viele Architekten sind nur noch mit Krankenhausbauten befaßt, andere planen fast ausschließlich Bürohäuser. Auch für alle anderen Objektbereiche – Hotels, Schulen, Industriebauten usw. – gibt es mittlerweile Spezialisten. Die wenigsten haben jedoch diese Spezialisierung selbst gewählt, sie werden vielmehr durch ihre eigenen Projektreferenzen von den Auftraggebern zu Experten abgestempelt. Aus eigener Büropraxis haben wir erfahren, wie schwierig es ist, sich aus dieser von außen diktierten Einengung zu lösen, die sich aus der jeweils aktuellsten Publikation der eigenen Arbeit herleitet, seien es Flughäfen, Bürohäuser, Schulen, Sportbauten, Hotels oder Einkaufspassagen. Bei der verbreiteten Spezialistengläubigkeit ist es einfacher, sich als Fachmann für einen bestimmten Objektbereich zu profilieren. Zwar engt sich dadurch das Spektrum der zu planenden Aufgaben stark ein, es eröffnet einem aber zugleich den Zugang zu Projekten, die nur Spezialisten zugetraut werden.

Spezialist fürs Ganze

Im Gegensatz zur Spezialisierungswelle, die über den Beruf des Architekten brandet, steht eine generalistische Berufsauffassung – nicht im Sinne eines Allroundfachmanns, der eine phänomenale Anhäufung von Wissen mit Befähigungen in den verschiedenen fachlichen Sektoren verbindet, sondern im Sinne einer Qualifikation, in übergreifenden Zusammenhängen zu denken, Zielkonflikte zu erkennen und widersprüchliche Teillösungen anhand subjektiver Leitbilder zu einer Synthese zu vereinigen. Berufsinhalt der generalistischen Architekten ist es, eine Integrationsleistung zu erbringen. Jedes Problem der Umweltgestaltung wird von einer Vielzahl von Einflußkomponenten bestimmt: sozialen, technischen, räumlichen, konstruktiven, funktionellen, ökonomischen und ästhetischen. Dabei ist die ästhetische Komponente nur eine unter vielen, deren Bewältigung dem Architekten als die ihm eigene Spezialität zugedacht wird.

Ich weiß hinlänglich aus eigener Berufspraxis, welche zentrale Rolle ästhetische Belange in der Architektenarbeit spielen. Mein Verständnis einer generalistischen Berufsauffassung geht jedoch deutlich über diesen gestalterisch-formalen Rahmen hinaus.

Angesichts des weitverbreiteten Expertentums, das immer nur Teilaspekte planerischer Probleme im Auge hat, ist eine ganzheitsbezogene Integrationsleistung unerläßlich, um unsere Umwelt angemessen zu ordnen und zu gestalten. Die Teilergebnisse, die von Spezialisten bearbeitet und als Anforderungen an eine bauliche Konzeption gestellt werden, ergeben aus sich heraus keine integrierte Gesamtlösung. Vielmehr stehen viele fachspezifische Optimallösungen im Widerspruch zueinander und bilden für den Entwurfsprozeß Zielkonflikte. Daraus ergibt sich ein Bündel interdependenter und gegensätzlicher Teilziele.

Kein objektives Wertsystem und keine wissenschaftliche Methode vermögen diese Teilziele im Wege der entwerferischen Synthese zu einer integrierten Gesamtlösung zu führen. Was den generalistischen Architekten von anderen Berufen – Ingenieuren, Technikern, Wissenschaftlern – unterscheidet, ist, daß er Entscheidungen treffen muß, ohne die Folgen daraus erkenntnismäßig absichern zu können. An die Stelle der objektiven Richtigkeit tritt die Intuition. Es bedarf seiner Qualifikation, aus der Vielzahl von Komponenten und Widersprüchen aufgrund seines subjektiven Wertsystems eine ganzheitliche Konzeption zu erarbeiten. Die individuelle Subjektivität ist hierbei nicht, wie viele meinen, ein Nachteil, sondern eine unumgängliche Notwendigkeit. Denn nur durch die Subjektivität ist die Synthese überhaupt zu leisten, weil angesichts der ambivalenten Interdependenz alle objektiven

Techniken versagen. Hierin und nicht nur im Ästhetischen liegt die künstlerische Komponente der Architektur.

Lucius Burckhardt sagt dazu: »Der Architekt entscheidet intuitiv. Die Intuition ist ein Mittel, mit welchem man Gleichungen lösen kann, welche mehr Unbekannte als Aussagen haben. Das Mittel der Intuition ist die Reduktion des Problems auf das Wesentliche. Der Architekt entscheidet, indem er Probleme auf das Wesentliche reduziert[24].«

Das Wesentliche ist natürlich kein Objektives oder Absolutes, sondern das für ihn Wesentliche nach seinen subjektiven Wertmaßstäben. Da diese individuell sehr unterschiedlich sind, ist es sinnvoll, alternative Entwürfe von verschiedenen Architekten für eine Aufgabe erstellen zu lassen. Diese Alternativen können dann an den Maßstäben der Öffentlichkeit, anderer Fachleute oder denen der Benutzer gemessen werden. Durch die intersubjektive Auswahl einer Lösung zur Realisierung wird ein Höchstmaß demokratischer Objektivität erreicht.

Der Architekt im Sinne eines Allround-Baumeisters und Treuhänders des Bauherrn ist in der Tat überholt. Durch Spezialisierung hat sich eine Vielzahl fachspezifischer Tätigkeitsfelder ergeben, deren Funktion in unserer Arbeitswelt unentbehrlich und deren berufliche Ausbildung deswegen notwendig ist. Wieweit für die Gesamtpalette der Tätigkeitsfelder die Berufsbezeichnung »Architekt« noch zutreffend ist, kann als sekundär betrachtet werden. Nicht jedoch überholt ist der generalistische Architekt, dessen unverzichtbare Aufgabe nach wie vor darin besteht, die baufachlich spezialisierten Teilkomponenten zur Synthese zu bringen.

Der von allen beklagte Gestaltverlust unserer Umwelt ist keine Folge eines falschen Berufsbildes oder einer Dauerkrise der Architekten, wie viele meinen, sondern ein Ergebnis der in unserer Gesellschaft unterdrückten, verdrängten und ignorierten Fähigkeit zur kreativen Synthese und zur ganzheitsbezogenen Integration.

Der Architekt als Generalist ist in den vergangenen Jahren durch Verwissenschaftlichung und Scheindemokratisierung verunglimpft worden und hat sich selbst in Mißkredit gebracht. Damit ist zugleich der wesentliche Faktor persönlicher Verantwortung und persönlicher Identifikation aus dem Prozeß der Umweltgestaltung verdrängt worden. An seine Stelle sind Expertengläubigkeit, Forschungsflut und als Folge dessen allzu viele Kompromisse getreten.

Seit einiger Zeit befinden wir uns in einem Wandel. Das Pendel schlägt wieder zurück. Kreative Intuition und die Fähigkeit zu schöpferischer Synthese sind wieder gefragt.

So sehr diese Entwicklung zu begrüßen ist, so sorgsam muß man vor den neuen Gefahren auf der Hut sein. Allzu schnell können Selbstgefälligkeit und Selbstherrlichkeit eines überzogenen künstlerischen Anspruchs mit Formalismen und Heilslehren die positiven neuen Ansätze diskreditieren.

Die Überzeugung, daß die Qualifikation eines generalistisch geprägten Architektenberufs unverzichtbar ist, muß deswegen unauflösbar mit einer persönlichen Verantwortung gegenüber den Interessen der Gesellschaft verbunden werden.

Pro und kontra
freie Berufstätigkeit

Unterstellt man Einigkeit darin, daß die integrative Berufsqualifikation des Architekten nicht überholt ist, so bleibt die Frage, in welcher Berufsform diese Qualifikation im Interesse der Gesellschaft am besten zur Wirkung kommen kann. Die übliche Vorstellung sieht den Architekten als Freiberufler. Die größere Anzahl von Architekten ist jedoch beamtet oder angestellt. Beamtete Architekten nehmen teilweise hoheitliche Bauherren- oder Kontrollfunktionen wahr, zum Teil arbeiten sie jedoch auch als Entwurfs- und Bauleitungsarchitekten. Angestellte Architekten sind sowohl bei Behörden, der Bauindustrie, Wohnungsbaugesellschaften,

Bauträgern als auch in großer Zahl als Mitarbeiter freischaffender Architekten tätig.

Bietet die Berufsform des freischaffenden Architekten wirklich die besten Voraussetzungen zur Wahrnehmung der gesellschaftlichen Funktion?
Von Vorteil ist die Tatsache, daß durch die Konkurrenzsituation freischaffender Architekten ein permanenter geistiger Wettbewerb gewährleistet wird, der die Möglichkeit der Auslese und Auswahl bietet. Dies ist um so wichtiger, als es bei der Lösung baulicher Aufgaben keine falschen und richtigen Lösungen gibt, sondern je nach Wertordnung und Zielvorstellungen unterschiedliche, mehr oder weniger gute.

Die Bedingungen der freiberuflichen Tätigkeit erzeugen das höchste Maß an Eigenmotivation, das durch das Bedürfnis nach fachlicher Anerkennung und das Streben nach beruflichem Erfolg ausgelöst wird. Dieser muß nicht unbedingt mit dem ökonomischen Erfolg identisch sein, es kann aber der Fall sein. Es gibt auch in der Gegenwart viele Architekten, die sich hoher beruflicher Reputation erfreuen, ohne deswegen wohlhabend zu sein.

Ich halte die persönliche Verantwortung für eine elementare Voraussetzung, um für die Gesellschaft gleichermaßen wie für jeden einzelnen die auf subjektiven Wertmaßstäben basierende Integrationsleistung zu erbringen. So sehr diese persönliche Verantwortung heute auch eingeschränkt und begrenzt ist, hat sie innerhalb der freiberuflichen Tätigkeit doch immer noch den größten Freiraum. Planungsleistungen, die von beamteten Architekten in großen Verwaltungsapparaten oder durch Angestellte von Baufirmen, Bauträgern und Investoren erbracht werden, unterliegen einer weit stärkeren Abhängigkeit gegenüber strukturellen Verflechtungen, ökonomischen Zwängen und einseitigen Interessen.

Andererseits erzeugt die Honorarabhängigkeit der Selbständigen einen Anpassungszwang, der sich aus den Gesetzmäßigkeiten der Wirtschaft ergibt. Der Markt für Architektenleistungen ist schon immer ein Angebotsmarkt gewesen, in dem die beruflichen Ideale durch die Bedingungen einer begrenzten Nachfrage relativiert werden. Solange diese Nachfrage nicht auf die Qualität der Umweltgestaltung, sondern auf die Quantität des Zweckes orientiert ist, wird eine Auslese erfolgen, welche diejenigen Architekten bevorzugt, die sich als opportunistische Erfüllungsgehilfen verstehen – ihre Integrationsleistung auf die Synthese von Minimierung des Aufwands und Maximierung des ökonomischen Nutzens reduzieren und dabei die sozialen, kulturellen sowie ästhetischen Komponenten zu kurz kommen lassen. Feldhusen nennt es »die Ökonomisierung der kulturellen Dimension[25].«

In jedem Berufsstand gibt es Könner und Dilettanten, Idealisten und Opportunisten. Es ist jedoch eine Frage, ob Ärzte, Anwälte, Ingenieure, Schriftsteller, Schauspieler und bildende Künstler Besseres für die Gesellschaft leisten würden, wenn sie nicht erwerbswirtschaftlichen Prinzipien unterworfen wären. Über die Vor- und Nachteile des englischen oder schwedischen Gesundheitswesens kann man geteilter Meinung sein, die sozialistischen Planungskollektive haben jedoch in über 30 Jahren nicht erreicht, die Umwelt lebenswerter oder sozialer zu machen, sondern lediglich die Unwirtlichkeit der kapitalistischen Staaten perfektioniert.

Die Schwäche oder die Stärke der Honorarabhängigkeit freischaffender Architekten liegt darin, daß die Gesellschaft die Architektur bekommt, die ihren Wertsystemen entspricht. Ich bezweifle, daß sie eine bessere Architektur bekäme, wenn die Architekten als Sozialarchitekten im Sinne von Manfred Throll[18] im Beamtenstatus sich mit Zielentwicklungen sowie Problem- und Bedürfnisanalysen beschäftigen würden. Das Hauptproblem liegt nicht darin, Bedürfnisse, Probleme und Situationen analytisch zu erkennen, sondern in Kenntnis der Zielkonflikte diese in gegenseitiger Abwägung und Wichtung zur Synthese zu bringen. Deswegen ist die Umweltgestaltung ebensowenig mit wissenschaftlich analytischen Methoden zu bewältigen, wie es unmöglich ist, einen Staat mit soziologischen Forschungsergebnissen von demoskopischen Institutionen regieren zu lassen.

Von Vorteil ist, daß die freiberufliche Tätigkeit dem permanenten Zwang zur kritischen Auseinandersetzung und einer daraus folgenden Veränderung von Berufszielen und Berufsinhalten unterworfen ist. Man kann dies negativ als Dauerkrise bezeichnen oder positiv als eine evolutionäre Anpassung an veränderte gesellschaftliche Bedingungen sehen. Es wäre wünschenswert, wenn Richter, Staatsanwälte, Professoren und andere Sachwalter hoheitlicher Funktionen wenigstens eine vorübergehende Krise ihres Berufsverständnisses durchmachen würden, um damit ihre ignorante Selbstherrlichkeit zu überwinden.

Die Konkurrenzsituation der freischaffenden Berufsausübung ruft die gesamte Palette menschlicher Unzulänglichkeiten und Schwächen auf den Plan, die allzu leicht alle ehrbaren und idealistischen Zielsetzungen eines Berufes korrumpieren können. Deswegen diskreditiert sich die Freiberuflichkeit selbst, wenn sie Ansprüche anmeldet und Versprechungen abgibt, die in der Realität nicht eingelöst werden können. Man muß erkennen, daß der ganze Katalog von Eidesformeln in der Berufsordnung wie »freie und unabhängige Planung«, »soziale Verantwortung«, »gestalterischer Anspruch« usw. häufig leere Phrasen auf dem Papier sind, denen die reale Wirklichkeit des Verhaltens nicht entsprechen kann. In besonderem Maße sind mangelndes Engagement oder gar berufsfremde Geschäftemacherei einzelner Mitglieder des Berufsstandes dazu geeignet, dessen gesellschaftliche Bedeutung zu diskreditieren.

Unter Abwägung aller Aspekte bin ich der Auffassung, daß der freischaffende Architekt zwar nicht die ideale, doch die beste aller möglichen Berufsformen darstellt, um diejenigen Leistungen zu erbringen, deren unsere Gesellschaft zur Ordnung und Gestaltung ihrer Umwelt bedarf.

Die Trends von gestern bestimmen
die Ausbildungsszene von heute

Die Qualifikation jedes Berufes gründet sich wesentlich auf die Art der Ausbildung. Deswegen ist es vonnöten, das Lehrangebot und den Ausbildungsweg auf die wichtigen Qualifikationsmerkmale auszurichten. Hierin liegt an fast allen Architekturabteilungen deutscher Hochschulen ein gravierendes Dilemma. Die Lehrinhalte sind überwiegend an Leitbildern orientiert, die vor zehn Jahren entwickelt wurden, den heutigen Erfordernissen jedoch nicht mehr entsprechen.

Die Wandlung, die etwa um die Wende der sechziger zu den siebziger Jahren an den wissenschaftlichen Hochschulen stattfand, läßt sich durch vier Begriffe charakterisieren:
- Diversifizierung,
- Spezialisierung,
- Theoretisierung,
- Interdisziplinierung.

Diese Tendenzen verfolgen teilweise entgegengesetzte Zielrichtungen.

Die *Diversifizierung* ist aus dem technologischen Fortschritt und der vielfältigen Vernetzung von Problemen entstanden, die Architekten zu lösen haben. Sie hat eine Ausweitung der Studieninhalte bewirkt. Zu den klassischen Fächern Baukonstruktion, Gebäudelehre, Statik, Baugeschichte, Baustoffkunde usw. traten weitere hinzu: industrielles Bauen, Produktionstechnologie, Ingenieurbaukunde usw.

Das Hauptfach der Architekten, Entwerfen von Hochbauten, verzweigte sich in eine Vielfalt der Methodenlehre: Methoden der Problemstrukturierung, der Planungsmethodik, der Entwurfstechniken, der Prozeßsteuerung sowie der Bewertungstechnik. Die allgemeine Verwissenschaftlichungstendenz hat einen nahezu unbegrenzten Katalog von umwelt- und verhaltensanalytischen Spezialfächern auf den Plan gerufen: von der Wahrnehmungstheorie bis zur Soziokybernetik.

Der Anspruch des Architekten, nicht nur Erfüllungsgehilfe und Umsetzer von Programmen zu sein, sondern an den gesellschaftlichen und planerischen Zielen mitzuwirken, verlangte nach Grundkenntnissen der Sozial- und Wirtschaftswissenschaften.

Die Tendenz der *Spezialisierung* resultierte aus der Überfülle des Stoffes und bewirkte eine Verengung der beruflichen Tätigkeitsfelder. Gleichzeitig hat die zunehmende Spezifizierung von Objektbereichen eine Vergrößerung des Lehrangebots bewirkt. Nachdem sich bereits seit längerer Zeit Objektbereiche wie »landwirtschaftliches Bauen« oder »Bauen in Entwicklungsländern« und »Industriebau« unter Berufung auf die erforderlichen Spezialkenntnisse abgesondert hatten, ist mittlerweile auch der übrige Planungsbereich unter Anführung des Krankenhausbaus gewissermaßen themenspezifisch domiziliert: Bauten der Verwaltung, Sportbauten, Wohnungsbauten usw. Zum Schluß bleibt eigentlich nur das Einfamilienhaus als das einzige, was auch für den nicht spezialisierten Architekten eine zu bewältigende Aufgabe darstellt.

Die Tendenz der *Theoretisierung* zeigte eine Verschiebung des Schwerpunktes von der Beschäftigung mit dem Mittel in Richtung auf eine Beschäftigung mit den Zielen. Die direkte Auseinandersetzung mit Materialien, Konstruktionen, Funktionen, Flächen und Räumen als den wesentlichen Elementen des Entwurfs wurde ersetzt durch Problemanalysen, Methodisierungen und nacharchitektonische Wertungen. Konkrete Zeichnungen wurden verdrängt durch abstrakte Verbalaussagen. Synthetische Arbeit nahm zugunsten analytischer ab, in Extremfällen verlagerten sich Studieninhalte auf völlig andere Wissenschaftsbereiche. Es gab Hunderte von Diplomarbeiten, deren Verfasser sich nur noch in schriftlichen Ausführungen ergingen.

Die Tendenz der *Interdisziplinierung* entstand aus der Zielsetzung nach größerer Objektivität, nach größerer Transparenz und mehr Demokratie in der Planung einerseits und als Konsequenz zunehmender Komplexität der Problemstellungen andererseits. Auf diese Weise wurde die Tätigkeit des

Architekten in zunehmendem Maße eingebunden und vernetzt mit den Tätigkeiten anderer Fachdisziplinen gesehen. Die Entwicklung an der Technischen Universität Dortmund ist dafür vielleicht exemplarisch. In gleichem Maße wurde jedoch der Intuition und der Kreativität mit größerem Vorbehalt begegnet. Die Einschätzung der Rolle des Architekten innerhalb dieser interdisziplinär angestrebten Problemlösungen reicht vom »Koordinator« über den »Primus inter pares« bis zum »Spezialisten für Form und Gestaltung«. Ein universalistischer Anspruch wurde in diesem Zusammenhang weitgehend verneint. Beim Studium spiegelte sich dieser Trend in Projektarbeit, interdisziplinären Arbeitsgruppen sowie fachübergreifenden Lehrveranstaltungen wider.

Diese vier Tendenzen bestimmen noch heute im wesentlichen die Ausbildungsszene an den wissenschaftlichen Hochschulen, die nach wie vor auf Spezialisierung orientiert ist, obgleich sich im Allgemeinbewußtsein bereits ein grundlegender Wandel im Verhältnis zur Architektur vollzogen hat.

Graphismus als neuer Trend

In jüngster Zeit hat sich deswegen diesen auf Spezialisierung ausgerichteten Tendenzen ein neuer, den anderen total entgegengesetzter Trend hinzugesellt, ohne jene vom Plan zu drängen.

Aus der wiedergewonnenen Wertschätzung formaler Qualitäten und des neuen Stellenwerts des Ästhetischen erwuchs die Tendenz einer formalistischen Architekturauffassung. Formsuche und Formfindung verselbständigen sich seitdem zunehmend gegenüber den anderen konstituierenden Faktoren der Architektur wie Funktion, Konstruktion und Umfeld. Aus lauter Gefallen an schön kolorierten Architekturzeichnungen, möglichst graphisch verfremdet, ist diese zum Selbstzweck geworden und verliert zunehmend die Bedeutung als Informationsmedium. Möglichst effektvolle Darstellungen verdrängen die Aussage darüber, wie ein

Bau im Detail auszuführen ist. Diese Tendenz hat bewirkt, daß auch die Architektur selbst verfremdet wird. Zahlreiche Veröffentlichungen dieser Art verführen die Studenten zur Nachahmung. Damit verbreitete sich der »Graphismus« wie ein Flächenbrand an den Universitäten. Mit ihm einher geht ein der vergangenen Entwicklung entgegengesetzter generalistischer Anspruch auch der Architekturstudenten.

Reformbedürftigkeit der Lehrinhalte

Für die meisten Studenten ist die Situation schizophren. Einerseits werden sie durch die Struktur der spezialistisch ausgerichteten Lehrpläne besonders in den ersten Semestern mit Vorlesungen und Übungen in »Nebenfächern« strapaziert, deren Bezug zum Ausbildungsziel selbst für die Professoren nicht mehr erkennbar ist. Hierfür müssen sie durch repetierendes Auswendiglernen besonders viel Zeit aufwenden, die ihnen für die Entwurfsübungen fehlt. Andererseits registrieren sie, daß diejenigen Kommilitonen, die mit dem Fachwissen der Pflichtfächer besonders salopp umgehen und unter Mißachtung des Erlernten schöne Zeichnungen anfertigen, die größte Anerkennung ernten.

Es ist zum Beispiel grotesk, wenn an der Technischen Universität Braunschweig aufgrund der Prüfungsordnung die Noten der Entwürfe, die qualitativ und quantitativ den weitaus größten Teil des Studiums nach dem Vorexamen ausmachen, nur zu einem Bruchteil in das Gesamtprädikat des Diplomzeugnisses einfließen. Dieser unrepräsentative Notenverschnitt bewirkt, daß selbst hervorragende Entwurfsstudenten nicht mit »sehr gut« abschließen können und ganz schwache Entwurfskandidaten durch reinen Prüfungsfleiß in einigen Nebenfächern immer »befriedigend« attestiert bekommen.

Diesen Schönheitsfehler könnte man tolerieren, zumal dann, wenn man dem gesamten Notenritual keine große Bedeutung beimißt. Die verheerende Auswirkung ist jedoch, daß mit der Gewichtung der

Noten das Lernverhalten der meisten Studenten programmiert wird, sie also dem Entwerfen als zentralem Studieninhalt viel zu wenig Arbeit widmen.

Deswegen wäre eine Reform der Studienpläne dringend notwendig. Sie scheitert jedoch an den schwerfälligen und verkrusteten Strukturen der Hochschulen.

Für das Ausbildungsziel des Architekten liegt das Schwergewicht beim Erlernen der Synthese. Eine ganzheitliche Problemstellung läßt sich nur als Gesamtheit vermitteln. Es gilt, die dafür angemessenen Lehrinhalte und geeigneten Lehrmethoden zu finden. Die einzelnen Elemente, die in der Architektur zur Synthese gebracht werden müssen, wie Konstruktion, Funktion, Einfügung in das Umfeld, Technik und Gestaltung, sind jedoch an der Hochschule arbeitsteilig vertreten. Für jedes dieser Fachgebiete gibt es Spezialprofessoren, die mit Recht in Anspruch nehmen können, in ihrem Fach über mehr Kompetenz zu verfügen. Da es jedoch nicht darum geht, Statiker, Haustechniker oder Bildhauer auszubilden, sondern die Qualifikation eines Entwurfsarchitekten zu erwerben, folge ich dem Ideal von Egon Eiermann, der die Unteilbarkeit der Entwurfslehre gefordert hat. Alle Bemühungen, diese Zielsetzungen durch Projektstudien oder interdisziplinäres Arbeiten zu ersetzen, halte ich für einen unzulänglichen Ersatz. Das direkte Mitvollziehen eines Entwurfsprozesses in all seinen Schritten, einschließlich derer, die auf Abwege führen, und das direkte Erleben und Dabeisein können durch theoretische Abhandlungen nicht ersetzt werden.

Ohne Frage wohnt der ganzheitlichen Lehrmethode, die auf die Persönlichkeit eines Architekturlehrers und seine Art des Entwerfens bezogen ist, die Gefahr der Einseitigkeit inne. Architektonische Qualität kann jedoch nur durch die persönliche Qualifikation und Verantwortung eines Architekten entstehen, und deswegen ist diese auch in der Architekturlehre unabdingbar.

Thesen zur Architektenausbildung

1. Das Erlernen kognitiven Wissens sollte sich auf das unbedingt notwendige Maß beschränken. Fachwissen einzupauken, beansprucht viel Zeit, die sinnvoller zu gebrauchen ist. Die immer kürzer werdenden Halbwertzeiten des Fachwissens sprechen ohnehin dagegen. Reines Fachwissen sollte nur soweit vermittelt werden, wie es zum übergeordneten Verständnis von exemplarischer Bedeutung ist, ansonsten sollte es Nachschlagewerken vorbehalten bleiben.

2. Fächer wie Baustoffkunde, Statik, Festigkeitslehre, Haustechnik usw. sollten die Erkenntnis systematischer und struktureller Zusammenhänge vermitteln, um Handlungsfreiräume für Entwurfsüberlegungen zu zeigen, anstatt Formular-Knowhow zu reproduzieren oder Produkttypologien abzuhandeln.

3. Baugeschichte und Kunstgeschichte sollten beim Stoffangebot der Grundfächer den historischen Bezugsrahmen zur Gegenwart herstellen, hingegen stilistische Feinanalysen als Vertiefungsfach offerieren.

4. Im Fach Gebäudelehre sollte die Vermittlung alles enzyklopädischen Wissens auf wenige exemplarische Fälle, die der direkten Verwertung in den Entwurfsübungen dienen, beschränkt werden.

Die jeweils gültigen Planideale aus dem Schul-, Verwaltungs-, Wohnungs- oder Städtebau wechseln in immer kürzeren Zeitabständen, so daß die im 5. Semester erlernten heiligen Regeln der zweiseitigen Belichtung und Querlüftung von Klassenräumen bereits bei Studienabschluß wieder überholt sind.

Statt dessen sollten die wesentlichen Einflußfaktoren und Anforderungen an eine thematische Entwurfsaufgabe in einen systematischen Zusammenhang gebracht werden und die daraus abzuleitenden Planungsvariablen wie städtebauliche Einbindung, Funktion, Konstruktion, Material usw. aufgezeigt werden.

5. Die »Theorie des Entwerfens« sollte sich der

Planungsmethodik, der Problemanalyse, der Zielbestimmung sowie vergleichender Wertung und architekturtheoretischen Problemen in einer dem Hauptziel angemessenen Weise widmen. Hier muß unter allen Umständen sichergestellt sein, daß Methodik, Theorie und Analyse nur Mittel zum höheren Zweck des Entwerfens als Synthese sind.

6. Ein Fach, das an den wissenschaftlichen Hochschulen noch nicht in das Lehrangebot eingebunden ist, nenne ich »Praxis des Entwerfens«. Es soll Studenten aller Semester mit den wesentlichen, die Berufsausübung betreffenden Verhältnissen und Problemen der Praxis bekannt machen. Hierzu gehören Fragen des Berufsbildes gleichermaßen wie die Darlegung wesentlicher Zusammenhänge und Abläufe im Planungs- und Bauprozeß sowie elementare Fragen der Kooperation zwischen Architekt, Bauherr, Behörden, Fachingenieuren und Baufirmen. Dazu gehören auch die Charakterisierung der vielen Tätigkeitsfelder und Rollen für den Architekten sowie die Darstellung der Diskrepanz zwischen Erwartung und Realität.

7. Das Fach Entwerfen sollte von dominierender Bedeutung für die zweite Hälfte des Studiums bleiben, in der ersten Hälfte jedoch stärker in das Lehrangebot integriert werden. Die Aufgaben, mit denen Entwerfen geübt wird, sollten grundsätzlich nur von exemplarischer Bedeutung sein. Die Befähigung zum Entwerfen steht im Widerspruch zu jeder thematischen Spezialisierung; die wesentlichen Qualifikationsmerkmale des »Entwerfenkönnens« sind vielmehr thematisch unabhängig. Deswegen sollte vermieden werden, daß sich eine Objektspezialisierung bereits im Studium durchsetzt, vielmehr müßte es Bestandteil der Studienordnung werden, daß von jedem Studenten eine möglichst große Palette von Themen behandelt wird.

Konstellation der Beteiligten

Bedingungen der Interessen

Architektur unterscheidet sich von anderen kulturellen Zeugnissen der Gesellschaft deswegen erheblich, weil grundsätzlich mehrere und meist gegensätzliche Interessen am Entstehungsprozeß beteiligt sind.

Reine Kunst – Malerei, Musik, Literatur oder Theater – entsteht fast ausschließlich innerhalb der Verantwortungssphäre des Künstlers. Beziehungen zur Gesellschaft ergeben sich erst durch die Reaktionen des Publikums. Zwar muß ein Dichter auf die Bedingungen seines Verlegers Rücksicht nehmen, und ein Maler wird von den Wünschen seines Galeristen nicht ganz unbeeinflußt bleiben, aber ein Roman oder ein Gemälde kann auch völlig unabhängig und autonom, allein aus der Intention des Künstlers geschaffen werden.

Dies ist beim Entstehen von Architektur nicht möglich, weil sie immer an Produktionsmittel gebunden ist, über die der Architekt als Künstler in der Regel nicht allein verfügen kann. Er steuert in der Form der Planung lediglich die geistige Leistung bei, die jedoch in starker Abhängigkeit zu den übrigen Produktionsmitteln – Kapital, Boden und Bauwirtschaft – steht. Er kann zwar phantastische Architekturen entwerfen, die nie gebaut werden. Diese bleiben dann aber Architekturvisionen und werden selbst keine Architektur. Damit sollen der Wert und die indirekte baugeschichtliche Bedeutung ungebauter Architekturentwürfe nicht geschmälert werden. Sie sind jedoch nicht Gegenstand meiner Betrachtungen, die sich auf Architektur als real gebaute Umwelt beziehen. Die Produktionsmittel Kapital, Boden und Bauwirtschaft stellen Bedingungen für die Architektur dar, die von anderen Interessen als denen des Baukünstlers bestimmt werden. Diese Interessen stehen zudem auch noch im Gegensatz zueinander.

Innerhalb des gesamten Interaktionsfeldes bildet die Verfügbarkeit des Bodens einen besonders komplexen Faktor, der eminent wichtige ökonomische und politische Komponenten hat. Deren Auswirkung auf die Architektur und ihre gesellschaftspolitische Bedeutung zu analysieren, würde nicht nur mein Verständnis dieser Zusammenhänge überfordern, sondern wegen der Komplexität auch den Rahmen dieses Buches sprengen.

Ich bedaure es, aus diesem Grunde die Disponibilität des Bodens als eine der wichtigsten Bedingungen der Architektur ausklammern zu müssen.

Statt dessen beschränke ich mich auf die Faktoren, die sich mehr oder weniger eindeutigen Interessensphären zuordnen lassen und durch Personen oder Gruppen konkret vertreten werden.

Interessensphären

Die Interessensphären lassen sich bei einer vergröberten Klassifizierung auf vier Beteiligte am Prozeß des Bauens und Planens verteilen:
– Bauherr,
– Planer,
– Baubetrieb,
– Öffentlichkeit.

Einkaufs- und Kommunikationszentrum The Cannery, San Francisco/USA. Architekten: Esherick, Homsey, Dodge and Davis. Hervorragendes Beispiel einer Symbiose von Alt und Neu: alte Lagerhallen mit neuem Leben. Nicht für jeden Bauherrn ist die Qualität der Architektur wichtig. Für viele ist Architektur eine Handelsware, die sie möglichst billig einkaufen und möglichst teuer verkaufen möchten.

Auch wenn sich bei näherer Betrachtung erweist, daß diese Einteilung nur unzulänglich den tatsächlichen Verhältnissen entspricht, ist sie doch geeignet, Gegensätze der Interessen deutlich zu machen und die davon ausgehenden Bedingungen für die Umweltgestaltung zu charakterisieren.

Der Bauherr

Zur Interessenlage lassen sich zwei unterschiedliche Bauherrenrollen feststellen: der Bauherr als Nutzer und der Bauherr als Investor.

Das Interesse des »Nutzer-Bauherrn« liegt in einem optimalen Verhältnis von Kosten zu Nutzen seines Bauobjekts. Für ihn sind Funktionalität, Ausführungsqualität und Ästhetik die Kriterien, an denen er seinen Kostenaufwand bemißt.

Der »Investor-Bauherr« hingegen strebt bei geringstem Aufwand einen größtmöglichen Ertrag des Objekts durch Veräußerung oder Vermietung an. Für ihn sind Verkäuflichkeit oder Vermietbarkeit, also der Immobilienmarkt, die oberste Maxime, an der er sein Bauherrnverhalten orientiert. Der wesentliche Unterschied besteht darin, daß der »Nutzer-Bauherr« ein unmittelbares und direktes Interesse an dem Bauobjekt hat, mit dem er sich persönlich identifiziert, während es für den »Investor-Bauherrn« nur eine Handelsware darstellt, die er billig einkaufen und teuer verkaufen möchte. Es liegt auf der Hand, daß dabei die gestalterische Qualität oder gar städtebauliche Belange von untergeordneter Bedeutung sind, zumal dann, wenn diese vom Käufer oder Mieter nicht durch einen höheren Preis anerkannt werden. Dies ist in den vergangenen Jahrzehnten jedoch nicht der Fall gewesen. Deswegen war es möglich, Europas Küsten mit den schauerlichen Bettenburgen zu verbauen und über diverse Abschreibungsmodelle die Städte mit Bürosilos und ignoranten Einkaufszentren vollzustopfen.

Heute tritt der Nutzer immer seltener als persönlicher Bauherr auf. Oftmals werden seine Interessen

durch einen institutionalisierten Bauherrn, in Form von Bauabteilungen großer Industriefirmen, oder durch einen stellvertretenden Bauherrn, in Form von Baugesellschaften, Hochbauämtern und Leasing-Gesellschaften, wahrgenommen. In all diesen Fällen fließt das Nutzerinteresse nur indirekt in den Planungsprozeß ein, wobei es häufig durch die strukturellen Eigengesetzmäßigkeiten der institutionalisierten oder stellvertretenden Bauherren verfremdet wird. Auf diese Weise ergeben sich bereits innerhalb der Bauherrenkonstellation Interessendivergenzen.

Bei vielen Projekten ist jedoch der Nutzer am Entstehungsprozeß überhaupt nicht beteiligt. Dies

185

»Ferienzentrum« Heiligenhafen an der Ostsee. Europas Küsten wurden mit derartigen Bettenburgen verbaut.

Einkaufszentrum in Hamburg. Die Maßstabslosigkeit durch maximierte Baumasse zerstört jedes städtische Ambiente.

ist beim öffentlichen und sozialen Wohnungsbau grundsätzlich und beim privaten Wohnungsbau überwiegend der Fall. Aber auch bei anderen Projekten, wie Einkaufszentren, Bürohäusern oder Freizeiteinrichtungen, vollziehen sich Planung und Bau ohne jede Mitwirkung von Nutzern. Hier treten investierende Bauherren auf den Plan, die ein Anlageobjekt errichten, das danach entweder vermietet oder verkauft wird. Dieser investierende Bauherr kann sowohl ein persönlicher als auch ein institutionalisierter, etwa in Form einer Versicherungsgesellschaft, sein.

Die Interessenunterschiede zwischen Nutzer einerseits und Investor andererseits erzeugen Konflikte. Der verbreitete und durchaus berechtigte Vorwurf, daß Planungen die Nutzerinteressen mißachten, trifft in erster Linie diesen Konflikt einer verfremdeten oder sogar verfälschten Bauherrnrolle.

Am Beispiel des öffentlichen Bauherrn will ich einen solchen Konfliktbereich verdeutlichen.

Zweifellos erlauben unsere gesellschaftlichen Verhältnisse es nicht mehr, daß ein Karl Friedrich Schinkel heute noch einen Friedrich Wilhelm III. oder ein Balthasar Neumann einen bischöflichen Fürsten als öffentlichen Bauherrn findet. Diesen Umstand darf man als Architekt oder kleiner Möchte-gern-Schinkel nicht beklagen, wenn man

sich der Vorzüge unserer demokratischen Gesellschaftsordnung bewußt ist. Es stellt sich jedoch die Frage, wer eigentlich der öffentliche Bauherr ist: der Bundespräsident, der Bundeskanzler, der Ministerpräsident oder der Bürgermeister?

Wir haben in unserem Architekturbüro in den vergangenen 17 Jahren öffentliche Bauten für weit über eine Milliarde D-Mark geplant, jedoch mit keinem dieser öffentlichen Repräsentanten einen persönlichen Dialog zwischen Bauherrn und Architekt geführt, abgesehen vom »Small talk« und Händedruck bei Grundsteinlegung, Richtfest und Einweihung. Man kann wohl behaupten, daß es – abgesehen von kleinen Gemeinden und Landkreisen – den öffentlichen Bauherrn als Person nicht gibt, nur als Institution. Der öffentliche Bauherr ist ein fast unentwirrbares Gefüge politischer Gremien und Instanzen, in denen oftmals Parteidisziplin und Wahlkampfopportunismus Vorrang gegenüber persönlichem Urteil und fachlicher Kompetenz haben. An die Stelle der persönlichen Verantwortung treten die Mechanismen unseres demokratischen Systems.

In der Regel ist der Stellvertreter des persönlich nicht existenten öffentlichen Bauherrn die öffentliche Verwaltung (Hochbauämter, Finanzbauämter usw.). In diesen öffentlichen Verwaltungen sitzen Fachleute. Für die Planung ist es von Vorteil, daß der solchermaßen fachkundige Bauherr einen kompetenten Gesprächspartner darstellt, aber gleichzeitig problematisch, weil eben diese Fachkompetenz viele Erscheinungen der Bevormundung im Gefolge hat und das Rollenverständnis zwischen Bauherrn und Architekten verwischt. Damit wird aber die im Interesse qualitativer Architektur unabdingbar notwendige »Verantwortung« des Architekten für sein Werk mehr oder weniger ausgehöhlt.

Die durch Gesetze, Verordnungen, Erlasse ohnehin und die fachliche Bevormundung zusätzlich substituierte Verantwortung des Architekten wird jedoch durch keine entsprechende persönliche Verantwortung der öffentlichen Verwaltung ersetzt. Man braucht keine wissenschaftlichen Untersuchungen über die Gesetzmäßigkeit von Bürokratie gelesen zu haben, um zu wissen, daß diese Verwaltungsapparate jede vorhandene Verantwortungsbereitschaft geradezu im Keim ersticken. Bei meinem Umgang mit öffentlichen Bauherren bin ich bis heute fast nur Hinweisen auf Vorschriften und – als Ultima ratio – dem großen Bruder vom Rechnungshof begegnet, wobei von den betreffenden Beamten zwar das volle Verständnis für die Sache bekundet, jedoch mit Bedauern auf die Beschränkungen und Bedingungen hingewiesen wird.

Hier haben wir es mit einer unheilvollen Trennung von Sachkompetenz und Entscheidungsbefugnis zu tun. Es gibt in der Struktur der verwalteten öffentlichen Bauherrschaft kaum eine Chance für die einzelne Person, »persönliche« Verantwortung zu übernehmen, weil das System fast total verrechtlicht und damit entpersönlicht ist. Die Anonymität des Bauherrn bewirkt eine Unfreiheit des Architekten.

Der einzige Ausweg besteht darin, diese unbewegliche Verrechtlichung der öffentlichen Bauherrschaft durch einen deutlichen Persönlichkeitsbezug zu ersetzen. Dazu muß die Verwaltung als fachkundiger und direkt mitwirkender Vertreter des öffentlichen Bauherrn fachlich qualifizierte und sachlich engagierte Persönlichkeiten mit so viel Entscheidungsbefugnis ausstatten, daß diese in der Lage sind, persönliche Verantwortung zu übernehmen. Die Bereitschaft dafür ist ausreichend vorhanden. Um sie zur Entfaltung zu bringen, sind Dezentralisierung und Delegation unerläßlich. Eine gründliche Entschlackung von Gesetzen, Verordnungen und Erlassen ist dafür dringend notwendig.

Der Planer

Mit dieser etwas unpräzisen Sammelbezeichnung ist in erster Linie der Architekt gemeint, inbegriffen sind aber auch alle mitwirkenden Sonderfachleute und Ingenieure, vom Statiker bis zum Akustiker.

Die Interessensphäre des Planers teilt sich in einen materiellen und einen ideellen Bereich. Das materielle Interesse ist an dem Gewinn aus dem »Verkauf« von Ideen und Entwurfsleistungen orientiert. Das ideelle Interesse richtet sich auf eine eigenständige Interpretation und Umsetzung von Zielvorstellungen in Lösungen. Es umfaßt aber auch ganz entscheidend das Bestreben, die übrigen drei Interessensphären (Bauherr, Bauwirtschaft, Öffentlichkeit) zur Synthese zu bringen.

Das klassische Bild sieht den Architekten als Treuhänder seines Bauherrn, auch gegen die Interessen der Öffentlichkeit. Die Treuhänderrolle wird vom freiberuflichen Architekten auch heute noch weitgehend in diesem Sinne wahrgenommen. Das bedürfte meines Erachtens jedoch einer Korrektur, weil der Architekt gleichermaßen Sachwalter öffentlicher Belange zu sein hat.

Der Architekt kann seine Leistungen zu strukturell unterschiedlichen Vertragsbedingungen erbringen. Ich will nur die zwei grundsätzlich verschiedenen Vertragskonstellationen betrachten: den Werkvertrag und den Dienstleistungsvertrag.

Beim Werkvertrag steht das Bauwerk selbst im Vordergrund. Der Architekt erhält sein Entgelt aufgrund einer Gebührenordnung, welche die Höhe des Honorars nach den Kosten des Bauwerks, seinem Schwierigkeitsgrad und den für notwendig erachteten Leistungen bemißt. Dabei ist es unerheblich, welchen materiellen und geistigen Aufwand er zur Erfüllung der vertraglichen Leistungen erbringt. Zwar bemüht man sich, durch ausführliche Vertragstexte und Detailfestlegungen die Leistungen quantitativ eindeutig festzulegen. Letztlich kann jedoch ein Architekt zur Erfüllung seines Vertrags viel oder wenig Arbeit aufwenden, sie mit Sorgfalt oder oberflächlich erledigen. Hier stehen seine eigenen Interessensphären in Konflikt, das Materielle und das Ideelle. Je geringer der Aufwand und die Mühe, desto höher ist der materielle Ertrag, aber desto niedriger der ideelle Erfolg. Oder, umgekehrt, je größer die Sorgfalt und der zeitliche Einsatz, desto geringer ist sein finanzieller Gewinn, aber desto höher der ideelle Ertrag. Natürlich sind solche formelhaften Thesen nur von begrenzter Allgemeingültigkeit. Ein Könner wird mit geringem Aufwand ein gelungenes Bauwerk schaffen können, wie es auch Dilettanten nicht schwerfällt, trotz größten Aufwands bauliche Mißgeburten hervorzubringen. Leider ist jedoch heute der Schubladenarchitekt, der direkten oder indirekten Honorarnachlaß gibt, bei weitem der erfolgreichste, besonders bei den Alltagsaufgaben.

Eine Wechselwirkung zwischen dem materiellen und dem ideellen Interesse gibt es insofern, als die Anerkennung eines ideellen Erfolgs, also qualitativ guter Architektur, langfristig über die damit verbundene Reputation auch einen materiellen Erfolg zeitigt. Da bei guten Architekten im allgemeinen der Ehrgeiz größer ist als das Gewinnstreben, regelt sich für diese der Konflikt von allein.

Auf Betreiben der Architekten selbst wurde die Gebührenordnung vor einigen Jahren geändert. Aus einem stärker technisch und administrativen Verständnis der Architektentätigkeit wurden die bauüberwachenden Leistungen höher bewertet; dagegen wurde die früher mit »künstlerischer Oberleitung« bezeichnete Leistung ersatzlos eliminiert. Da aus der Ende der sechziger Jahre vorherrschenden überbetonten Gläubigkeit an Technik und Wissenschaft jede künstlerische Komponente der Architektur geleugnet wurde, verschwand auch der Begriff »Baukunst«. Diese Änderung ist deswegen fatal, weil damit die Architektenleistung als einheitliches Ganzes preisgegeben wurde. Zwar ließ sich die »künstlerische Oberleitung« nie genau spezifizieren, sie stellt aber genau die besonders wichtige Integrationsleistung dar, die dem Architekten die Kompetenz gibt, aus seiner persönlichen Verantwortung die Synthese der Teile zu einer übergeordneten Struktur des Gesamtwerks zu bringen. Ich habe bereits dargelegt, warum hier objektive Methodik und analytisch fraktionierte Vorgehensweise versagen und daß deswegen die ganzheitsbezogene Steuerung aus subjektiver Verantwortung unentbehrlich ist.

Da mittlerweile der Architektur zunehmend wieder ein künstlerischer Anspruch zuerkannt wird und sich die Erkenntnis durchsetzt, daß nicht nur in der Planung, sondern auch in der Baurealisierung eine Integrationsleistung unerläßlich ist, sollte nicht gezögert werden, die Honorarordnung in diesem Punkt wieder zu revidieren. Dies ist kein finanzielles Problem, weil es nicht darum geht, für die Architekten zusätzliche Gebühren zu fordern, sondern nur, innerhalb des Gesamthonorars eine Umverteilung vorzunehmen. Sie ist jedoch notwendig, da die Honorarordnung nicht nur die Bezahlung des Architekten regelt, sondern darüber hinaus diese inhaltlich strukturiert und damit Kompetenzen und Verantwortung der Architekten dokumentiert.

Besonders häufig wird über die Höhe der Architektengebühren diskutiert. Sie werden von vielen Architekten für zu niedrig befunden, während die Auftraggeber sie als zu hoch ansehen und in jeder Auftragsverhandlung danach trachten, offene oder häufiger versteckte Nachlässe herauszuhandeln. Es wird nicht möglich sein, eine Gebührenordnung zur Zufriedenheit aller festzulegen, die für jedes Projekt und jede Teilleistung auskömmliche Honorare sichert. Dafür sind Architektenaufträge hinsichtlich Größenordnung, Schwierigkeitsgrad, Leistungsgliederung und Laufzeit viel zu unterschiedlich. Jeder Architekt wird Verluste, die er mit einem Projekt macht, durch Gewinne bei einem anderen ausgleichen müssen.

Die betriebswirtschaftliche Analyse unseres Büros über einen Zeitraum von zwölf Jahren hat ergeben, daß zwei Drittel der Aufträge Verlustprojekte waren, die von den Gewinnen des anderen Drittels getragen wurden. Dieses waren in der Regel die größeren Bauvorhaben, wenn sie zügig abgewickelt werden konnten.

Immer wieder wird aus Kreisen von Politik und Wirtschaft die Forderung laut, Architektenleistungen dem freien Spiel von Angebot und Nachfrage preiszugeben, also die geistige Leistung dem Preiswettbewerb auszusetzen.

Auch wenn dies nicht gleich den Ruin des Berufsstandes bedeuten würde, wäre es jedoch für die Qualität der Architektenleistungen äußerst schädlich.

Die Scheinheiligkeit, mit der versteckte Gebührenunterschreitungen ständig kaschiert werden, ist ein äußerst brüchiger Schutzwall, um die Qualität der geistigen Leistung vor den Schäden der Preisunterbietung zu bewahren. Sie ist eher die Regel als die Ausnahme. Solange die Bauherren ihre Architekten nicht nach Qualitätsgesichtspunkten, sondern nach dem billigsten Angebot auswählen, wird keine Gebühren- und Berufsordnung einen von Ramschentwürfen ungestörten Freiraum für qualitätvolle Architektur garantieren können.

Diesen Konflikten versucht man, durch Dienstleistungsverträge aus dem Wege zu gehen. In dieser Vertragsform wird der Architekt nicht für sein Werk honoriert, sondern direkt für jede einzelne Leistung. Der entscheidende Nachteil liegt darin, daß die Leistung in Zeit gemessen wird; Zeit ist jedoch kein eindeutiges Leistungskriterium, geschweige denn eine Meßgröße für Qualität. Deswegen stehen Dienstleistungsverträge auch in einem Widerspruch zu qualitätsorientiertem Antrieb. Sie provozieren eine »Schimpansen-Strategie«, bei der möglichst viele Leute möglichst lange an einer Sache arbeiten. Nicht Denken oder Ideen werden bezahlt, sondern das Sitzfleisch.

Der ganzheitsbezogenen Integrationsleistung der Architekten vermag diese Vertragsform ebensowenig gerecht zu werden wie seiner persönlichen Verantwortlichkeit. Vorteile liegen darin, daß dem Architekten keine Verluste entstehen können und der Auftraggeber das Gefühl hat, nur den tatsächlichen Aufwand zu bezahlen.

Baubetrieb

Mit dem Sammelbegriff Baubetrieb bezeichne ich alle am Bauprozeß produzierend Mitwirkenden.

Die Palette unterschiedlicher Formen des Bauunternehmertums reicht vom kleinen Einzelhandwerker bis zu Generalübernehmern, die als reine Schreibtischtäter keinen einzigen eigenen Bauarbeiter beschäftigen, sondern wie eine Handelsfirma Dienstleistungen anderer Baubetriebe einkaufen und diese als Gesamtpaket zu einem Festpreis für das ganze Bauwerk an den Auftraggeber verkaufen.

Die Vor- und Nachteile der verschiedenen Bauunternehmensformen hängen entscheidend von der Bauherrenkonstellation, der Größe, dem Schwierigkeitsgrad und dem Qualitätsanspruch des Projekts oder organisatorischen Belangen der Bauabwicklung ab. Die Interessenlage des Baubetriebs ist, unabhängig von der Unternehmensform, auf den merkantilen Ertrag aus dem Verkauf von Bauleistungen ausgerichtet. Diese bestehen aus Materiallieferungen und Arbeitsleistung. Der Geschäftszweck eines Baubetriebs besteht darin, mit geringstem Aufwand einen größtmöglichen Ertrag zu erzielen. Dabei spielt die Qualität der Leistung im Hinblick auf die Reputation des Unternehmens durchaus eine bedeutende Rolle, Qualität wird hier jedoch bestenfalls im Sinne einer technisch und handwerklich einwandfreien Arbeit verstanden, nicht aber im Sinne qualitätvoller Architektur.

Die Öffentlichkeit

Die klassische Dreiecksbeziehung Bauherr – Architekt – Baubetrieb ist das verbreitete Interaktionsmodell beim Bau- und Planungsprozeß. Erst in jüngster Zeit ist in verstärktem Maße ein vierter Partner hinzugetreten: die Öffentlichkeit.

Diese Entwicklung ist dadurch bestimmt, daß Baumaßnahmen immer mehr in Widerspruch zu den kollektiven Interessen der Gemeinschaft geraten. Davon sind stadtplanerische und stadtgestalterische Interessen gleichermaßen betroffen wie nachbarliche Belange.

Die Interessen der Öffentlichkeit beziehen sich auf die Beachtung und Wertung der Auswirkungen einer Einzelmaßnahme auf die Umgebung. Es ist ihr Ziel, eine positive Differenz zugunsten der Allgemeinheit zu erreichen.

Die Träger öffentlicher Interessen sind sowohl Behörden, politische Parteien und Gremien als auch jeder einzelne Bürger. Bisher vollzog sich die Mitwirkung am Planungs- und Baugeschehen weitgehend über Bauaufsicht, Baupolizei, Baukommissionen, Planungsausschüsse und Beiräte. Auch das Instrumentarium von Baugesetzen dient überwiegend der Sicherung öffentlicher Interessen. Es hat sich jedoch in mehrfacher Hinsicht als unzulänglich und dem eigentlichen Anliegen abträglich erwiesen. Ich habe hierüber einiges im Kapitel S. 79 ff. ausgeführt. Baugesetze wurden erlassen, um die Lebensbedingungen aller zu schützen und zu ordnen, sie erweisen sich jedoch in der bürokratischen Handhabung als ein Bumerang, der genau das zerstört und verhindert, was er erhalten und schaffen wollte. Die Mitwirkung der Bürger am Planungs- und Baugeschehen vollzieht sich aber auch auf andere Weise. Die öffentliche Auslegung von Bebauungsplänen und Anhörungsverfahren waren bis vor wenigen Jahren meist nur eine demokratische Pflichtübung ohne nennenswerte Anteilnahme der Öffentlichkeit. Erst in den letzten Jahren hat es hier beträchtliche Veränderungen gegeben. Planungs- und Baumaßnahmen sind verstärkt in das öffentliche Interesse gerückt und haben mancherorts zu heftigen Widerständen geführt. So manche unsinnige Baumaßnahme ist auf diese Weise verhindert worden. Aber auch so manches notwendige und sinnvolle Vorhaben wurde mit juristischen Winkelzügen hierauf spezialisierter Anwälte über Jahre hinaus verzögert oder zu fragwürdigen Kompromissen gebracht.

Eine starke Kraft stellen mittlerweile Bürgerinitiativen dar, die allerdings häufig Aktionen Betroffener sind, welche die Lasten neuer Planungsvorhaben von sich auf andere abwälzen wollen.

Erschreckend ist, in wie geringem Umfang öffentliche Medien wie Presse, Rundfunk und Fernsehen an normalen Planungs- und Bauprozessen teilnehmen. Sie treten immer nur auf den Plan, wenn spektakuläre Ereignisse anstehen. Theaterkritiken, Besprechungen von Kunstausstellungen oder Buchrezensionen nehmen einen unvergleichlich größeren Raum in den Informationsmedien ein als jede Auseinandersetzung mit Architektur. Das führt selbst bei anspruchsvollen Kulturkonsumenten zu einem unterkühlten Verhältnis zu demjenigen kulturellen Beitrag, der unser aller Leben entscheidend prägt. Dies ist um so erstaunlicher, als sich im Gegensatz zu allen anderen Kunstgattungen der Baukultur niemand, auch nicht der größte Kulturbanause, entziehen kann, sondern ihr zwangsläufig ausgesetzt ist.

Neuerdings wird zwar viel von Transparenz und von Demokratie beim Planungsprozeß gesprochen, die geeignete Form der Vertretung öffentlicher Belange scheint mir jedoch noch nicht gefunden zu sein. Hier ist wohl auf allen Seiten ein tiefgreifender Lernprozeß vonnöten.

Bei den Bauherren muß die Einsicht Platz greifen, daß Bauen immer mit Verantwortung gegenüber der Öffentlichkeit und den Interessen des Gemeinwohl verbunden ist und das Grundbuchblatt keinen Freibrief für zügellosen Individualismus darstellt. Dies gilt auch für Bauherren der öffentlichen Hand, die oftmals besonders selbstherrlich Interessen der Allgemeinheit ihren Zielen unterordnen und eine der Gesamtheit verpflichtete Verantwortung vermissen lassen.

Aber auch die Architekten müssen erkennen, daß ihre Anwaltsrolle für den jeweiligen Auftraggeber häufig in Konflikt zu ihrer Treuhänderfunktion für die Interessen der Öffentlichkeit gerät, weil ihnen die Bedeutung der Architektur die Verantwortung eines Mittlers zwischen den widerstreitenden Interessen auferlegt.

Andererseits müssen berufene oder selbsternannte Sachwalter des Gemeinwohls das angemessene Augenmaß erlernen, um nicht aus der Euphorie einer übersteigerten Verhinderungsstrategie die zum Schutz der Allgemeinheit geschaffenen demokratischen Spielregeln durch einseitigen Mißbrauch zu untergraben.

Interessenkonflikte

Im klassischen Modellfall werden die Funktionen der vier Interessenbereiche jeweils von einem Beteiligten wahrgenommen. Die Interessen der Öffentlichkeit von den Behörden, die Interessen der Nutzer oder eines Investors vom Bauherrn, die Interessen der Planung vom Architekten oder Ingenieur und die Interessen des Baubetriebs von den Handwerkern. Hierbei sind die Interessensphären weitgehend eindeutig gegeneinander abgegrenzt, und die Intentionen der Beteiligten werden innerhalb des Planungsprozesses offen ausgetragen. Die Interessenverteilung und ihre Gegensätze bauen für den Planungs- und Bauprozeß ein Spannungsfeld auf, in dessen Kraftlinien das Architekturobjekt steht. Stärke und Gewichtsverteilung der einzelnen Pole wirken sich auf vielfache Weise für das Produkt aus. Es gibt Beispiele, bei denen das Übergewicht einer Einflußsphäre die Erscheinung des gesamten Objekts prägt. Die falsch verstandene Überbetonung eines öffentlichen Interesses kann dazu führen, daß ein Kaufhaus hinter Fachwerkkulissen verschwindet. Das Nutzinteresse eines Konzerns hat so manches Hochhaus im Weichbild einer

Altstadt zur Folge gehabt. Ein übertriebenes selbstdarstellerisches Planerinteresse vermag ein Bauwerk bis zur Unbenutzbarkeit zu verfremden. Die Interessen der Bauwirtschaft haben durch rationale Herstellungsmethoden die Monotonie so mancher Wohnsiedlungen auf dem Gewissen.

In den meisten Fällen bleibt jedoch das Kräfteverhältnis der Interessensphären ambivalent. Allerdings stellt der Modellfall, in dem eindeutig abgegrenzte und voneinander unabhängige Interessenbereiche vorhanden sind, heute nicht mehr die Regel dar. In vielen Konstellationen werden von einem Vertreter mehrere Interessenbereiche gleichzeitig abgedeckt, oder es findet eine stärkere Differenzierung in weitere Interessensphären statt.

Auf den problematischen Vertretungsanspruch von Wohnungsbaugesellschaften oder Bauinvestoren für die Nutzerinteressen habe ich bereits hingewiesen. Alle am Bedarf vorbeigeplanten Projekte sind Beispiele dieser fatalen Trennung. Das gilt für leerstehende Eigentumswohnungen und Bürohäuser gleichermaßen wie für ungenutzte Bettenburgen an den Ferienküsten.

Ein besonders häufiger Fall ist, daß die öffentliche Hand als eigener Bauherr auftritt. Er trifft für fast alle öffentlichen Bauten zu. Obgleich hier potentiell das Nutzer- und das öffentliche Interesse in einer Institution kollidieren, bleibt wegen der Rollenverteilung zwischen verschiedenen Ämtern, die diese Interessen wahrnehmen, das Spannungsfeld weitgehend erhalten. Kritischer ist es, wenn die öffentliche Hand auch für sich selbst plant und baut. Dann treffen die Interessen der Öffentlichkeit, des Nutzers, des Investors und des Planers in einer einzigen Partei zusammen. Da bei einem solchen öffentlichen Bauvorhaben der Planer in Form einer Behörde gleichzeitig seine eigene Planung genehmigt, werden die vorhandenen Interessengegensätze zwischen den Nutzungsansprüchen öffentlicher Einrichtungen und dem öffentlichen Allgemeininteresse gar nicht erst ausgetragen, sondern intern verdeckt. Weil die Architekten und Ingenieure innerhalb eines Behördenapparats nur weisungsgebunden arbeiten, sind die Interessen der Planer meist weitgehend unterdrückt.

Sowohl öffentliche als auch private Bauherren vergeben oft Entwurf und Ausführung eines Projekts an einen Generalunternehmer, von dem sie sich dieses schlüsselfertig zu einem Festpreis und mit Termingarantie anbieten lassen. Hierbei ist der Konflikt zwischen architektonischer Qualität und den ökonomischen Interessen des Unternehmers besonders ausgeprägt, wobei die Ökonomie meistens ein erdrückendes Primat hat. Vor allem viele kleine Gemeinden greifen zu diesem Verfahren, weil sie glauben, dadurch Geld und Zeit sparen zu können. Die wirksamen Werbeargumente gewerblicher Großunternehmer fallen auf fruchtbaren Boden, weil dadurch politische Verantwortung leicht zu delegieren ist. Die Versprechungen bezüglich Festpreis und Festtermin sind jedoch trügerisch, weil das Risiko entweder durch entsprechende Kostenzuschläge abgedeckt oder die Qualität der Ausführung beeinträchtigt wird. Der Festpreis wird mit überhöhten Kosten und der Festtermin mit minderer Bauqualität erkauft. Eine treffende Charakterisierung gab mir vor einigen Jahren der Berliner Bausenator auf meine Frage, welche Verbindlichkeiten eigentlich Festpreis und Festtermin beim Berliner Kongreßzentrum hätten: »Der Preis ist nach unten fest, und der Termin wird garantiert nicht unterschritten.«

Wenn Entwurf und Ausführung in der Hand eines Generalunternehmers liegen, ist das Spannungsfeld der Interessenbereiche besonders stark verzerrt, wobei die Interessen sowohl der Öffentlichkeit, der Nutzer als auch der Planer zu kurz kommen.

Unabhängigkeit der Planer

Von zentraler Bedeutung ist die Frage der Unabhängigkeit und Anwaltsrolle des Architekten im Verbund aller Mitwirkenden in den verschiedenen Konstellationsmodellen. In allen Fällen wirken Architekten am Bau- und Planungsprozeß mit, jedoch in unterschiedlichen Berufsformen, freischaffend, angestellt oder beamtet.

Das notwendige Spannungsfeld unterschiedlicher Interessenbereiche, die ich für ein gutes Gelingen von Architektur als notwendig erachte, kann sich jedoch nur aufbauen, wenn sowohl eine materielle als auch eine ideelle Unabhängigkeit von den übrigen Interessensphären sichergestellt ist. Das bedeutet, daß die Planung weder in die Hände eines Investors oder Generalunternehmers noch in die einer Behörde gehört, es sei denn, daß in diesem Fall dem Beamten die notwendige Autonomie innerhalb der Bürokratie zugestanden wird.

Bei jedem Bauproblem sind heute die individuellen Interessen eines Bauherrn intensiv vernetzt mit den Belangen der Allgemeinheit. Die Gesamtverantwortung des Architekten gebietet, daß er eine Notarrolle übernimmt, also zwischen den Interessen seines Auftraggebers und denen der Öffentlichkeit vermittelt. Das wird ihm seinen Stand gegenüber dem Bauherrn erschweren und die notwendige Loyalität belasten. Ich meine aber, daß der Anspruch des Architekten, Kronanwalt für unser Vitalgut »Umwelt« zu sein, nur dann glaubhaft aufrechterhalten werden kann, wenn jeder Architekt sich gleichrangig der Interessen unserer Gesellschaft wie derer seines Auftraggebers annimmt.

Gestaltsuche

Der Dialog mit den Bedingungen

In 16 Kapiteln habe ich die Bedingungen für Architektur diskutiert. Die Analyse mußte trotzdem unvollständig bleiben. Manchem Leser mögen die gewählten Beispiele zufällig und willkürlich erscheinen. Viele werden meine Schlußfolgerungen, Erkenntnisse und Forderungen als unwissenschaftlich und unsystematisch beurteilen.

Deswegen sei betont, daß dieses Buch nicht den Anspruch erhebt, die Bedingungen, denen das Bauen unterworfen ist, umfassend und grundlegend aufzuarbeiten. Noch weniger ist beabsichtigt, eine schlüssige und wissenschaftlich abgesicherte Theorie zu liefern, wie die Bedingungen für eine bessere, schönere und humanere Architektur beschaffen sein müßten. Diese Absicht wäre schon deswegen verfehlt, weil Architektur viel zu komplex für formelhafte Thesen ist und die Ambivalenz der Bedingungen keine gültigen Theorien zuläßt.

Zielsetzung des Buches ist vielmehr, die komplizierten Einflüsse und Entscheidungsmechanismen beim Entstehungsprozeß von Architektur aufzuhellen, um Ansatzpunkte für neue Weichenstellungen zu liefern, sei es durch Zustimmung oder Ablehnung. Dieser Versuch mußte die Verworrenheit, ja zum Teil Hoffnungslosigkeit der Situation offenbaren, in der die Architektur heute steht.

Viele reagieren auf diese Situation mit fatalistischer Resignation, einige mit radikaler Revolution. Resignation bedeutet, sich selbst den Boden für das aktive Handeln zu entziehen. Revoltierendes Aufbegehren setzt voraus, daß man den möglichen Nutzen für das sachliche Anliegen höher einschätzt als den zerstörerischen Schaden. Entscheidend für beide Verhaltensweisen ist nicht zuletzt das Temperament jedes einzelnen.

Jeder Architekt – gleichgültig, ob er resignativ, anpassungsbereit oder opponierend eingestellt ist – muß sich auf seine Weise mit den Bedingungen auseinandersetzen, auf die Anforderungen und Voraussetzungen der Architektur reagieren.

Der Architekt als Dialogpartner

Nach meinem Berufsverständnis hat der Architekt die Rolle eines Dialogpartners zu übernehmen. Seine Nützlichkeit für die Gesellschaft besteht darin, daß er als Fachmann für die Gestaltung der Umwelt nach den Maßstäben seines subjektiven Wertsystems auf die Bedingungen reagiert. Die Grenzen dessen, was für ihn möglich und verantwortbar ist, werden von diesem Wertsystem und seinen Idealen gesteckt.

Auf diese Weise entsteht ein Dialog, das Wechselgespräch zwischen den Bedingungen für Architektur und dem Architekten. Es ist ein rückkoppelnder Prozeß, in dem der eine Dialogpartner auf den anderen eingeht, ihn aber auch beeinflußt.

Nach P. Lorentzen ist »der Dialog ein System von Regeln, nach denen eine logisch zusammengesetzte Aussage von einem Proponenten behauptet und von einem Opponenten bestritten werden kann. Diejenige Aussage, die sich gegen jedermann vertreten läßt, ist wahr«. Da es aber keine absolut

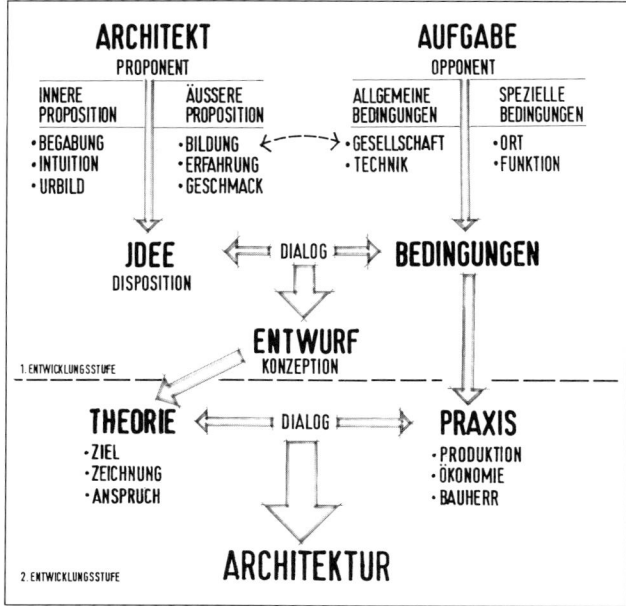

wahre und richtige Architektur gibt, gilt diese Aussage nur im übertragenen Sinne.

Nach meiner Auffassung ist jede Architektur das Ergebnis eines solchen Dialogs. Das mag ein Denkmodell veranschaulichen, in welchem ich den Architekten als Proponenten und die Aufgabe als Opponenten bezeichne.

Um die Wechselwirkung im Dialog zu verstehen, muß man sich die Vorprägung von Proponent und Opponent verdeutlichen.

Vorprägungen des Architekten

Jeder Architekt ist durch innere und äußere Faktoren präpositioniert. Die inneren Faktoren leiten sich aus seiner Begabung und seiner Fähigkeit zu Intuition und Kreativität her; die äußeren resultieren aus Bildung, Erfahrung, gewählten Vorbildern und den Prägungen durch die gesellschaftlichen Verhältnisse. Das Produkt dieser inneren und äußeren Faktoren ergibt die individuelle Konzeption des Architekten als sein persönliches Potential. Aufgrund dieser individuell unterschiedlichen Vor-

aussetzungen wird jeder Proponent den Dialog auf eine andere Weise führen.

Vorprägungen der Aufgabe

Jede Aufgabe ist durch allgemeine und spezifische Bedingungen determiniert. Gesellschaftliche Verhältnisse, Politik, Recht und Ökonomie stellen gleichermaßen allgemeine Bedingungen dar wie Produktion, Material und die Regeln der Bau- und Gebäudetechnik.

Bauen ist grundsätzlich an diese Realität gebunden und damit den Bedingungen der jeweiligen Zeit unterworfen. Da sich diese Bedingungen permanent ändern, ist auch die äußere Proposition des Architekten einem Wandel unterworfen. Das Ziel- und Wertsystem der Öffentlichkeit und der Auftraggeber hat Rückwirkungen auf die Reaktionen des Architekten. So steht zum Beispiel das Empfinden für Schönheit, also der Geschmack, in einer Wechselwirkung zwischen den Produzenten und Rezipienten der Ästhetik.

Dieses Phänomen der Wechselwirkung habe ich in den Kapiteln S. 23, 32, 100, 141 ausführlicher behandelt. Es ist zugleich ein Beleg für die Theorie des dialogischen Prozesses.

Jede Bauaufgabe wird außer durch allgemeine auch durch spezielle Bedingungen definiert: Funktion und Nutzungsanforderungen, die Situation des Ortes und die Rolle des Bauherrn.

Positionen im Dialog

Der Architekturentwurf ist das Ergebnis eines Dialogs zwischen der Konzeption des Architekten und den Bedingungen der Aufgabe, zunächst als geistig-immaterielle Leistung. Erst in einer zweiten Entwicklungsstufe schließt sich der Dialog zwischen Theorie und Praxis, zwischen Anspruch und Realität an, dessen Ergebnis Architektur ist.

Jeder Architekt kann als Dialogpartner auf unterschiedliche Weise reagieren. Er kann sich als Befehlsempfänger, als selbstgefälliger Alleinredner oder als Gesprächspartner verstehen. Der Pluralismus in unserer heutigen Architektur ist nicht zuletzt durch diese unterschiedlichen Verhaltensweisen bedingt.

Ich unterscheide deswegen drei verschiedene Positionen innerhalb des Dialogs:

1. Die konformistisch-pragmatische Position.
Sie versteht Architektur als soziales Gebrauchsgut und ist zur weitgehenden Anpassung an die jeweiligen Bedingungen bereit, ohne eine deutliche eigene Position zu beziehen. Die Synthese vollzieht sich nach dem Prinzip des geringsten Widerstandes.
Dieser Position ist es gleichgültig, welchen Bedingungen sie ausgesetzt ist und welchem Leitbild sie sich unterwirft. Bis vor kurzem war es die Ideologie der Leistungsform mit dem Ziel einer Maximierung des Nutzens bei gleichzeitiger Minimierung des Aufwands. Heute sind es die Disneyland-Verkleidungskünste, volkstümelnde Architekturformen und mit historischen Applikationen gespieltes Mittelalter. In dieser Position ist der Architekt in der Rolle des Erfüllungsgehilfen, der als Produktdesigner der Architektur das jeweils gewünschte Aussehen aufschminkt.

2. Die monologisch-selbstherrliche Position.
Basierend auf dem Anspruch, daß Architektur Kunst sei, trägt diese Position dogmatische Züge, welche die Bedingungen weitgehend mißachten und jeder Lösung einen ideologischen Stempel aufdrükken.
Viele heutige Architekturtendenzen monologisieren auf diese Weise. Sie berufen sich dabei auf Theorien, die sie selbst erfinden, und machen diese zu Bedingungen. Es handelt sich hierbei aber um eingebildete Bedingungen, die keine realen Anforderungen konkreter Aufgabenstellungen darstellen. Da man mit sich selbst keinen Dialog führen kann, handelt es sich hierbei um selbstgefällige Monologe.

Der Nährboden für diese Tendenzen sind der Umbruch in den gesellschaftlichen Werten und die widergewonnene Wertschätzung des Schönen. Sie kreieren Ideologien der Ästhetik und führen zur Doktrin des Formalen. Zeitschriften, Ausstellungen und theoretische Diskussionen sind voll von dergestalt monologisierenden Entwürfen, die dem Dialog mit den realen Bedingungen ausweichen. Es ist abzusehen, daß sie in ihrem absolutistisch-formalen Anspruch auf der theoretischen Entwicklungsstufe stehenbleiben werden als abstrakte, graphisch-ästhetisierende Entwürfe, die kaum eine Chance finden werden, sich in gebauter Realität zu manifestieren. Der Dialog mit der Praxis wird ihnen entweder versagt bleiben, oder es wird eine besonders große Diskrepanz zwischen Theorie und Praxis, zwischen Anspruch und Wirklichkeit hervortreten. Dies ist wohl das Schicksal aller Ideologien. Dolchstoßlegenden und Märtyrertum sind dadurch bereits vorprogrammiert. Gleichwohl sind die Initialwirkung und Stimulanz mit ihren provokatorischen Auswirkungen auf die Bedingungen für Architektur nicht zu unterschätzen und durchaus begrüßenswert.

3. Die dialogische Position.
Ich bekenne mich zu einer Position, die ich dialogisch nenne. Diese Position versteht Architektur als Kunst in der sozialen Anwendung, bei der das Ergebnis aus einer Wechselwirkung selbstbestimmter und fremdbestimmter Faktoren hervorgeht.
Man könnte diese Position auch als dialektisch bezeichnen. Dialektisch bedeutet: Denken im Widerspruch. Dialektik ist das Wechselgespräch zwischen der geistigen Position des Architekten und der Opposition der jeweiligen Bedingungen.
Der Widerspruch resultiert nicht nur aus den unterschiedlichen Positionen der Dialogpartner, sondern vor allem aus den Zielkonflikten der Bedingungen selbst. Im Sinne von Lorentzen ist der Dialog ein Wechselgespräch, in welchem die Wahrheit gefunden werden soll. Ich hoffe, deutlich genug herausgestellt zu haben, daß es in der Architektur

keine »wahren« und »richtigen« Lösungen geben kann, weil die Beurteilungsmaßstäbe immer relativ und niemals absolut sind.

Entscheidend bleibt jedoch, daß Architektur auf die Wechselwirkung zwischen den geistigen Zielsetzungen des Architekten und den Bedingungen der jeweiligen Aufgabenstellung angewiesen ist. Dabei darf weder die vorgefaßte Reglementierung aus einem geistigen oder künstlerischen Vorurteil, also das Diktat einer Form, dominieren noch das total freie Spiel der Kräfte, bei dem Zufälligkeit und Chaos die Oberhand gewinnen. Erst das Zusammenspiel freier Kräfte und natürlicher Elemente mit der Struktur einer geistigen und künstlerischen Konzeption ergeben in ihrer Synthese das »wahre« Abbild der menschlichen Gesellschaft in gebauter Form. Jede große kulturelle Leistung ist von diesem Dialog geprägt.

Mir scheint das dialogische Reagieren auf die Bedingungen der richtige Weg zu sein.

Dabei sehe ich wohl die spitzen Zeigefinger der kritischen Verweigerer und höre das Hohngelächter der theoretischen Heilsverkünder. Ich weiß, daß in den Augen idealbeflügelter Studenten dieser Weg des Dialogs als Bemäntelung von Pragmatismus gedeutet wird, daß er von einigen Kritikern als erfolgsbesessene Bereitschaft zur Anpassung diskreditiert wird. Mit diesem Stigma zu leben, bin ich so lange bereit, wie ich keinen besseren Weg erkenne, Aufgaben der Umweltgestaltung konkret zu lösen und damit der Verantwortung des Architekten gegenüber der Gesellschaft gerecht zu werden. Diese Verantwortung sehe ich in der Verpflichtung, Nützliches zu tun bei gleichzeitiger Wahrung eigener Ideale. Sie gebietet, daß die Fähigkeit, Unmögliches denken zu können, nicht die Bereitschaft, Mögliches zu tun, verdrängen darf. Marcel Proust hat das Problem zutreffend charakterisiert, wenn er schreibt: »Jede Tätigkeit des Geistes ist leicht, solange sie nicht der Wirklichkeit unterworfen wird.«

Wenn wir uns der Bewältigung heutiger Probleme im Rahmen der gesetzten Bedingungen versagen

Gemüseanbau in Imperial Valley/USA.

Gemüseanbau in Hongkong.

»Zwei Feldertypen – zwei Weltanschauungen! Dort das Diktat der Geraden, hier die taoistische Einordnung in und Unterordnung unter die Landschaft, stilles Einverständnis mit der ›Natur‹. Ein Dialog aus dem Zusammenspiel natürlicher Elemente mit der Struktur einer geistigen Konzeption« (Georg Gerster).

und uns in eitler Jungfräulichkeit als Propheten auf die Bewältigung zukünftiger Probleme reduzieren, verfeinden wir uns mit der Gegenwart.

Dialogisches Entwerfen

Mit dieser Einstellung stellt sich die Frage, was nützlich ist und was im Rahmen der eingeengten und verworrenen Bedingungen möglich ist, ohne mit den eigenen Idealen in Konflikt zu geraten.

Dieser Frage will ich mich durch einige Beispiele aus der eigenen Arbeit stellen.

Im Sinne der dialogischen Positionsbestimmung haben wir bei jeder Aufgabe die Gestaltsuche an den jeweiligen Bedingungen orientiert. Dabei ist das Prinzip des dialogischen Entwerfens kein vorgefaßter, theoretischer Überbau, dem wir unsere Arbeit untergeordnet haben, sondern eine reflektierende Erkenntnis aus der Analyse des eigenen Tuns. Wir haben uns dabei nicht als Spezialisten der Form verstanden, sondern in der architektonischen Gestalt mehr als nur die reine Form gesehen.

Günter Behnisch hat den Unterschied zwischen Form und Gestalt überzeugend präzisiert: »In der Form sehen wir, wie die Materie ausgeformt ist; in der architektonischen Gestalt erkennen wir, wie wir im speziellen Fall mit uns und mit unserer Umwelt umgegangen sind . . . Während die Form mit den Augen gesehen oder mit den Händen getastet werden kann, betrachten wir die Gestalt mit dem Auge des Geistes. Gestalt ist mehr als bloße Form[26].«

Jeder unserer Entwürfe ist das Resultat eines mehrfachen und mehrschichtigen Dialogs. Diese Dialoge betreffen die gesellschaftlichen, sozialen und technischen Bedingungen gleichermaßen wie die Bedingungen des Ortes und der Funktion. Oftmals sind viele Komponenten miteinander verwoben und überlagern sich gegenseitig, häufig treten einzelne Komponenten gestaltprägend hervor.

Im Kapitel S. 115 ff. habe ich bereits Beispiele erläutert, die den Dialog mit den Bedingungen des Ortes verdeutlichen.

Variationen einer räumlichen Konzeption aus dem Dialog mit der »Sportgerechtigkeit«

Vom Beginn unserer beruflichen Tätigkeit an hat uns durch alle Jahre die Beschäftigung mit Sportbauten begleitet. Dabei war unser entwerferisches Leitbild immer von folgenden Zielvorstellungen geprägt:

- das sportliche Geschehen als eine Betätigung zu begreifen, die ihren Platz eigentlich im Freien hat. Deswegen sollten Sport- und Schwimmhallen Klimahüllen sein, die das Kontinuum von Außen und Innen nicht eingrenzen;
- Sport als eine aktive Freizeitbeschäftigung zu verstehen, in der den Elementen Spiel und Freude größere Bedeutung zukommt als Körperertüchtigung und Hochleistungstraining;
- die Sportstätte als einen Ort zu gestalten, der gegenseitiger Anregung und zwangloser Kommunikation Raum gibt und die Grenze zwischen aktiver Betätigung und passivem Zuschauen offen und fließend ausbildet; mit architektonischen Mitteln den Aufforderungscharakter zur Freizeitgestaltung zu steigern und Möglichkeiten zum zwanglosen Verweilen und Zuschauen zu schaffen.

Alle Projekte entstanden als Wettbewerbsarbeiten. In keiner Ausschreibung fanden sich jedoch Forderungen, die unseren Zielsetzungen entsprachen. Vielmehr sahen wir uns einer offiziellen Lehrmeinung gegenüber, die in Sportstätten vorzugsweise genormte Behälter zur physischen Ertüchtigung und Steigerung der Leistung sahen. Uns war klar, daß wir in unserem Dialog nur erfolgreich sein konnten, wenn wir die »sportgerechten« Restriktionen der Aufgabenstellungen als »Pflicht« beachteten und nur in der »Kür« der Entwürfe mit unseren inhaltlichen Zielen auf die gleiche »Antenne« in den Preisgerichten hofften.

Insofern stellt jede Wettbewerbsarbeit eine geistige Gratwanderung zwischen den einengenden Bedingungen des Programms und den eigenen, teilweise entgegengesetzten, Absichten dar. Die Grenze zwi-

197

1

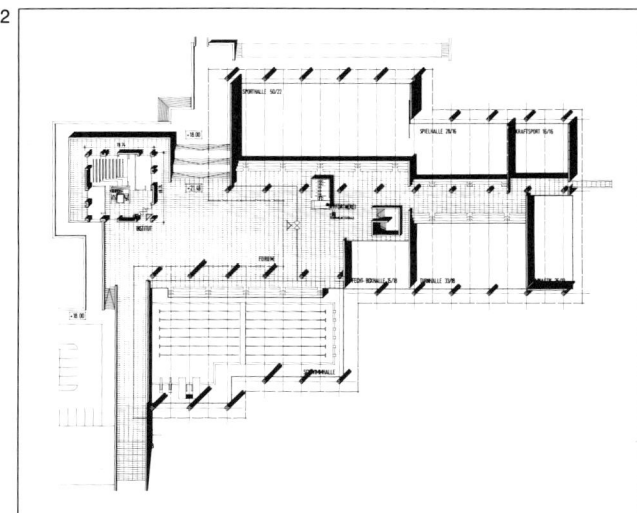

2

3

4

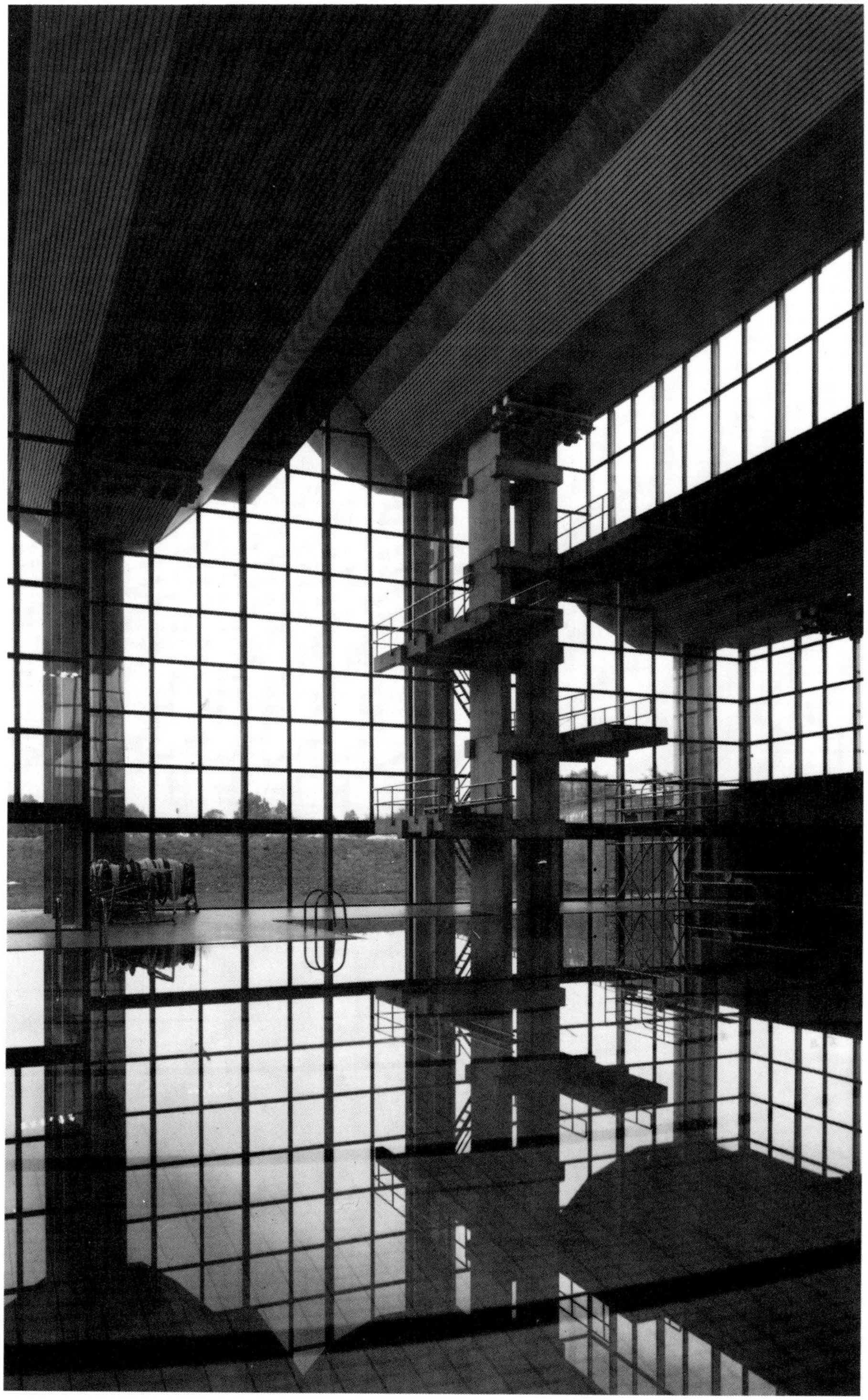

1 Sportzentrum in Luxemburg.
Architekten: Störmer, von Gerkan, Marg und Partner.
Räumliche Angebote und Sichtbeziehungen bieten Anreiz
zu aktiver Teilnahme.

2-5 Universitätssportforum Kiel.
Die Nebenräume sind in einem Gebäudesockel
zusammengefaßt, der über eine Rampe und Treppe
erschlossen wird.

2 Grundriß obere Ebene.
3 Blick von der oberen Ebene in die Gymnastikhalle.
4 Die Schwimmhalle als Klimahülle, die das Kontinuum
von Außen und Innen nicht eingrenzt.
5 Die erhöhte Erschließungsebene ist öffentlich
zugänglich. Räumlicher Kontakt zwischen aktivem Tun
und passivem Teilhaben.

Architekten: von Gerkan, Marg und Partner Nickels.

schen »Sollen« und »Wollen« ist im Dialog mit der Aufgabenstellung jeweils neu auszuloten.

Dabei erscheint es wesentlich, weder Programmvorgaben unreflektiert einfach umzusetzen noch allzu selbstherrlich nur von eigenen Zielsetzungen auszugehen. Auf diese Weise vollzieht sich in jedem Wettbewerb aufs neue ein Dialog zwischen den etablierten Vorstellungen von Fachspezialisten und neuen Ideen der Wettbewerber.

Festgefahrene Wertvorstellungen und fachspezifische Befangenheit werden dadurch ständig in Frage gestellt.

Mittlerweile ist auch auf offizieller Szene das Primat der sogenannten »Sportgerechtigkeit« einer mehr spielerischen Auffassung gewichen. Der entscheidende Durchbruch ist wohl mit dem Entwurf der Architekten Behnisch und Partner für die Olympischen Spiele in München erfolgt, der das spielerische Element auf besonders eindrucksvolle Weise in eine große Architekturgestalt umgesetzt hat.

Unsere Entwürfe für Sportbauten sind auf der Basis

dieser eigenen Propositionen Variationen einer räumlichen Konzeption, welche auf die jeweiligen Bedingungen unterschiedlich reagiert.

Gemeinsames Merkmal aller Projekte ist die Schaffung einer erhöhten Erschließungsebene, die öffentlich zugänglich ist und damit einen räumlichen Kontakt zwischen aktivem Tun und passivem Teilhaben herstellt. Diese Ebene ruht auf einem Gebäudesockel, der aus der Topographie modelliert wird und in dem alle Nebenräume für Umkleiden, sanitäre Einrichtungen, Geräte und Technik zusammengefaßt sind. Die Verbindung erfolgt über breite Treppen oder Rampen. Oberhalb des Sockels und über den Hallen schwebt das strukturierte Dach als »fünfte« Fassade, das der spielerischen Komponente Ausdruck verleiht und zugleich die »Kistenform« des Hallenbaukörpers in kleinere Formen brechen soll.

Insoweit sind es vorerst jedoch nur Ergebnisse des Dialogs auf der ersten Entwicklungsstufe, das heißt Entwürfe. Diese in der zweiten Phase, im Dialog

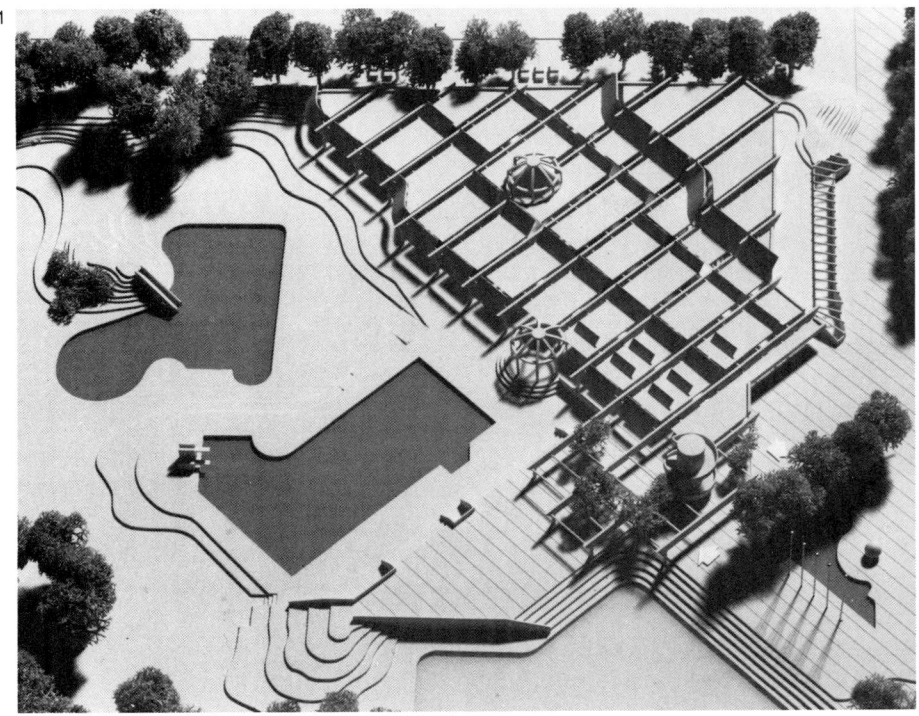

mit der praktischen Realisierung, auch durchzuste-
hen, erfordert eine erneute Gratwanderung.

Hier erweisen sich die Dialogpartner in Form von
erfahrenen Baupraktikern, Hütern des Baurechts,
Bewahrern der Tradition und Verwaltern des knappen Geldes als besonders hartnäckig.

Auf der Gratwanderung zum gebauten Ergebnis
droht auf der einen Seite der Abgrund, alles entwerferisch Erreichte wieder preiszugeben, und auf
der anderen Seite, das Vertrauen des Auftraggebers
und den Auftrag selbst zu verlieren.

Einer solchen Zerreißprobe war auch das Faltdach
des Hochschulsportforums ausgesetzt. Ein ganzes
Arsenal von Argumenten wurde von unseren Auftraggebern gegen die Dachkonstruktion ins Feld
geführt: Mehrkosten gegenüber einer kistenförmi-
gen Flachdecke, bautechnische und bauphysikali-
sche Bedenken, Einwände gegen den störenden
Lichteinfall bei Wettkämpfen und nicht zuletzt ästhetische Vorurteile: »Wie sieht das bloß aus?«

In diesem Dialog haben wir uns schwerhörig ge-

Universitätssportforum,
Kiel.
Die Dachkonstruktion
war im Dialog der
Realisierung vielen
Anfechtungen
ausgesetzt.

stellt. Seit das Bauwerk mehrere Architekturpreise erhielt, sehen es auch unsere damaligen Partner etwas anders.

Weniger gut ist unsere Schwerhörigkeit dem Projekt für das Freizeitzentrum in Ost-Berlin bekommen. Weil wir uns den Forderungen des Auftraggebers nicht fügten, büßten wir nicht nur den Auftrag ein; auch von dem Entwurf blieb bei der Realisierung nichts mehr übrig.

Dialog mit dem Zielkonflikt aus Büroorganisation und Stadtgestalt

Bei Bürobauten haben organisatorisch-funktionelle Anforderungen immer absolutes Primat gehabt. Zentrale Erschließung, kurze Wege innerhalb des Gebäudes und interne Kommunikation waren dominante Bedingungen beim Dialog der Gestaltfindung. Man mag zwei von uns realisierte Gebäude, die Shell-Hauptverwaltung in Hamburg und das Europäische Patentamt in München, als Resultate eines allzu pragmatischen Dialogs mit diesen Bedingungen sehen, angepaßt an die Bedingungen der Zweckrationalität. Ich verheimliche diese Projekte mit Absicht nicht, nur weil sie dem heutigen Zeitgeist nicht adäquat sind. Wir haben uns diesen Bedingungen gestellt und meinen, mit unserer Antwort das Beste aus der Situation gemacht zu haben.

Diejenigen, die heute im Schutze eines gewandelten Allgemeinbewußtseins Hochhäuser als verbrecheri-

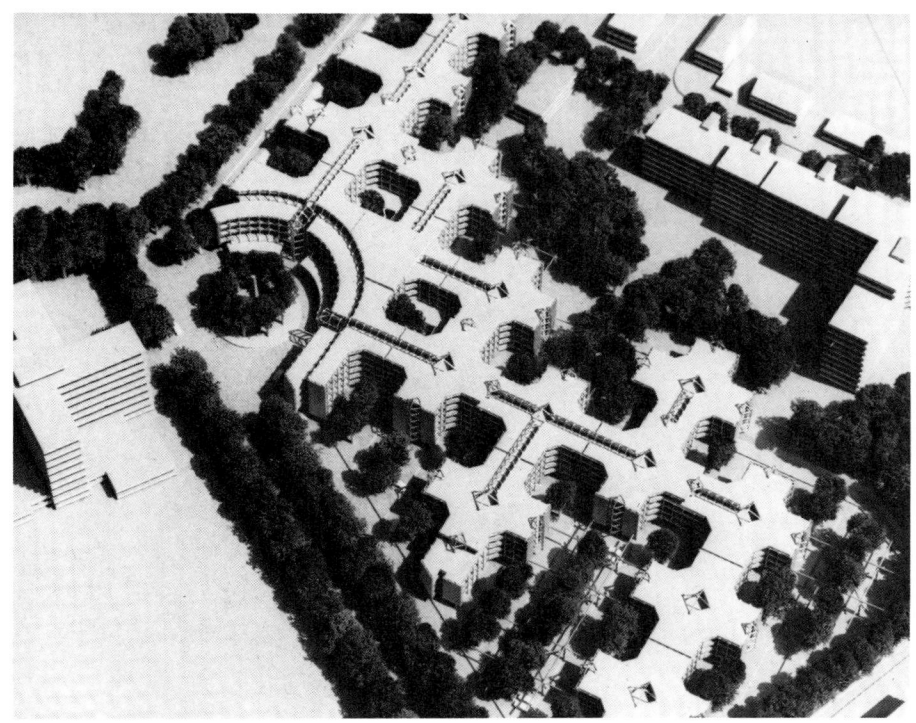

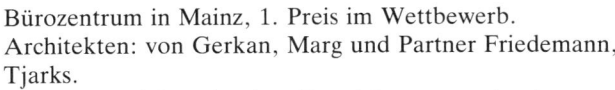

Bürozentrum in Mainz, 1. Preis im Wettbewerb.
Architekten: von Gerkan, Marg und Partner Friedemann,
Tjarks.
Aus der Addition einzelner Bürohäuser entsteht eine
netzförmige Gebäudestruktur mit niedriger Höhe und
individualisierten Arbeitsplätzen.

Europäisches Patentamt, München, 1. Preis im
Wettbewerb.
Der Gebäudetypus ist von den funktionellen
Anforderungen der Büroorganisation für über 2000
Mitarbeiter geprägt.

Hauptverwaltung Aral AG, Bochum, 1. Preis im
Wettbewerb.
Das Bürohaus ergänzt den Gebäudeblock und bildet einen
eindeutigen Straßenraum.

Hauptverwaltung Deutscher Ring, Hamburg, 1. Preis im
Wettbewerb.
Die Baumasse für 4000 Arbeitsplätze reagiert durch die
geschwungene Modellierung auf den Straßenraum und
integriert das vorhandene Hochhaus.

Architekten: von Gerkan, Marg und Partner.

sche Symptome des Funktionalismus und der »Moderne« verteufeln, erheischen Zustimmung und Applaus auf Kosten eines gesellschaftlichen Ziel- und Wertsystems, dem sie seinerzeit gleichermaßen unterworfen waren und dessen Früchte sie vorbehaltlos konsumieren.

Die Frage, ob es sinnvoll und richtig ist, 2500 Arbeitsplätze in einem Gebäude zu vereinen, wird nicht durch Architekturentwürfe entschieden. Das Problem der Quantität kann man nicht mit: »Small is beautiful« – Kabinettstückchen der Architektur – bewältigen. Entwürfe können auf die Anforderungen nur durch Bewältigung des Quantitätsproblems antworten – allerdings durchaus unterschiedlich.

Eine mögliche Antwort ist die Verweigerung, die ich durchaus respektiere. Ich bezweifle allerdings, ob alles, was Architekten nicht tun, das Resultat einer konsequenten Verweigerungshaltung ist. Erfolglosigkeit ziert sich allzu gerne mit moralisierender Entsagung. Für Mauerblümchen ist Jungfräulichkeit eine besondere Tugend. Ich betrachte die von uns geplanten Bürohochhäuser nicht als architektonische Sünden, sondern bekenne mich zu ihnen als Produkte aus einem Dialog mit den Bedingungen einer Zeit, in der die organisatorische Konzentration vieler Arbeitsplätze ein wichtiges gesellschaftliches Anliegen war.

Funktionelle Anforderungen und die Einfügung in die gewachsene Stadtgestalt sind bei großen Bürobauten ein grundsätzlicher Zielkonflikt. Die Intention eines dialogischen Entwerfens ist es, diesen Zielkonflikt zu einer ausgewogenen Synthese zu bringen. Sowohl bei der Hauptverwaltung der Aral AG in Bochum als auch beim Verwaltungsgebäude des Deutschen Rings in Hamburg hat die Rücksichtnahme auf die Stadtstruktur und die Schaffung raumbildender Straßenräume gegenüber den funktionellen Belangen unseren dialogischen Part bestimmt.

Mittlerweile hat der Wandel des Zeitgeists auch eine Änderung der organisatorisch-funktionellen Zielsetzungen beim Bürohausbau bewirkt. Milieu und Qualität des Arbeitsplatzes haben größere Be-deutung gewonnen gegenüber kurzen Wegen, zentraler Erschließung und einer Flächenoptimierung. Erst diese veränderten Bedingungen der Nutzung haben es erlaubt, neue Konzeptionen durchzusetzen. Unsere Entwürfe für die VW-Hauptverwaltung in Wolfsburg und das Bürozentrum in Mainz sind das Ergebnis eines Dialogs mit diesen veränderten Voraussetzungen. Sie schaffen einen neuen Bürohaustypus, bei dem geringe Bauhöhe, Verzahnung mit der Umgebung und individualisierte Arbeitsplätze das Wechselgespräch beeinflußt haben.

Dialog mit dem Mangel

1975, im neunten Jahr unserer freiberuflichen Tätigkeit, erhielten wir unseren ersten Auftrag für 110 Sozialwohnungen als innerstädtisches Sanierungsprojekt. Trotz einschlägiger Erfahrungen im Behördendschungel hatten wir den Ehrgeiz, das Odium des zweitklassigen Wohnens mit architektonischen Mitteln zu überwinden. Zunächst war es die Überfülle von Auflagen und Bestimmungen, die diese Zielsetzung überall in die Schranken verwies. Nur durch permanenten Kampf kam ein Entwurf zustande, der durch die Vielgestaltigkeit der Wohnungsgrundrisse, das Milieu des Innenhofes und die äußere Gestaltung von den eingefahrenen Gleisen verordneten Sozialwohnens abwich. Nach Auftragserteilung an einen Generalunternehmer setzte dann aber noch der unerbittliche Rotstift an jedem einzelnen Detail an, um alle Pfennige für den vorgegebenen Sollpreis einzusammeln. Wir haben fast jeden Plan viermal gezeichnet und ohne Bauleitungsauftrag auf der Baustelle zu retten versucht, was zu retten war.

Die Nachkalkulation ergab, daß die Kosten unseres Büros das Dreifache der Honorarsumme betrugen. Die Erfahrungen dieses Dialogs haben unsere Zielsetzungen bei zukünftigen Projekten in realistischere Bahnen gelenkt. Sie haben uns gelehrt, bei derartigen Projekten von vornherein zwischen wesentlichen und unwesentlichen Anliegen zu unter-

Wohnquartier Kohlhöfen-Hamburg. Sozialer Wohnungsbau aus dem Dialog mit Verordnungsdschungel und Rotstift.

Einfamilienhäuser in Hamburg. Bescheidenheit der Mittel reduziert den Dialog auf das Wesentliche: ausgewogene Ensemblewirkung, Milieuwerte und Wohnqualität.

Architekten: von Gerkan, Marg und Partner.

Wohnviertel Groß St. Martin in Köln. Architekten: Joachim und Margot Schürmann. Eine Meisterleistung des Wohnungsbaus durch gelungene Integration in die Stadtstruktur und hohe Detailqualität.

scheiden. Gestalterische Höhenflüge in der Detailausbildung gehören bei dieser Sortierung zu den unwesentlichen Dingen. Wesentlich sind der Charakter der Gesamtanlage und der Wohnwert jeder einzelnen Wohnung. Mit um so größerer Hochachtung bewundere ich deswegen Meisterleistungen des Wohnungsbaus, wie sie dem Architektenehepaar Schürmann in Köln gelungen sind.

Mit sehr viel geringeren Illusionen haben wir den Dialog mit den Bedingungen geführt, die sich uns beim Wiederaufbau der »Fabrik« in Hamburg stellten.

Nachdem das bekannte Kommunikationszentrum über Nacht abgebrannt war, stand seitens der Versicherung eine Entschädigungssumme zur Verfügung, die nicht einmal für Außenwände und Dach ausreichte. Dafür türmte sich jedoch ein Berg von behördlichen Auflagen und Forderungen auf, die enorme zusätzliche Kosten verursachten. Uns wurde schnell bewußt, daß wir nicht als Entwurfskünstler mit gestalterischen Ideen gebraucht wurden, sondern als improvisierende und taktierende Organisatoren. Es galt, übertriebene Behördenforderungen abzuwehren und durch Umgehung gülti-

Wiederaufbau der »Fabrik« in Hamburg. Architekten: von Gerkan, Marg und Partner. Durch die rustikale Holzkonstruktion und Fabrikrequisiten konnte die Identität der beliebten Begegnungsstätte erhalten werden. Das Patchwork aus Abbruchteilen und die gestalterische Improvisation sorgten bereits am Eröffnungstag für die altgewohnte Patina.

ger Baugesetze den dreigeschossigen Versammlungsbau in Holz möglichst identisch mit einfachsten Mitteln wiederherzustellen.

Entscheidend war nicht, für die Aktivitäten der Fabrik eine neue und »richtigere« Bauform zu finden, sondern die Wiederherstellung überhaupt zu ermöglichen und dabei ihre Identität zu erhalten.

Diese war durch das Milieu der ehemaligen Fabrikhalle, durch die rustikale Holzkonstruktion und die verbliebenen Requisiten der Gießerei geprägt.

Mit noch so raffinierten Gestaltungstricks hätte es nicht gelingen können, den Charakterverlust, der durch feuerbeständige Betonbalken entstanden wäre, zu überspielen. Deswegen waren wir im Dialog darauf positioniert, die tragende Holzkonstruktion gegen alle Widerstände und Vorschriften durchzusetzen. Natürlich mußte dieser Erfolg mit einigen unsinnigen Kompromissen erkauft werden – aber nur im Dialog war dieses Ziel überhaupt zu erreichen, und im Wechselgespräch braucht jede Seite ihren Erfolg. Die Innenraumgestaltung wurde nicht von ambitionierten Architektendetails bestimmt, sondern von der Improvisation mit zusammengesammelten Abbruchteilen, gespendeten Baustoffen und zufälligen Trödlerrequisiten. So entstand ein »Neubau«, der bereits am Einweihungstag genügend Patina und Workshop-Flair hatte, um die alte »Fabrik«-Stimmung wiederaufleben zu lassen.

Dialog mit Einheit und Vielfalt

Wenn ich in Fragen architektonischer Gestaltung
überhaupt eine allgemeingültige These gelten lasse,
so ist es die Erkenntnis, daß die Gestaltqualität
durch die Mannigfaltigkeit des Details und die Einheit des Ganzen bewirkt wird.

Diese von Braunfels an den mittelalterlichen Städten der Toskana zu Recht hochgepriesene Qualität
ist unter den heutigen Bedingungen für Architektur
nicht zu erreichen. Ich habe in den Kapiteln S. 23,
32, 69, 88, 100, 141 dargelegt, warum unsere Städte
der Gegenwart entweder an gleichförmiger Mono-

tonie oder heterogenem Chaos leiden; warum das
Gleichgewicht von Einheit und Vielfalt so nachhaltig gestört ist.

Um so gewichtiger ist die Herausforderung für uns
Architekten, dieses Gleichgewicht wenigstens annäherungsweise herzustellen.

In unserer Arbeit stellte sich das Problem immer
wieder von beiden Seiten. Im einen Fall galt es,
einer zu starken Gleichförmigkeit entgegenzuwirken, im anderen die Einheit des Ganzen zu sichern.

Bei der Planung des Flughafens Tegel traten beide
Probleme gleichzeitig auf. Der Passagierterminal

Flughafen
Berlin-Tegel.
Architekten:
von Gerkan, Marg
und Partner Nickels.
Einheit aus Werkstoff
und Geometrie –
Vielfalt aus der
Baukörperform
(siehe auch S. 110).

als große Gebäudemasse aus einem Guß unterlag der Gefahr, durch die Repetition gleicher Elemente zu einer gesichtslosen und anonymen Abfertigungsmaschine zu geraten. Deswegen überlagerten wir die Ordnungsstruktur der Dreiecksgeometrie (Abb. Seiten 138/139) und die Einheit des Werkstoffs Beton zielgerichtet mit einer skulpturalen Plastizität der Baukörperformen.

Entgegengesetzt stellte sich das Problem bei den Betriebsgebäuden. Diese hatten nicht nur sehr unterschiedlichen Nutzungen bei extrem verschiedenen Größenanforderungen zu dienen, sie mußten zugleich in beliebiger Größenordnung und zu be-

liebigen Zeiten erweiterbar sein. Damit waren die funktionellen »Sachzwänge« für ein beziehungslos-chaotisches Industriekonglomerat, wie wir es aus den Vorstädten kennen, bereits vorprogrammiert.

Deswegen war unser entwerferisches Leitbild stringent auf Maßnahmen zur Einheit des Ganzen ausgerichtet. Im Dialog der Planung und der baulichen Realisierung standen die städtebauliche Ordnung und Vereinheitlichung im Vordergrund, weil Nutzungsvielfalt und Wachstum aus sich heraus für die nötige Mannigfaltigkeit sorgen würden. Das erarbeitete Konzept einer detaillierten Maßord-

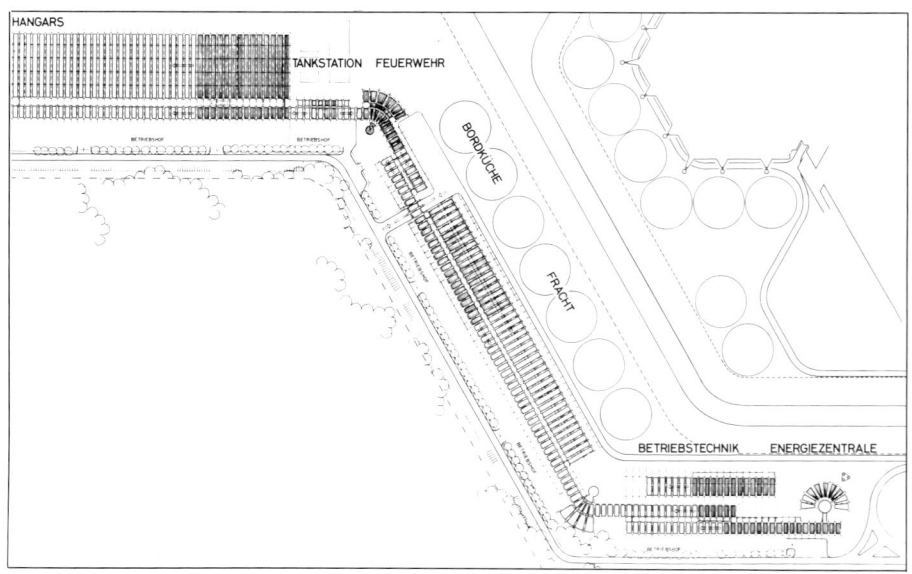

Betriebstechnische Anlagen für den Flughafen Berlin-Tegel. Architekten: von Gerkan, Marg und Partner. In der Einheit der Gesamtgestaltung bildet sich die Vielfalt der unterschiedlichen Nutzungen ab.

Werkstatttrakt mit Rückkühlwerk auf dem Dach.

Das 1,2 km lange Band ist in Gebäudemoduln gegliedert, die den städtebaulichen Rahmen für das weitere Wachstum festlegen. Dunkle Teile sind bereits gebaut.

(Siehe auch S. 70).

nung und eines modularen Bausystems, dem sich jedes Bauglied unterordnen mußte, stieß nicht nur auf einige funktionelle Probleme, sondern vor allem auf heftigen Widerstand der genehmigenden Behörden, welche die gestalterisch-städtebaulichen Zwänge nicht gerechtfertigt sahen.

Heute, da stadtgestalterische Belange an Bedeutung gewonnen haben, ist es die gleiche Behörde, die mit Argusaugen darüber wacht, daß sich kein Wildwuchs verbreitet und neue Erweiterungen sich dem vorgegebenen Ordnungsgefüge einordnen.

Streugutlager mit
Schneckenförderanlagen.

Die Maßordnung des
modularen Bausystems.

Ausschnitt aus der
Gebäudecontainerkette

Teil der Gesamtanlage
im Schaubild, das die
Ordnungsstruktur
verdeutlicht.

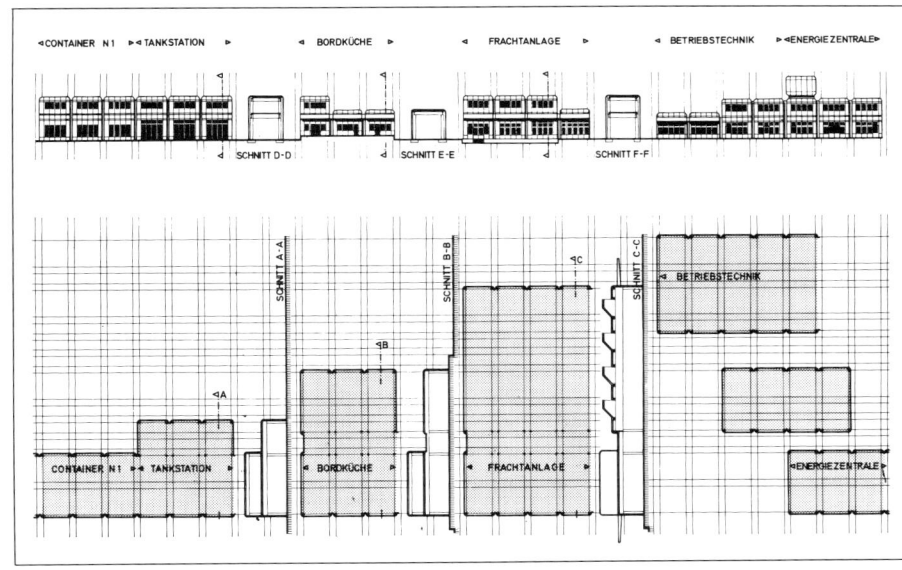

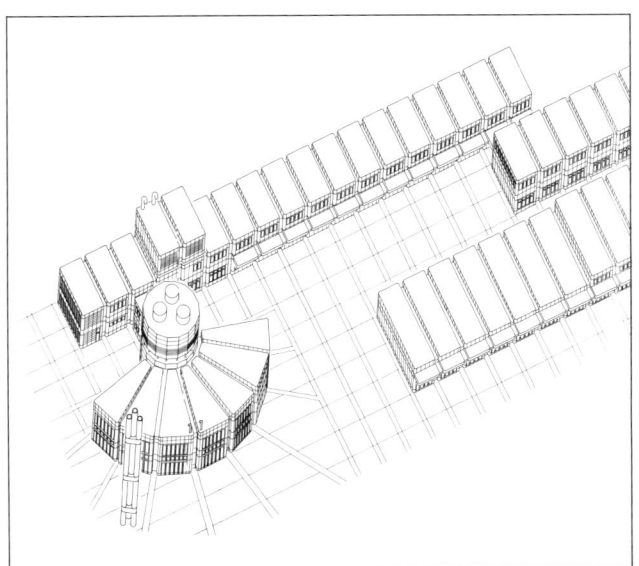

211

Dialog mit dem Kommerz

Investoren des Kapitalmarktes engagieren sich in Bauobjekten nicht aus altruistischen Motiven oder gar mit dem Ziel, die Städte zu verschönern und als Mäzenaten der Architektur in die Geschichte einzugehen. Für sie ist Bauen ein Geschäft, bei dem die Rendite ihrer Investitionen oberste Priorität hat. Hier liegt trotz der grundsätzlich gleichartigen Einstellung unserer Gesellschaft zur Architektur immer noch ein wesentlicher Unterschied zwischen dem »investierenden« und dem »nutzenden« Bauherrn. Deswegen unterliegen Bauvorhaben mit Investitionsabsichten dem ökonomischen Druck weit stärker als zum Beispiel Bauten der öffentlichen Hand oder von Wirtschaftsunternehmen selbst genutzte Bürohäuser.

Jede Mark, die der Bau zusätzlich kostet, wird gemessen an dem Ertrag, den sie später zu erbringen verspricht. Dies ist wohl die Hauptursache, warum die meisten Supermärkte und Shopping-Center das Verhältnis von Kosten zu ökonomischen Nutzen durch architektonische Armseligkeit und Tristesse offenbaren.

Wenn man als Architekt derartige Projekte plant, muß man sich in seinem Dialog in erster Linie auf die Argumente des Renditedenkens und des Kommerzes einstellen. Diesen Argumenten mit moralisierenden Gestaltungsidealen und weltverbesserischen Appellen an das Verantwortungsbewußtsein gegenüber der Öffentlichkeit zu begegnen, bedeutet, daß man sich als Dialogpartner selbst diskreditiert. Wenn man sich aber auch nicht als ambitionsloser Erfüllungsgehilfe des kommerziellen Profits zu Lasten von Architektur und Stadtgestaltung verdingen will, muß man seine eigenen Zielsetzungen in die Sprache des Kommerzes transformieren, das Anliegen der Gestaltung selbst zum Gegenstand ökonomischen Denkens machen.

»Architektur, die ihren gesellschaftlichen Auftrag ernst nimmt, muß um Verständlichkeit für alle bemüht sein«, hat Wilhelm Kücker beim 10. Godesberger Gespräch gesagt. Da Kapitalanleger des Bauens mehr Macht haben als alle Bauräte, Stadtplaner, Architekten und theoretischen Ideologen zusammen, ist es ein Gebot, sich ihnen verständlich zu machen. Im Sinne dieser Verständlichkeit haben wir bei unserem ersten und zugleich großen Projekt des Warenkonsums den Dialog mit den Auftraggebern geführt:

Einen großen Baublock mit Ausnahme weniger Grundstücke hatte ein britischer Immobilienanleger in der City Hamburgs zusammengekauft. Der Auftrag, der uns zu unserer eigenen Überraschung freihändig erteilt wurde, bestand darin, für das sehr große und tiefe Gelände eine geschäftlich attraktive Planung auszuarbeiten. Eine Kahlschlagsanierung mit maximaler Überbauung und das weltweit bewährte Rezept des Kundenfangs waren die Sollvorgaben der Planung. Wir brachten fast engegengesetzte Vorstellungen in den Dialog ein:

– Erhaltung und Restaurierung der charakteristischen Gebäude mit schönen Jugendstilfassaden und von einem ehemaligen Druckereihaus des Architekten Höger,
– maßstäblich differenzierte Ergänzung des Baublocks durch gegliederte und gestaffelte Neubauten,
– Aufschließung des Innern durch eine Fußgängerpassage mit Transparenz, Geradlinigkeit und echtem Straßencharakter statt Boutiquen-Winkeligkeit mit Musiksauce und Dämmerlicht.

Wir argumentierten, daß gegen das Aufgebot merkantiler Verführungsbaukunststücke nur das Angebot eines öffentlichen Kommunikationsraumes mit weltstädtischer Noblesse und hanseatischer Zurückhaltung langfristig Bestand haben könne, weil sich das Prinzip der urbanen Wahlfreiheit gegenüber einem vordergründigen Merkantilismus als überlegen erweisen würde.

Wenn ein angenehmes Klima, Tageslicht, freundliche Materialien und architektonisch gestaltete Räume gegenüber Warenauslagen, Werbeschildern und verkäuferischer Zudringlichkeit dominieren – so versuchten wir deutlich zu machen –, ließe sich die Kundschaft besser gewinnen und auf Dauer

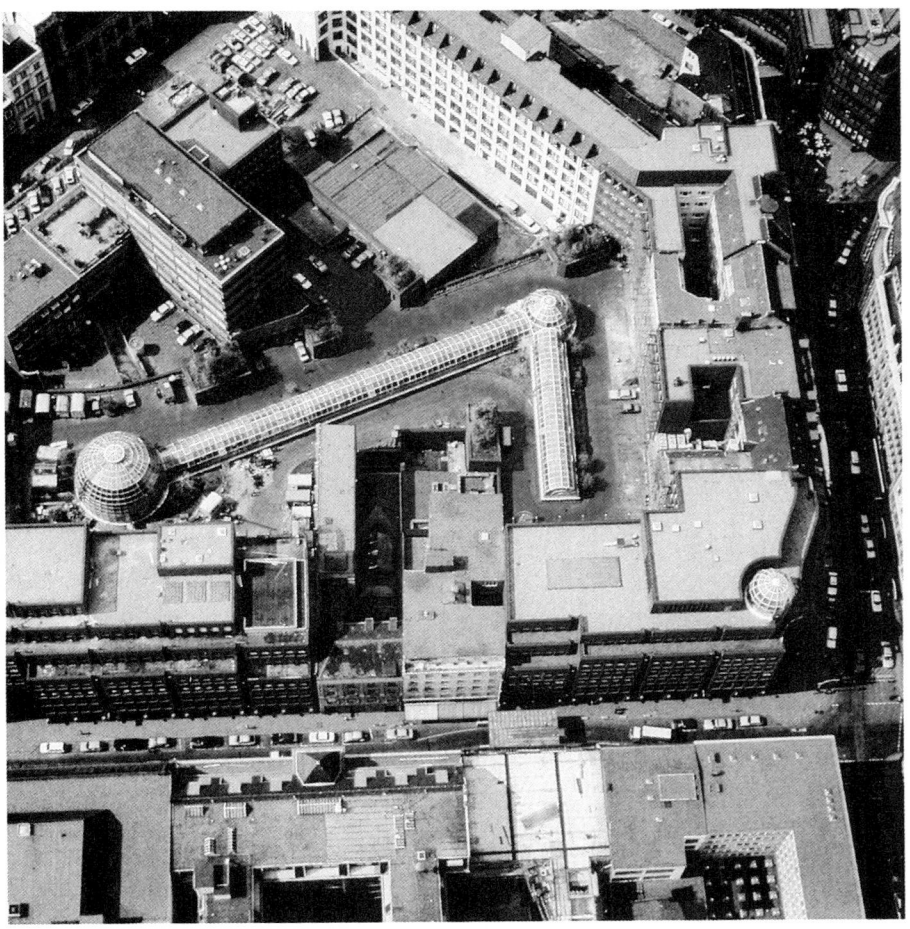

Hanse-Viertel Hamburg.
Architekten:
von Gerkan, Marg
und Partner.
Ein Patchwork
aus Restaurationen,
Ergänzungen und
Neubauten. Die Passage
durchquert das
Blockinnere.

erhalten, weil sie diesen Ort auch ohne direkte Kaufabsicht aufsuchen und zum zwanglosen Flanieren wiederkommen würde. Man kann dieser Argumentationsweise vorwerfen, sie sei eine besonders subtile Methode der Profitmaximierung; die höhere Schule der Konsumanimation.

Diesen Vorwurf müssen wir annehmen, weil wir uns als Dialogpartner im Gespräch mit unseren Auftraggebern verstanden haben und nicht als weltfremde Idealisten, welche die Investoren zum Bau von Sozialeinrichtungen zu überreden versuchten. Wir haben nicht den Konsumfetischismus verteufelt und uns der Aufgabe verweigert. Wer hätte wohl von dieser ehrenvollen und idealistischen Haltung Notiz genommen? Wir haben uns vielmehr dem Dialog mit dem Kommerz gestellt, einer Realität in unserem gesellschaftlichen Leben, welche die Gestaltung unseres städtischen Lebensraumes entscheidend und nachhaltig prägt.

Wir haben diesen Dialog aber nicht ohne eigene Zielsetzungen und mit Verantwortung gegenüber der Öffentlichkeit und der gebauten Umwelt geführt. Wir sind auf die Bedingungen der Aufgabenstellung eingegangen, haben aber diese Bedingungen selbst geändert und mit unserer Konzeption den Dialog zu einem Ergebnis geführt, das wir mit unserem Verständnis von der gesellschaftlichen Rolle des Architekten verantworten können.

Wir haben im Rahmen der eingeengten und verworrenen Bedingungen, denen die Architektur unterliegt, das getan, was möglich war, ohne mit den eigenen Idealen in Konflikt zu geraten. Der Tatsache, daß dieses Ergebnis nur möglich war, weil auch unser Dialogpartner – die Allianz-Versicherungsgesellschaft als inzwischen neuer Bauherr – die entsprechende kaufmännische Weitsicht gezeigt hat, sind wir uns sehr wohl bewußt.

Wie unsere Umwelt gestaltet wird, bestimmen nicht wir Architekten. Wir können auf die Anforderungen und Fragen der Aufgabenstellungen mit Entwürfen und im Realisierungsprozeß antworten. Ob unsere Antworten akzeptiert werden und damit eine Chance erhalten, gebaute Umwelt zu werden, hängt nicht zuletzt davon ab, in welchem Maße wir bereit sind, im Zwiegespräch zuzuhören.

Angemessene und akzeptable Antworten und Lösungen auf die Probleme der Umweltgestaltung zu finden, setzt voraus, zum Dialog bereit zu sein und seinen eigenen Standpunkt auch auf veränderte Bedingungen einzustellen.

Die Entscheidung, was und wie gebaut wird, trifft die Gesellschaft mit ihren komplizierten politischen und wirtschaftlichen Mechanismen. Wir Architekten haben die Verpflichtung, uns diesen Bedingungen im Dialog zu stellen und mit innerer Überzeugung am Gespräch teilzunehmen.

Hanse-Viertel in Hamburg.

Das Nebeneinander von Alt und Neu.
Links restaurierter Högerbau, der gleichermaßen wie der anschließende Neubau als Hotel genutzt wird.

Restaurierte Jugendstilfassaden innerhalb des Blocks.

Warenangebot und Werbung drängen sich nicht vordergründig auf.

Die große Kuppel über der Hauptrotunde.

Kleine Piazza mit anschließender Passage. Ein klimageschützter städtischer Straßenraum, in dem Tageslicht und Architektur dominieren

(siehe auch S. 42, 122, 129).

Das Luftbild von einer Feldbestellung in der Pampa Argentiniens mag sinnbildhaft veranschaulichen, wie ich den »Dialog mit den Bedingungen« meine: Der Kultivierungsarbeit des Bodens liegt ein geistiges Leitbild zugrunde, dem der Bauer mit den Spuren seines Traktors folgt. Die Grenzen des Akkerlandes sind gleichermaßen Bedingungen, auf die er reagiert, wie die Baumgruppe mitten auf seinem Feld. Die Gestalt, die seine Arbeit in die Erde zeichnet, ist das Ergebnis des Dialogs seiner Arbeitsweise mit den Bedingungen des Ortes.

In diesem Sinne sollten wir auch mit der gebauten Umwelt umgehen, um der Verantwortung der Architekten gerecht zu werden.

Ein Bauer im Dialog mit den Bedingungen seines Ackers.

216

Anhang

Literaturverzeichnis

1 Keller, Rolf: Bauen als Umweltzerstörung, Zürich 1977
2 Wolff, Harald Michael: Bewertung von Angeboten auf der Grundlage funktionaler Leistungsbeschreibung, Dissertation TU Braunschweig, 1975
3 Norberg-Schulz, Christian: Logik der Baukunst, Gütersloh 1970
4 Atteslander, Peter: Die letzten Tage der Gegenwart, Bern/München 1971
5 Meadows, Dennis, u. a.: Die Grenzen des Wachstums, Stuttgart 1972
6 Borgeest, Claus: Das sogenannte Schöne, Frankfurt 1977
7 Loos, Adolf: Ornament und Verbrechen, 1908
8 Hundertwasser, Friedensreich: Verschimmelungsmanifest, 1958
9 Sant'Elia, Antonio/Marinetti, Filippo Tommaso: Futuristische Architektur, in: Ulrich Conrads: Programme und Manifeste zur Architektur des 20. Jahrhunderts, Gütersloh 1964
10 Mies van der Rohe, Ludwig: Industrielles Bauen, in: Ulrich Conrads: Programme und Manifeste, a. a. O.
11 ABC fordert die Diktatur der Maschine, in: Ulrich Conrads: Programme und Manifeste, a. a. O.
12 Le Corbusier: Kommende Baukunst, Stuttgart 1926
13 Szczesny, Gerhard: Das sogenannte Gute, Reinbek 1971
14 Bunsmann, Walter J. M.: Bauen zwischen Paragraphen, in: Deutsches Architektenblatt, 1978
15 Sack, Manfred: Am Beispiel des Neubaus: Wie Architektur kaputtgeht, in: Zeitmagazin, Nr. 39/1977
16 Jacobs, Jane: Tod und Leben großer amerikanischer Städte, Berlin/Frankfurt/Wien 1963
17 Mitscherlich, Alexander: Die Unwirtlichkeit unserer Städte, Frankfurt 1976
18 Throll, Manfred: Der Architekt zwischen Staat, Wirtschaft und humanem Anspruch, Dissertation TU Berlin, 1980
19 Füeg, Franz: Von Elementen und Zusammenhängen der Architektur, in: Der Architekt, Nr. 6/1976
20 Alexander, Christopher: Notes on the Synthesis of Form, Cambridge 1964
21 Popper, Karl R.: Die offene Gesellschaft und ihre Feinde, 6. Auflage, Bern 1980
22 Bächer, Max: Offenheit statt Besserwisserei, in: Deutsches Architektenblatt, Nr. 11/1979
23 Schnebli, Dolf: Der Architektenwettbewerb, in: Bauen + Wohnen, Nr. 3/1981
24 Burckhardt, Lucius: Der Architekt in der Gesellschaft von morgen, in: Werk, Nr. 11/1965
25 Feldhusen, Gernot, in: Deutsches Architektenblatt, Ausgabe Nord, Nr. 1/1981
26 Behnisch, Günter: Form setzen – Form suchen, in: Der Architekt, Nr. 9/1980

Bildquellen

Die in diesem Buch wiedergegebenen Aufnahmen stammen entweder aus dem Büro des Verfassers oder, soweit feststellbar, von folgenden Fotografen beziehungsweise aus nachstehend genannten Publikationen:

10 Rolf Keller
24 Luftbild Nr. 540, Baubehörde Hamburg, freigegeben 9. 7. 1979,
   Freigabe-Nr. BRG 50/787/79
25 Rolf Keller
27 Rolf Keller
29 Dr. Georg Gerster
37 Deutsche Presse-Agentur (links oben)
38 Dr. Paulhans Peters (3 ×)
40 Peter Walser
42 Waltraud Krase
46 Sigrid Neubert
50 Dr. Georg Gerster (links oben), Wilfried Täubner (rechts)
51 H. Heidersberger
52 Uwe Rau (oben)
57 Ullstein-Bilderdienst (rechts)
70 Götz-Werkfoto
71 Bauwelt, Nr. 37/1981 (oben), Rolf Keller
76 Grupp (oben), Robert Häusser
78 Bernt Federau (unten)
80 Rolf Keller (Komet Flugaufnahme) (oben)
89 Rudolf Branko sen. (unten)
98 A. und I. von der Ropp
106 Bernt Federau (oben), Karsten de Riese
107 Sigrid Neubert
108 Architektur in Deutschland, Stuttgart 1979 (links), Hedrich-Blessing
110 Landesbildstelle Berlin (oben), Bernt Federau
111 Bernt Federau (2 ×)

116 Bruno Krupp
117 Monika Fulda
121 Hans Wagner (unten)
122 Waltraud Krase
124 Deutsche Presse-Agentur
126 Bernt Federau
    Monika Fulda
128 Bernt Federau (2 ×)
129 Waltraud Krase (2 ×)
131 Uwe Rau (rechts)
134 H. Heidersberger (oben), Gerhard Ullmann
135 Helicopter-Foto Federau, Monika Fulda
142 Der Senator für Bau- und Wohnungswesen, Berlin, Befliegung 19. April 1974
145 Rolf Keller (rechts)
196 Dr. Georg Gerster (2 ×)
198 Wilfried Täubner, H. Heidersberger (2 ×)
199 H. Heidersberger
200 Behnisch & Partner / Christian Kandzia
203 Sigrid Neubert, Wilfried Täubner
205 Bernt Federau (2 ×), Helmut Stahl
207 Bernt Federau
208 Ullstein-Bilderdienst / W. Schröder
209 Uwe Rau
210 Rolf Koehler
211 Uwe Rau, Wilfried Täubner
213 Bernt Federau
214 Waltraud Krase (3 ×), Bernt Federau
215 Waltraud Krase
216 Dr. Georg Gerster

Ortsverzeichnis

Index